KB247336

ESG, 더 나은 미래를 향한 우리의 약속!

거버넌스, 지속 가능 시스템 그리고 우리의 책임

ESG, 더 나은 미래를 향한 우리의 약속!

거버넌스, 지속 가능 시스템 그리고 우리의 책임

초판 1쇄 인쇄 2026년 01월 14일
초판 1쇄 발행 2026년 01월 21일

지은이 김춘택 이선우 유재열 정종서 이각희 류창현 안혜경 이상섭 이은경 이은학
펴낸이 김헌준
편 집 류석균
디자인 전영진
펴낸곳 소금나무
주소 (07314) 서울시 영등포구 신길로 214, B 101-1호 ㈜시간팩토리
전화 02-720-9696 팩스 070-7756-2000
메일 sogeumnamu@naver.com
출판등록 제2025-000036호(2025. 03. 11.)

ISBN 979-11-996087-1-9 03300

소금나무는 ㈜시간팩토리의 출판 브랜드입니다.

거버넌스, 지속 가능 시스템 그리고 우리의 책임

ESG,
더 나은 미래를 향한
우리의 약속!

김춘택 이선우 유재열 정종서 이각희 류창현 안혜경 이상섭 이은경 이은학

한국ESG경영인증원

소금나무

발간사

이선우 한국ESG경영인증원 이사장

이 책은 한 사람의 생각으로 집필되지 않았습니다. 각기 다른 현장에서 있는 사람들이 같은 질문 앞에서 멈추고 다시 이야기를 나누며 만들어진 기록에 가깝습니다. 그 질문은 단순합니다.

"지금 우리가 말하는 거버넌스는 실제로 작동하고 있는가?"

거버넌스는 ESG의 세 영역 가운데 가장 설명하기 어렵고, 동시에 가장 쉽게 형식화되는 분야입니다. 규정과 체계, 조직도와 절차는 비교적 빠르게 갖출 수 있지만, 그것이 곧 신뢰로 이어지는 경우는 많지 않습니다. 이 간극을 어떻게 바라볼 것인가가 이 책을 관통하는 출발점이었습니다.

논의 과정에서 반복적으로 등장한 이야기가 있습니다. 거버넌스는 '잘 만들어진 제도'보다 '어떻게 결정하고 있는가'에 더 가깝다는 점입니다. 같은 규정 아래에서도 조직은 전혀 다르게 움직입니다. 그 차이는 결국 사람의 판단, 설명의 방식 그리고 책임을 대하는 태도에서 비롯됩니다.

우리는 거버넌스를 이상적인 모델로 제시하기보다 현실에서 마주하는 모습 그대로 다루고자 했습니다. 때로는 기준이 명확하지 않고, 때로는 판단이 늦어지며, 때로는 책임의 경계가 모호해지는 상황까지 포함해서 말입니다. 그 불편한 지점들을 지나치지 않는 것이 오히려 거버넌스를 이야기하는 올바른 방식이라고 보았습니다.

특히 중소기업과 지역 기반 조직의 현실에서는 거버넌스가 더욱 복합적인 문제로 다가옵니다. 인력과 구조의 한계, 관계 중심의 의사결정, 오랜 관행 속에서 형성된 문화는 단순한 개선이나 모방으로 해결되기 어렵습니다. 그래서 이 책은 '따라야 할 정답'이 아니라 각자의 조직에서 스스로 점검해 볼 질문들을 남기고자 했습니다.

이 책에 담긴 글들은 모두 같은 목소리를 내고 있지는 않습니다. 다만 공통된 문제의식은 분명합니다. 설명할 수 없는 결정은 오래가지 못하고, 책임지지 않는 구조는 결국 조직을 소모시킨다는 점입니다. 거버넌스는 성과를 과시하기 위한 장치가 아니라 시간을 견디기 위한 기반이라는 데에 뜻을 모았습니다.

물론 이 책이 거버넌스를 새롭게 정의하지는 못할 것입니다. 그러나 각자의 자리에서 "우리는 어떻게 결정하고, 그 결정은 누구의 책임으로 남는가?"를 다시 묻게 만든다면, 그것으로 충분합니다. 거버넌스는 완성되는 개념이 아니라 계속해서 점검해야 할 과정이기 때문입니다.

이 기록이 여러 사람의 고민이 잠시 머물렀던 자리로서, 그리고 또 다른 논의가 시작되는 지점으로 남기를 바랍니다.

2026년 1월 한국ESG경영인증원 공저자 일동을 대표하여…

추천사

민영창 이크레더블 대표이사

ESG 경영이 기업 경영의 선택이 아닌 전제가 된 시대, 우리는 다시 한 번 '거버넌스(Governance)'의 본질을 묻게 됩니다. 환경을 보호하고 사회적 책임을 다하겠다는 선언은 이제 낯설지 않습니다. 하지만 그 약속들이 실제로 지켜지고 지속되기 위해서는 반드시 투명한 의사결정 구조와 책임 있는 지배구조가 뒷받침되어야 합니다. 거버넌스는 ESG의 마지막 글자가 아닙니다. 오히려 모든 것을 가능하게 하는 첫 번째 조건이자 토대입니다.

이크레더블은 오랜 시간 기업의 신용과 리스크를 평가하며 수많은 기업의 흥망성쇠를 지켜봐 왔습니다. 그 과정에서 우리가 확인한 한 가지 분명한 진실이 있습니다. 재무 성과가 아무리 화려해도 지배구조가 취약하면 위기는 예고 없이 찾아온다는 것, 반대로 단기 성과가 다소 부족하더라도 투명하고 책임 있는 거버넌스를 갖춘 기업은 결국 시장과 사회로부터 신뢰를 얻는다는 사실입니다. 신뢰는 재무제표에 숫자로 나타나지 않습니다. 하지만 기업의 지속가능성을 결정짓는 가장 강력한 자산임을 우리는 거듭 목격해 왔습니다.

이 책이 특별한 이유는 거버넌스를 단지 제도나 규정의 문제로만 다루지 않기 때문입니다. 이사회 구성, 컴플라이언스 체계, 윤리경영, 리더십의 역할 그리고 디지털 전환과 AI 시대의 새로운 책임까지, 거버넌스를 '일의 방식'이자 '조직의 태도'로 풀어내고 있습니다. 특히 현장의 생생한 사례와 구체적인 실천 방향을 통해 거버넌스가 회의실의 선언에 머무르지 않고 조직 안에서 실제로 어떻게 작동해야 하는지를 설득력 있게 제시합니다.

오늘날 기업은 주주만을 위한 존재가 아닙니다. 고객, 직원, 협력사, 지역사회 그리고 우리가 미처 만나지 못한 미래 세대까지 고려해야 하는 복합적 책임의 주체가 되었습니다. 이러한 시대에 거버넌스는 단순한 감시와 통제의 장치가 아닙니다. 서로 다른 목소리를 가진 이해관계자들 사이에서 신뢰를 조정하고, 단기 이익과 장기 가치 사이에서 균형을 잡으며, 조직을 지속 가능한 방향으로 이끄는 핵심 메커니즘입니다. 이 책은 바로 그 지점을 정확히 짚어내고 있고, 한국 기업이 나아가야 할 ESG 거버넌스의 현실적이고도 실천 가능한 방향을 제시합니다.

이 책이 기업의 경영자와 이사회 구성원, 실무자뿐만 아니라 ESG를 진지하게 고민하는 모든 이들에게 의미 있는 나침반이 되기를 기대합니다. 보여주기식 ESG를 넘어 신뢰로 작동하는 진짜 거버넌스를 고민하는 분들께 이 책을 진심으로 추천합니다.

2026년 1월 우리나라 기업의 지속 가능한 성장을 바라며...

목차

CHAPTER **10** 이은학 

디지털 전환의 시대, 거버넌스의 혁신과 미래 행정의 길

CHAPTER **01**

지속 가능 경영, G에서 길을 찾다

김춘택

케이앤씨 대표

한국ESG경영인증원 전문위원

중앙대학교 경영학 학사, 아주대학교 공공정책대학원 행정학 석사, 호서대 기술경영대학원(MOT) 기술경영공학 박사이자 현재 케이앤씨 대표이다. 그간 쌓아온 학술적 지식과 실무 경험을 바탕으로 나사렛대학에서 SPL 강의를 진행하고 있으며, 한국ESG경영인증원 전문위원으로도 활동하고 있다.

ESG 시대, 지배구조가 답

ESG 경영의 시작

21세기 기업 경영의 패러다임이 바뀌고 있다. 과거 기업의 가치를 평가할 때 매출액, 영업이익, 순이익과 같은 재무적 성과가 주된 기준이었다면, 이제는 달라졌다. 투자자들은 더 이상 단기적인 재무 성과만을 보지 않는다. 기업이 장기적으로 가치를 창출할 수 있는지, 즉 지속 가능한 경영을 하고 있는지를 중요하게 여기게 되었다.

이러한 변화의 중심에 'ESG 경영'이 있다. ESG 경영은 기업의 지속 가능한 성장을 위해 환경(Environmental), 사회(Social), 지배구조(Governance)의 세 가지 비재무적 요소를 핵심 가치로 삼고 경영 활동에 반영하는 전략이다. ESG는 기업이 사회적 책임을 다하며 환경과 상생하는지, 투명하고 윤리적인 경영을 하는지 보여주는 중요한 지표가 되었다.

왜 이런 변화가 일어났을까? 투자자들의 관점이 근본적으로 바뀌었기 때문이다. 장기적인 관점에서 모든 이해관계자의 가치를 고려하는 방향으로 패러다임이 전환되었다. 기업이 환경을 파괴하거나, 사회적 책임을 외면하거나, 불투명한 지배구조를 운영한다면 단기적으로는 이익을 낼 수 있을지 몰라도 장기적으로는 생존할 수 없다는 인식이 확산한 것이다.

이러한 맥락에서 ESG는 기업의 지속가능성을 판단하는 핵심 요소로 자리 잡았다. 단순히 '착한 기업'이 되기 위한 선택사항이 아니라 기업의 생존과 성장을 위한 필수 전략이 된 것이다.

ESG를 구성하는 세 가지 요소는 각각 다음과 같은 의미를 지닌다. 먼저 환경(Environmental, E)은 기업이 환경에 미치는 영향과 그에 대한 관리 노력을 의미한다. 기후위기 대응, 탄소 배출량 감축, 에너지 효율성 증대가 여기에 해당한다. 수자원 및 폐기물 관리, 생물 다양성 보존 등도 중요한 고려 사항이다. 지구 온난화와 환경 파괴가 심각한 문제로 대두되면서 기업의 환경 책임은 더욱 강조되고 있다.

사회(Social, S)는 기업이 사회 구성원으로서 지켜야 할 책임과 역할을 의미한다. 노동 관행, 인권 보호, 공급망 관리가 핵심이다. 고객 만족, 지역사회 공헌, 데이터 보안 및 개인정보 보호 등도 포함된다. 기업은 이제 이윤을 추구하는 경제적 주체를 넘어 사회 전체의 발전에 기여해야 하는 존재로 인식되고 있다.

지배구조(Governance, G)는 기업의 의사결정 구조와 운영 방식의 투명성, 책임성을 의미한다. 이사회 구성의 독립성, 감사 시스템, 주주 권리 보호가 여기에 속한다. 윤리경영, 내부통제, 부패 방지 등도 중요한 요소다. 아무리 좋은 환경 정책이나 사회 공헌 활동을 기획하더라도 이를 실행하고 감독하며 책임지는 지배구조가 불투명하고 건전하지 않다면 진정한

ESG 경영을 실현하기 어렵다.

홍미롭게도 세계경제포럼(World Economic Forum, WEF)은 ESG에서 가장 중요한 것으로 거버넌스, 즉 지배구조를 꼽았다. 환경과 사회도 중요하지만, 지배구조야말로 ESG 경영의 토대가 되기 때문이다.

건전한 지배구조는 기업의 장기적인 가치 창출을 가능하게 하고, 투자자 신뢰를 확보하며, 잠재적인 리스크를 효과적으로 관리하는 데 반드시 필요하다. 또한 이해관계자들의 다양한 의견을 수렴하고, 공정하고 윤리적인 의사결정을 이끌어내는 중요한 요소다.

이제 우리는 지배구조가 무엇이며, 왜 ESG의 핵심인지 더 깊이 들여다볼 필요가 있다.

지배구조, 기업을 움직이는 시스템

지배구조(Governance)란 정확히 무엇을 의미하는가? 지배구조는 기업이 목표를 설정하고, 목표 달성을 위한 수단을 결정하며, 성과를 감시하는 시스템과 구조를 의미한다.

'거버넌스(Governance)'라는 단어는 '배의 키를 잡다'라는 뜻의 그리스어 '쿠베르나오(Kubernào)'에서 유래했다. 이 어원이 시사하듯, 지배구조는 기업이라는 배가 올바른 방향으로 나아가도록 이끄는 나침반이자 항해 시스템의 역할을 한다. 바다 한가운데에서 방향을 잃은 배가 표류하듯, 건전한 지배구조 없이는 기업도 올바른 길을 찾을 수 없다.

앞서 언급했듯이 기업이 환경 정책이나 사회 공헌 활동을 기획하더라도 이를 실행하고 감독하며 책임지는 지배구조가 제대로 구축되어 있지 않다면 올바른 ESG 경영을 실천하기 어렵다. 지배구조는 ESG의 세 축 중에서도 다른 두 요소가 제대로 작동할 수 있게 하는 기반이자 토대이다.

지배구조의 중요성은 세 가지 측면에서 명확히 드러난다.

첫째, 리스크 관리의 핵심이다. 환경(E)이나 사회(S) 분야에서 아무리 좋은 활동을 해도 지배구조가 불투명하거나 부패 리스크가 높으면 기업 전체의 신뢰도가 무너진다. 장기적인 생존이 불가능해지는 것이다. 한 번의 지배구조 실패가 수십 년 동안 쌓아온 기업의 명성을 한순간에 무너뜨릴 수 있다.

둘째, 이해관계자 신뢰 확보의 기반이 된다. 투명한 의사결정 과정은 주주뿐만 아니라 소비자, 직원, 협력사 등 모든 이해관계자에게 신뢰를 준다. 이는 곧 기업 가치를 높이는 선순환으로 이어진다. 신뢰는 단기간에 형성되지 않지만, 무너지는 것은 한순간이다. 지배구조는 이 신뢰를 지키는 방패막이다.

셋째, 효율성 증진의 동력이 된다. 독립적이고 전문적인 이사회는 경영진을 효과적으로 견제하고 감독한다. 이를 통해 비효율적인 경영이나 부정부패를 예방하고 기업 성과를 극대화할 수 있다. 견제와 균형이 있을 때 기업은 더 건강하게 성장한다.

최근 지배구조는 더욱 복잡하고 역동적인 환경에 놓여 있다. 여러 가지 변화가 동시다발적으로 일어나고 있기 때문이다.

먼저 주주행동주의가 확산되고 있다. 기관투자자들을 중심으로 기업의 ESG 성과 개선을 요구하는 주주행동주의가 강화되고 있으며, 특히 지배구조 개선에 대한 요구가 높아지고 있다. 이는 기업의 의사결정 과정에 더 큰 투명성과 주주 친화적인 정책을 요구하게 된다. 주주들은 더 이상 조용한 투자자가 아니다. 그들은 목소리를 내고, 변화를 요구하며, 때로는 경영진을 압박한다.

ESG 정보 공개 의무도 확대되고 있다. 전 세계적으로 ESG 정보 공개 의무가 강화되고 있으며, 지배구조 관련 법규와 가이드라인이 점점 더 엄격해지는 추세를 보이고 있다. 기업은 이러한 규제 변화에 적극적으로 대응해야 한다. 과거에는 자발적 공시였던 것들이 이제는 법적 의무가 되어가고 있다.

이해관계자 자본주의의 확산도 주목할 만하다. 주주 이익 극대화만을 목표로 하던 기존 관행에서 벗어나 기업이 모든 이해관계자의 이익을 고려해야 한다는 '이해관계자 자본주의'가 확산하고 있다.

이사회는 더 다양한 관점을 반영해야 하는 과제를 안고 있다. 주주만이 아니라 직원, 고객, 협력사, 지역사회, 심지어 미래 세대까지 고려해야 하는 시대가 온 것이다.

마지막으로, 인공지능과 빅데이터 등 신기술의 도입이 기업 지배구조의 투명성과 효율성을 높이는 데 기여하고 있다. 예를 들어 블록체인 기반의 투표 시스템은 주주총회의 투명성을 획기적으로 높일 수 있다. 기술은 지배구조를 더 투명하고, 더 효율적으로, 더 민주적으로 만들 수 있는 도구가 되고 있다.

이처럼 지배구조는 기업 내부의 의사결정 구조뿐만 아니라 사회 전체와 상호작용하며 진화하는 역동적인 시스템이다.

그렇다면 기업이 건전한 지배구조를 구축하기 위해서는 구체적으로 어떤 요소들이 필요할까? 다음 절에서는 지배구조의 8가지 핵심 요소를 살펴보겠다.

지배구조의 8가지 핵심 요소

건전한 지배구조를 구축하기 위해서는 구체적으로 어떤 요소들이 필요할까? 지배구조의 핵심은 크게 8가지로 정리할 수 있다. 이들은 서로 유기적으로 연결되어 기업의 투명성과 책임성을 담보하는 시스템을 만든다.

① 이사회 구성 및 독립성

지배구조의 첫 번째 기둥은 독립적인 이사회다. 경영진에 대한 견제와 균형을 위해 사외이사의 비중과 독립성이 매우 중요하다. 사외이사는 기업의 주요 결정에 객관적인 시각을 제공하고, 주주 및 다양한 이해관계자의 이익을 대변해야 한다.

이사회 구성원들은 다양한 전문 지식을 갖추고 있어야 한다. 법률, 환경, 회계, 사회 문제 등 각 분야의 전문성이 필요하며, 성별과 연령, 국적 등의 다양성도 고려되어야 한다. 획일적인 이사회는 획일적인 사고를 낳고, 다양한 이사회는 혁신적인 결정을 이끌어낸다.

이사회는 기업의 전략 수립, 주요 경영진 선임 및 평가, 재무 보고 승인 등 핵심적인 의사결정 역할을 수행한다. 특히 ESG 관련 리스크와 기회를 감독하고 관리할 책임이 있다. 이사회가 제대로 작동하지 않으면 기업 전체가 방향을 잃는다.

② 감사 시스템 및 내부통제

두 번째 핵심 요소는 견고한 감사 시스템이다. 독립적인 감사위원회는 회계의 투명성 확보, 내부통제 시스템 점검, 부정행위 방지 등 기업의 재무 건전성과 윤리경영을 감독해야 한다.

기업 내부의 감사 부서는 경영 활동 전반에 대한 독립적인 평가와 개선 권고를 통해 리스크를 줄이고 운영 효율성을 높여야 한다. 감사는 단순히 문제를 찾아내는 것이 아니라 문제가 발생하기 전에 예방하는 것이 핵심이다.

내부통제 시스템은 재무 정보의 정확성 확보, 자산 보호, 법규 준수 등을 목적으로 하는 일련의 절차와 시스템을 의미한다. 이는 기업의 안정적인 운영과 투명성 확보에 필수적이다. 내부통제가 부실하면 아무리 좋은 전략도 제대로 실행될 수 없다.

③ 주주 권리 및 참여

세 번째는 주주의 권리 보호다. 모든 주주가 소유 지분에 비례하여 공정하게 대우받을 권리가 보장되어야 한다. 특히 소수 주주의 권리 보호는 매우 중요하다. 대주주만의 이익이 아닌 모든 주주의 이익이 균형 있게 고려되어야 한다.

주주총회는 기업의 최고 의사결정 기구로서, 주요 경영 안건에 대한 주주들의 충분한 논의와 투표가 보장되어야 한다. 전자투표 시스템 도입 등을 통해 주주의 참여를 활성화하는 노력이 필요하다. 주주총회가 형식적인 절차로 전락하면 안 된다.

주주들이 기업의 재무 및 비재무 정보에 적시에, 그리고 투명하게 접근할 수 있도록 해야 한다. 이는 주주들이 합리적인 투자 결정을 내리고 기업을 감시하는 데 필수적인 요소다. 정보의 비대칭이 크면 클수록 신뢰는 낮아진다.

④ 이해관계자 고려 및 보호

네 번째는 다양한 이해관계자의 고려다. 기업의 이해관계자는 주주뿐만 아니라 직원, 고객, 협력사, 지역사회, 정부 등 매우 다양하다. 이들의 이익을 균형 있게 고려하고, 정당한 권리를 보호하는 것이 건전한 지배구조의 중요한 부분이다.

이를 위해 이해관계자들과 정기적으로 소통하고 피드백을 수렴할 수 있는 다양한 채널을 구축해야 한다. 고충 처리 시스템, 정기 협의체 등이 그 예다. 일방적인 의사소통이 아닌 쌍방향 대화가 필요하다.

⑤ 기업 윤리경영 및 반부패 정책

다섯 번째는 윤리경영과 반부패 정책이다. 기업 내부에 명확한 윤리 강령을 수립하고, 모든 임직원이 이를 준수하도록 교육 및 모니터링 시스템을 운영해야 한다. 윤리는 선언만으로는 실현되지 않는다. 지속적인 교육과 실천이 필요하다

뇌물 수수, 불공정 거래 등 부패 행위를 엄격히 금지하고, 관련 법규를 준수하며, 위반 시 강력한 조치를 취하는 반부패 정책을 마련해야 한다. 내부고발자 보호 제도도 중요하다. 잘못을 고발하는 사람이 오히려 불이익을 받는다면 누가 진실을 말하겠는가.

⑥ 리스크 관리

여섯 번째는 통합적인 리스크 관리다. 환경 변화, 사회적 이슈, 지배구조 문제 등 ESG 관련한 기업의 전반적인 리스크 관리 시스템에 통합하여 체계적으로 식별, 평가, 모니터링을 해야 한다.

이사회와 경영진은 ESG 리스크 관리에 대한 최종적인 책임과 감독 역할을 하며, 관련 전략과 정책을 승인하고 추진해야 한다. 리스크를 회피하는 것이 아니라 적극적으로 관리하는 것이 핵심이다.

⑦ 정보 공개 및 투명성

일곱 번째는 투명한 정보 공개다. 기업은 재무 정보뿐만 아니라 환경, 사회, 지배구조 관련 정보를 정기적으로 투명하게 공시해야 한다. 이는 투자자와 이해관계자들이 기업의 지속가능성을 평가하는 중요한 근거가 된다.

GRI(Global Reporting Initiative), SASB(Sustainability Accounting Standards Board) 등 국제적으로 통용되는 ESG 정보 공개 표준을 준수하여 정보의 신뢰성과 비교 가능성을 높여야 한다. 글로벌 기준에 맞춰 공시할 때 기업의 신뢰도는 더욱 높아진다.

⑧ 지속 가능 경영 전략의 통합

여덟 번째이자 마지막 요소는 ESG의 전략적 통합이다. ESG 요소를 기업의 핵심 경영 전략 및 의사결정 과정에 통합하여 단순한 보고를 넘어 실질적인 변화를 이끌어내야 한다.

경영진의 성과 평가 및 보상 체계에 ESG 관련 목표 달성 여부를 반영함으로써 ESG 경영에 대한 책임감과 동기를 부여한다. 평가와 보상이 바뀌면 행동이 바뀐다. ESG가 선언에 그치지 않고 실천으로 이어지려면 성과 평가 시스템이 바뀌어야 한다.

이 8가지 요소는 독립적으로 존재하는 것이 아니라 서로 긴밀하게 연결되어 있다. 하나의 요소가 약하면 전체 시스템이 흔들린다. 건전한 지배구조는 이 모든 요소가 조화롭게 작동할 때 비로소 완성된다.

투명성을 향한 여정

한국 기업의 지배구조 혁신 사례

ESG 경영에서 지배구조는 '투명성과 신뢰'를 만드는 핵심 축이다. 이론만으로는 부족하다. 실제로 어떻게 실천되고 있는지 살펴보는 것이 중요하다. 국내에서 지배구조 개선을 모범적으로 실천한 기업 사례들을 통해 급변하는 경영 환경 속에서 기업의 경쟁력을 강화하고 사회적 책임까지 다하는 길이 무엇인지 확인할 수 있다.

LG화학은 한국 기업 중에서도 지배구조 개선의 모범 사례로 꼽힌다. 이 회사의 가장 큰 특징은 이사회 중심 경영 체계를 확립했다는 점이다. 최고경영자의 의사결정보다 이사회의 독립적 판단을 우선시하는 시스템을 구축한 것이다.

구체적으로 살펴보면, LG화학은 사외이사 비율을 70% 이상으로 유지하고 있으며, 감사위원 전원을 사외이사로 구성했다. 이는 단순한 숫자가 아니라 실질적인 견제와 균형을 위한 장치다. 또한 내부거래위원회, 지속가능위원회 등을 설치해 경영 투명성을 제고했다.

윤리경영도 빼놓을 수 없다. LG화학은 윤리경영헌장을 제정하고, 임직원 전원이 매년 윤리준수서약을 실시하도록 했다. 형식적인 서약이 아니라 실제로 윤리 위반 사항을 식별하고 평가하며 모니터링을 하는 시스템을 갖추고 있다. 이사회와 경영진의 역할도 명확하다. 그들은 ESG 리스크 관리에 대한 최종적인 책임과 감독 역할을 하며, 관련 전략과 정책을 승인하고 추진한다.

이러한 노력의 결과 LG화학은 2024년 한국지배구조원(KCGS) 평가에서 지배구조 부문 A+ 등급을 획득했다. 투명경영으로 글로벌 화학기업 대비 해외 투자자 신뢰도도 상승했다.

포스코홀딩스는 '기업시민'이라는 독특한 철학을 지배구조에 반영한 사례다. 이 회사는 이사회 중심의 지배구조 전환을 단행했다. CEO가 아닌 이사회가 기업의 핵심 의사결정 주체가 되도록 한 것이다. 사외이사 비율은 70% 이상을 유지하며, 외부 전문가 중심의 투명한 의사결정 구조를 갖췄다.

더 주목할 점은 기업시민헌장을 제정하여 이윤 창출보다 '사회적 가치 창출'을 병행하는 경영 원칙을 명문화했다는 것이다. 기업의 존재 이유를 다시 정의한 셈이다. 또한 내부거래심의위원회, 윤리·인권자문위원회를 운영하여 부패를 방지하고 투명성을 강화하고 있다. 이러한 노력으로 포스코홀딩스는 KCGS 지배구조 부문 A+ 등급을 받았으며, 2023년 UNGC(UN Global Compact) 지속가능리더 기업으로 선정되었다.

금융권에서 지배구조가 특히 중요한 이유는 고객의 돈을 다루기 때문이다. 신뢰가 무너지면 금융 회사는 한순간에 무너질 수 있다. KB금융그룹은 이를 잘 알고 있었다.

KB금융그룹은 이사회 내 ESG위원회를 2019년에 금융권 최초로 신설했다. ESG를 단순한 홍보가 아닌 핵심 경영 의제로 다루기 시작한 것이다. 사외이사는 전원 독립성을 확보했으며, 금융 전문가와 법률가, 여성 비율을 확대하여 다양성을 갖췄다. 특히 주목할 만한 것은 CEO 승계 프로그램(Succession Program)을 제도화하여 투명한 CEO 선임 절차를 확립했다는 점이다. 최고경영자가 갑자기 바뀌어도 기업이 흔들리지 않도록 한 것이다.

또한 리스크관리위원회, 감사위원회, 내부통제위원회를 독립 운영하여 삼중 안전장치를 마련했다. 이러한 노력으로 KB금융그룹은 2024년 DJSI(다우존스 지속가능지수) 세계지수에 8년 연속 편입되었으며, 아시아 금융기관 중 '거버넌스 투명성' 평가 1위를 차지했다(Refinitiv 2024).

CJ제일제당은 윤리와 준법을 기업 문화로 내재화한 사례다. 'CJ 윤리규범' 및 '윤리경영 행동강령'을 사내 규범으로 제정하고, 이를 모든 임직원이 실천하도록 시스템을 구축했다. 또한 준법경영위원회(Compliance Committee)를 설립해 법적 리스크를 예방하는 데 집중하고 있다. 법을 지키는 것은 기본이지만, 법을 지키지 않았을 때의 리스크는 기업을 파괴할 수 있다는 인식에서 출발한 것이다.

또한 사외이사 비중은 60% 이상이며, 여성 이사를 확대하여 다양성을 확보했다. ESG 성과 평가를 임원 인센티브 제도에 반영하여 책임경영을 강화했다. 말로만 하는 것이 아니라 성과 평가와 보상에 직접 연결시킨 것이다.

외부 이해관계자인 협력사와 소비자와의 공정거래 평가 프로그램도 운영하고 있다. 기업 내부만이 아니라 생태계 전체의 윤리성을 높이려는 노력이다. 그 결과 CJ제일제당은 2024년 한국거버넌스포럼 '투명경영 대상'을 수상했으며, 식품업계 최초로 ISO 37001(반부패경영 시스템) 인증을 획득했다.

KT&G는 주주권 보호와 이사회 다양성 확대에 집중한 기업이다. 이사회 산하 ESG위원회와 투명경영위원회를 신설하여 지배구조를 강화했다. 소수주주권 보호에도 적극적이다. 전자투표제를 도입하고, 주주총회 정보를 사전에 공개하여 모든 주주가 동등하게 참여할 수 있는 기반을 마련했다. 대주주만의 회사가 아니라 모든 주주의 회사라는 인식을 실천한 것이다.

이사회 다양성도 주목할 만하다. 회계, 법률, 환경 전문가 및 여성 이사 비중을 40% 이상 확보하여 다양한 시각이 경영에 반영되도록 했다. 내부감사실의 독립성을 보장하고, 외부 감사인과 정기 협의체를 운영하여 투명성을 높였다. 이러한 노력의 결과 KT&G는 2023년 지배구조 부문 A 등급을 받았으며, 국민연금공단으로부터 '투명경영 우수 기업'으로 선정되었다.

이들 기업의 사례에서 발견할 수 있는 공통점이 있다. 과거 소유주 중심의 경영에서 벗어나 이사회 중심의 투명하고 전문적인 경영 시스템을 구축하는 방향으로 진화하고 있다는 것이다. 이는 장기적인 기업 가치와 신뢰도를 높이는 데 필수적인 요소로 인식되고 있다.

한국 기업들의 지배구조 개선 여정은 계속되고 있다. 이제 우리는 동전의 다른 면도 살펴봐야 한다. 지배구조가 무너졌을 때 어떤 일이 벌어지는지 실패 사례를 통해 배울 차례다.

실패에서 배우는 지배구조의 중요성

성공 사례만큼이나 실패 사례도 중요하다. 어쩌면 실패 사례가 더 큰 교훈을 준다. 역사는 지배구조의 문제가 단순히 기업 내부의 이슈에 그치지 않고, 기업 전체를 무너뜨리며, 수많은 이해관계자에게 피해를 줄 수 있음을 여러 차례 보여주었다. 투명성 부족, 감시 실패, 권한 집중 이 세 가지 키워드는 수많은 기업 붕괴 사례에서 반복적으로 등장한다. 대표적인 사례들을 살펴보자.

2001년 미국 에너지 기업 엔론(Enron)의 파산은 전 세계 경제계에 충격을 주었다. 한때 미국에서 가장 혁신적인 기업으로 칭송받던 엔론은 한순간에 무너졌다. 그 이유는 무엇이었을까?

엔론의 핵심 문제는 대규모 회계 조작과 이사회의 감시 실패였다. 경영진은 회계 장부를 조작하여 실제보다 훨씬 높은 수익을 기록했고, 부채는 숨겼다. 특수목적법인(SPV)을 통해 부실 자산을 장부 밖으로 빼돌리는 등 복잡한 회계 기법을 동원했다.

더 큰 문제는 이사회가 이를 제대로 감시하지 못했다는 점이다. 사외이사들이 존재했지만 그들은 경영진의 활동을 제대로 견제하지 못했다. 감사를 담당했던 회계법인 아서 앤더슨(Arthur Andersen)도 독립성을 잃고 엔론의 분식회계에 협조했다.

결과는 참담했다. 엔론은 2001년 파산했고, 수만 명의 직원이 일자리를 잃었다. 주주들은 막대한 손실을 입었으며, 연금을 모두 잃은 직원들도 속출했다. 아서 앤더슨은 회계법인으로서의 신뢰를 완전히 잃고 해체되었다. 100년 역사의 회계법인이 한순간에 사라진 것이다.

엔론 사태 이후 미국은 사베인스-옥슬리법(Sarbanes-Oxley Act)을 제정하여 회계 투명성과 이사회의 책임을 대폭 강화했다. 실패가 제도 개선으로 이어진 것이다.

일본의 명문 기업 도시바(Toshiba)도 지배구조 실패의 대표적 사례다. 2015년 도시바가 7년간 무려 1,562억 엔(약 1조 5천억 원)의 이익을 부풀렸다는 사실이 드러났다.

도시바의 문제는 경영진이 주도한 조직적인 이익 조작이었다. 경영진은 목표 달성 압박을 받자 회계 수치를 조작하여 실적을 부풀렸다. 더 심각한 것은 내부에서 이러한 사실을 지적하는 목소리가 있었음에도 경영진이 이를 무시하고 오히려 압박했다는 점이다.

이사회는 어디에 있었는가? 도시바의 이사회는 대부분 내부 임원으로 구성되어 있었고, 독립성이 크게 부족했다. 경영진에 대한 견제가 제대로 작동하지 않았다. 감사 시스템도 형식적으로 운영되어 문제를 조기에 발견하지 못했다.

결과는 치명적이었다. 도시바의 주가는 폭락했고, 기업 신뢰는 바닥으로 떨어졌다. 한때 일본을 대표하던 글로벌 기업이 순식간에 추락한 것이다. 도시바는 사업 구조조정을 단행해야 했고, 수많은 직원이 일자리를 잃었다. 기업의 명성은 회복하기 어려운 수준까지 손상되었다.

도시바 사건은 내부 견제 시스템의 중요성을 다시 한번 일깨워주었다. 내부고발자를 보호하고, 이사회의 독립성을 강화하며, 감사 시스템을 실질적으로 운영해야 한다는 교훈을 남긴 것이다.

현대의 대표적인 지배구조 문제 사례는 메타(구 페이스북)다. 메타의 문제는 엔론이나 도시바와는 다른 양상이지만 본질은 같다. 권한의 과도한 집중이 문제였다.

메타의 창업자이자 CEO인 마크 저커버그는 특수한 주식 구조를 통해 회사 지분의 절반 이하를 보유하면서도 의결권의 과반을 장악하고 있다. 이는 이사회나 다른 주주들이 CEO의 결정을 사실상 견제할 수 없다는 의미다. 이러한 권한 집중은 2018년 케임브리지 애널리티카 스캔들로 이어졌다. 수천만 명의 개인정보가 무단으로 수집되어 정치적 목적으로 활용되었지만, 메타는 이를 제대로 관리하지 못했다. 개인정보 보호에 대한 시스템이 부실했고, 이사회의 감시 기능도 제대로 작동하지 않았다.

결과는 어땠을까? 메타는 사회적 비판에 직면했고, 각국 정부로부터 강력한 규제를 받게 되었다. 미국 연방거래위원회(FTC)는 메타에 50억 달러의 과징금을 부과했다. 기업 이미지는 크게 손상되었고, 이용자들의 신뢰도 떨어졌다.

메타 사례는 현대 기업에 새로운 과제를 던진다. 데이터 시대에 개인정보 보호와 데이터 거버넌스가 얼마나 중요한지, 그리고 CEO 한 사람에게 권한이 집중되었을 때 어떤 위험이 발생할 수 있는지 보여준 것이다.

세 기업의 실패 사례는 다음과 같은 공통된 교훈을 준다.

첫째, 투명성 부족은 기업 붕괴로 이어진다. 엔론의 회계 조작, 도시바의 이익 부풀리기는 모두 투명성이 결여된 상태에서 발생했다. 숨기고, 감추며, 조작하는 순간 기업은 무너지기 시작한다.

둘째, 감시 실패는 치명적이다. 이사회가 제대로 작동하지 않으면 경영진의 잘못된 결정을 막을 수 없다. 독립적이고 전문적인 이사회의 존재는 선택이 아닌 필수다.

셋째, 권한 집중은 위험하다. 한 사람 또는 소수에게 권한이 집중되면 견제와 균형이 무너진다. 메타의 사례는 아무리 뛰어난 경영자라도 절대적인 권한을 가져서는 안 된다는 것을 보여준다.

이 세 가지 실패는 역설적으로 성공의 조건을 말해준다. 투명하게 공개하고, 철저히 감시하며, 권한을 분산시키는 것. 이것이 건전한 지배구조의 핵심이다.

성공 사례와 실패 사례를 모두 살펴보았다. 그렇다면 현재 지배구조는 어떤 과제를 안고 있을까? 복잡하고 역동적인 환경 속에서 기업들이 직면한 현실을 들여다볼 차례다.

지배구조의 복잡한 현실과 과제

성공과 실패의 사례를 통해 우리는 건전한 지배구조가 무엇인지, 그것이 왜 중요한지 확인했다. 그러나 현실은 언제나 이론보다 복잡하다. 오늘날 기업들이 직면한 지배구조 환경은 과거 어느 때보다 역동적이고 까다롭다. 여러 변화가 동시다발적으로 일어나면서 기업에 새로운 과제를 던지고 있다.

첫 번째 변화는 주주들의 목소리다. 과거의 주주들은 대체로 조용했다. 경영진을 믿고 배당을 받는 수동적인 투자자에 머물렀다. 그러나 이제는 다르다. 특히 기관투자자들을 중심으로 기업의 ESG 성과 개선을 요구하는 주주행동주의(Shareholder Activism)가 빠르게 확산하고 있다. 이들은 단순히 단기적인 수익률만을 추구하지 않는다. 기업의 장기적인 지속가능성에 주목하며, 특히 지배구조 개선에 대한 요구가 높아지고 있다. 이

사회 독립성 강화, 경영진 보수 체계 개선, 기후위기 대응 전략 수립 등 지배구조 관련 의제에 적극적으로 참여한다. 주주 제안, 의결권 행사, 이사 선임 반대 등 다양한 방식으로 목소리를 낸다. 이는 기업의 의사결정 과정에 더 큰 투명성과 주주 친화적인 정책을 요구하는 압력으로 작용한다.

한국에서도 국민연금과 같은 대형 기관투자자들이 스튜어드십 코드(Stewardship Code)를 도입하면서 적극적인 주주 행동에 나서고 있다. 주주들은 더 이상 조용한 투자자가 아니다. 그들은 목소리를 내고, 변화를 요구하며, 때로는 경영진을 압박한다. 기업 입장에서는 도전이지만, 동시에 건전한 지배구조를 구축할 수 있는 기회이기도 하다.

두 번째 변화는 규제의 강화다. 전 세계적으로 ESG 정보 공개 의무가 확대되고 있으며, 지배구조 관련 법규와 가이드라인이 강화되는 추세다. 유럽연합(EU)은 '기업 지속가능성 보고 지침(CSRD)'을 통해 대기업의 상세한 ESG 정보 공개를 의무화했다. 미국 증권거래위원회(SEC)도 기후 관련 정보 공시 규정을 강화하고 있다. 우리나라도 자산총액 2조 원 이상 코스피 상장사의 ESG 공시 의무화가 단계적으로 추진되고 있다.

과거에는 자발적 공시였던 것들이 이제는 법적 의무가 되고 있다. 기업의 윤리강령, 반부패 정책, 경영진 보수 체계, 이사회 구성 및 운영 방식 등 지배구조 관련 상세한 정보를 공개해야 한다. 정보를 숨기거나 모호하게 처리할 수 없는 시대가 온 것이다. 이는 기업에 부담이 되기도 하지만, 동시에 투명성을 높이는 계기가 된다. 공개하지 않으면 안 되는 상황에서 기업들은 실제로 지배구조를 개선할 수밖에 없다. 규제는 때로 변화의 촉매제가 된다.

세 번째 변화는 철학의 전환이다. 주주 이익 극대화만을 목표로 하던 기존 관행에서 벗어나 기업이 모든 이해관계자의 이익을 고려해야 한다는

'이해관계자 자본주의(Stakeholder Capitalism)'가 확산하고 있는 것이다.

2019년 미국의 주요 기업 CEO들로 구성된 비즈니스 라운드테이블(Business Roundtable)은 '기업의 목적'에 대한 새로운 선언을 발표했다. 주주 가치 극대화를 최우선으로 하던 기존 입장을 폐기하고, 고객과 직원, 공급업체, 지역사회, 주주 모두에게 가치를 제공해야 한다고 선언한 것이다.

이는 이사회에 새로운 과제를 던진다. 이사회는 더 이상 주주의 이익만 대변해서는 안 된다. 직원 복지, 고객 만족, 협력사와의 상생, 지역사회의 발전, 환경보호 등 다양한 이해관계자의 이익을 균형 있게 고려해야 한다. 물론 쉬운 일이 아니다. 때로는 서로 상충되는 이익을 조정해야 한다. 단기 이익과 장기 지속가능성 사이에서 균형을 잡아야 한다. 이사회의 역량과 판단력이 그 어느 때보다 중요해진 이유다.

네 번째 변화는 기술의 진화다. 인공지능, 빅데이터, 블록체인 등 신기술의 도입이 기업 지배구조의 투명성과 효율성을 높이는 동시에 새로운 과제를 제기하고 있다.

긍정적인 측면을 먼저 보자. 블록체인 기반의 전자투표 시스템은 주주총회의 투명성을 획기적으로 높일 수 있다. 모든 투표 기록이 투명하게 남고, 조작이 불가능하다. 인공지능을 활용한 내부 감사 시스템은 방대한 거래 데이터 속에서 이상 징후를 빠르게 찾아낼 수 있다.

그러나 도전 과제도 있다. 데이터 거버넌스가 새로운 이슈로 떠올랐다. 메타의 사례에서 보았듯이 개인정보 보호와 데이터 관리는 이제 지배구조의 핵심 과제다. 이사회는 사이버 보안과 개인정보 보호에 대한 전문성을 갖춰야 한다.

알고리즘의 공정성도 문제다. AI가 의사결정에 활용되면 그 알고리즘이 공정한지, 편향되지 않았는지 감시할 책임이 이사회에 있다. 기술은 도구일 뿐, 그것을 어떻게 사용할지 결정하는 것은 여전히 인간의 몫이다.

마지막으로, 기업의 책임 범위 확대다. 기업은 이제 자사 내부의 윤리적 문제뿐만 아니라 공급망 전체의 ESG 리스크에 대한 책임까지 요구받고 있다. 협력업체의 노동 인권 문제, 환경 규제 준수 여부, 부패 방지 등 공급망 전반에 걸친 지배구조 관리가 중요해졌다. 한 협력업체에서 발생한 인권 침해나 환경 오염 사고가 본사의 명성을 크게 훼손할 수 있기 때문이다.

유럽의 '공급망 실사법(CSDDD)'은 기업들에게 공급망 전체에 대한 인권과 환경 실사를 의무화하고 있다. 단순히 계약서 한 장으로 끝나는 관계가 아니라 협력업체의 실제 운영 상황을 점검하고 개선을 요구해야 한다. 이는 글로벌 공급망을 가진 한국 기업에 특히 중요한 과제다. 지배구조는 이제 기업의 울타리를 넘어 생태계 전체로 확장되고 있다.

지배구조를 둘러싼 환경은 빠르게 변하고 있다. 주주들은 더 적극적이 되었고, 규제는 더 엄격해졌으며, 책임의 범위는 더 넓어졌고, 기술은 새로운 가능성과 위험을 동시에 제공한다.

이러한 복잡한 현실 속에서 기업들은 어떻게 대응해야 할까? 정답은 하나가 아니다. 각 기업의 상황에 맞는 해법을 찾아야 한다. 그러나 한 가지는 분명하다. 지배구조는 형식적인 절차나 규제 준수 차원을 넘어 기업의 생존과 성장을 좌우하는 핵심 경쟁력이 되었다는 것이다.

이제 우리는 또 다른 중요한 주제로 넘어가야 한다. 한국 기업, 특히 가족 기업에서 지배구조와 밀접하게 연결된 이슈, 바로 가업승계다.

가업승계와 지속 가능한 미래

가업승계, 세대를 잇는 전략

지배구조 논의에서 빠뜨릴 수 없는 주제가 있다. 특히 한국처럼 가족 기업의 비중이 높은 나라에서는 더욱 그렇다. 바로 가업승계다. 가업승계는 단순한 재산 상속이 아니다. 그것은 기업의 지속가능성과 지배구조의 건전성을 결정하는 중요한 전환점이다.

'가업승계(Family Business Succession)'는 한 세대가 일구어낸 기업의 소유권과 경영권을 다음 세대에게 이전하여 기업의 영속성을 유지하는 과정 전체를 의미한다. 이는 단순한 재산의 상속이나 경영자의 교체를 넘어 기업의 정신, 문화, 핵심 기술, 경영 노하우 등 총체적인 가치를 보전하고 다음 세대에 전수하는 복합적이고 장기적인 전략이다.

많은 사람이 가업승계를 단순히 '부자가 자식에게 재산을 물려주는 것'으로 생각한다. 그러나 그것은 피상적인 이해다. 가업승계는 기업의 지속

가능한 성장을 위한 핵심적인 요소이며, 특히 가족 기업의 경우 기업의 생존과 직결되는 중요한 의사결정이다. 우리나라의 중소·중견기업 중 상당수가 창업 1세대에 의해 성장했다. 이들 기업이 안정적으로 2세대, 3세대로 승계되지 못하면 고용 불안과 지역 경제 침체로 이어질 수 있다. 따라서 가업승계는 단순한 '가족사'가 아니라 국가적 산업 구조의 지속가능성과 직결되는 문제이기도 하다.

가업승계는 크게 세 가지 요소로 구성된다. 이 세 가지가 모두 성공적으로 이뤄져야 진정한 의미의 승계가 완성된다.

첫째, 소유권(Ownership) 승계다. 이는 기업의 자산, 특히 주식이나 지분 등 소유권을 후계자에게 이전하는 과정이다. 상속, 증여, 매매 등 다양한 법적·세무적 절차를 통해 이루어진다. 소유권의 이전은 후계자가 기업에 대한 법적인 지배력을 확보하는 초석이 된다.

한국에서 소유권 승계의 가장 큰 장애물은 높은 상속세와 증여세다. 기업 가치가 크면 클수록 세금 부담도 커진다. 이 때문에 많은 기업이 복잡한 지분 구조나 편법적 수단을 동원하게 되는데, 이것이 바로 지배구조 문제를 야기하는 원인이 된다.

둘째, 경영권(Management) 승계다. 기업의 최고 의사결정 권한과 경영 책임을 후계자에게 넘겨주는 과정이다. 후계자는 일반적으로 이사회 구성, 핵심 보직 승진, 대표이사 취임 등의 과정을 거쳐 경영권의 실권을 확보하게 된다.

소유권과 경영권은 분리될 수도 있다. 예를 들어 자녀가 소유권은 물려받되 경영은 전문경영인에게 맡기는 경우가 있다. 반대로 자녀가 경영권을 행사하되 소유권은 여러 가족 구성원이 나눠 갖는 경우도 있다. 어떤 방식을 택하느냐에 따라 지배구조의 형태가 달라진다.

셋째, 가치와 정신(Values and Spirit) 승계다. 창업자가 기업을 이끌어 온 경영 철학, 기업 문화, 핵심 가치, 윤리 의식 등을 후계자가 계승하여 기업 정체성의 연속성을 유지하는 과정이다. 이는 눈에 보이지 않는 무형의 요소이지만, 기업의 장기적인 성공에 가장 결정적인 영향을 미친다.

삼성의 '인재제일', 현대의 '도전정신', 포스코의 '기업시민' 같은 핵심 가치는 단순히 구호가 아니라 기업의 DNA다. 이것이 제대로 승계되지 않으면 기업은 겉모습만 같을 뿐 내면은 전혀 다른 조직이 된다.

가업승계는 누구에게 승계하는지, 어떤 방식으로 승계하는지에 따라 다양한 유형으로 나뉜다.

먼저 후계자 기준으로 보면 자녀승계와 내부승계로 구분된다. 자녀승계는 창업주 또는 지배주주의 직계가족(자녀, 손자녀 등)에게 승계하는 가장 일반적인 형태다. 한국에서는 여전히 이 방식이 주류를 이룬다.

내부승계는 전문경영인이나 내부의 우수한 임직원 등 혈연 관계가 없는 제3자에게 경영권을 승계하는 형태다. 이 경우 소유권과 경영권이 분리될 수 있다. GE, IBM 같은 글로벌 기업들은 대부분 이 방식을 택하고 있다.

방식 기준으로 보면 소유권 중심 승계와 경영 능력 중심 승계로 나뉜다. 소유권 중심 승계는 소유 지분 이전(증여, 상속)에 초점을 맞춰 지배력 유지를 최우선으로 하는 방식이다. 빠르게 소유권을 확보할 수 있지만, 후계자의 역량과 무관하게 진행될 위험이 있다.

경영 능력 중심 승계는 후계자의 경험, 능력, 역량 검증 및 단계적인 훈련 과정을 통해 경영권 이전을 진행하는 방식이다. 시간이 오래 걸리지만, 후계자가 실질적인 경영 능력을 갖추게 된다는 장점이 있다.

우리나라는 전체 기업 중 중소기업이 차지하는 비중이 크고, 이들 중 상당수가 가족 기업의 형태로 운영되고 있다. 통계에 따르면 국내 기업의 90% 이상이 중소기업이며, 이들이 전체 고용의 80% 이상을 차지한다. 이들 중소기업이 창업주 세대에서 다음 세대로 안정적으로 승계되지 못하면 어떻게 될까? 기업은 문을 닫거나 외부에 매각될 수 있다. 그 과정에서 일자리가 사라지고, 지역 경제가 침체되며, 수십 년간 축적된 기술과 노하우가 흩어진다. 반대로 성공적인 가업승계는 기업의 영속성을 확보하고, 고용을 안정시키며, 지역 경제를 활성화한다. 창업주가 쌓아온 경영 노하우, 기술, 기업 문화를 다음 세대가 계승하여 더욱 발전시킬 수 있다.

최근에는 전문경영인 제도, 가업상속공제, 가업승계 R&D 지원 정책 등 제도적 기반이 확대되면서 가족 내 승계뿐 아니라 가치 중심의 경영 계승이 강조되고 있다. 이는 단순한 자산 이전이 아니라 창업 정신과 기업의 사회적 역할을 다음 세대로 이어주는 과정이다. '부의 대물림'이라는 부정적 인식에서 벗어나 기업의 영속성 확보, 핵심 기술과 노하우 전수, 경영 안정성 유지, 장기적인 투자 및 의사결정 같은 긍정적 기능을 통해 국가 경제와 기업 생태계에 중요한 역할을 수행한다는 인식이 확산되고 있다.

그러나 가업승계 과정이 언제나 순탄한 것은 아니다. 막대한 상속세 및 증여세 문제, 후계자의 경영 능력 부족, 가족 간의 갈등 그리고 외부의 감시가 불충분할 경우에는 지배구조의 불투명성 등 어려운 난관에 부딪힐 수 있다.

그래서 기업은 법률, 세무 전문가의 도움을 받아 철저히 계획을 세우고 준비하는 것이 중요하다. 가업승계는 단순한 재산 상속이 아니라 기업의 미래와 사회적 책임까지 고려해야 하는 복잡하고 중차대한 과정이다. 우리 사회와 경제에 긍정적인 영향을 미치도록 투명하고 공정하게 처리되어야 한다.

그렇다면 이러한 가업승계가 기업의 지배구조에 어떤 영향을 미칠까? 다음 절에서는 가업승계와 지배구조의 관계를 깊이 있게 들여다보겠다.

가업승계가 지배구조에 미치는 영향

가업승계는 기업의 장기적인 지속가능성을 위한 핵심적인 요소다. 특히 ESG 경영의 세 축 중 하나인 지배구조에 중대한 영향을 미친다. 가업승계 과정은 지배구조의 투명성, 공정성, 안정성을 시험하는 리트머스 시험지와 같다. 잘 관리되면 기업을 한 단계 도약시키지만, 잘못 관리되면 기업을 무너뜨릴 수 있다.

가업승계 과정은 지배구조의 투명성과 공정성 측면에서 위험 요인으로 작용할 수 있다. 특히 한국처럼 오너 일가의 지배력이 강한 기업에서는 다음과 같은 문제가 발생하기 쉽다.

첫 번째 위험은 편법적 승계 수단의 활용이다. 막대한 상속세 및 증여세 부담을 회피하거나 경영권 방어를 위해 기업들은 때때로 편법적 수단을 동원하고 싶은 유혹에 빠진다. 대표적인 것이 일감 몰아주기다. 후계자가 지배하는 계열사에 부당하게 일감을 몰아주어 그 회사의 가치를 높이는 방식이다. 내부 거래를 통해 특정 계열사의 이익을 부풀리고, 그 과정에서 후계자의 지분 가치를 높이는 것이다.

복잡한 지분 구조도 문제가 된다. 지주회사, 순환출자, 비영리 재단 등을 활용하여 적은 자본으로 많은 기업을 지배하는 구조를 만든다. 이런 구조는 외부에서 보기에 매우 복잡하고 불투명하다. 실제 소유 관계와 의사결정 구조를 파악하기 어렵게 만든다. 이러한 행위는 회계 투명성을 해치고, 소액 주주를 포함한 이해관계자의 권익을 침해한다. 결과적으로 지배구조의 공정성을 심각하게 훼손할 수 있다. 단기적으로는 승계에 성공할 수 있을지 몰라도, 장기적으로는 기업의 신뢰도를 떨어뜨리고 투자자들의 외면을 받게 된다.

두 번째 위험은 비전문적인 경영 승계다. 후계자가 충분한 경영 능력이나 검증 절차 없이 단지 혈연이라는 이유만으로 경영권을 승계하면 여러 문제가 발생한다. 준비되지 않은 후계자는 비합리적인 의사결정을 내릴 수 있으며, 시장 상황을 제대로 이해하지 못하거나 조직 운영 경험이 부족하여 잘못된 전략을 추진할 수 있다.

자원 배분의 비효율도 발생한다. 사업의 우선순위를 제대로 판단하지 못하거나 개인적 선호에 따라 투자를 결정할 수 있다. 이는 이사회의 독립성과 책임성을 악화시킨다.

후계자가 이사회를 장악하면 이사회는 경영진을 견제하는 역할을 제대로 수행하지 못한다. 형식적인 승인 기구로 전락하고, 견제와 균형의 원리가 무너진다. 결과는 명확하다. 기업 가치가 하락하고, 장기적인 경쟁력을 잃게 된다. 지배구조의 건전성이 저해되는 것은 물론이다.

모든 가업승계가 부정적인 것은 아니다. 반대로 긍정적 측면에서 가업승계는 기업의 장기적인 안정성과 ESG 경영 추진에 크게 기여할 수 있다. 성공적인 가업승계는 창업주가 쌓아 올린 경영 노하우, 기술, 기업 문화를 다음 세대에 안정적으로 전수한다. 이는 기업의 영속성을 높이는 핵심 요소다.

창업주의 경영 철학, 핵심 가치, 사업에 대한 통찰이 대를 이어 전해지면서 기업의 정체성이 유지된다. 특히 장기적인 관점에서의 경영이 가능해진다. 단기 성과에 집중하는 전문경영인 체제와 달리, 가업을 이어받은 후계자는 다음 세대까지 생각하며 의사결정을 할 가능성이 높다. 당장의 이익보다는 기업의 지속가능성을 우선시할 수 있다.

이는 ESG 목표 수립 및 이행에 유리하다. 환경 투자나 사회 공헌 활동은 단기적으로는 비용이지만 장기적으로는 기업 가치를 높인다. 가업을 이어 갈 후계자는 이러한 장기 투자를 더 과감하게 추진할 수 있다.

실제로 많은 장수 기업이 가족 기업이라는 점은 시사하는 바가 크다. 독일의 히든 챔피언 중소기업, 일본의 100년 이상 된 기업 중 상당수가 가족 경영 체제를 유지하고 있다. 이들은 단기 이익보다 기업의 영속성을 중요하게 여기며, 그것이 오히려 장기적인 성공의 비결이 되었다.

최근 ESG 투자 트렌드가 강화되면서 기업의 오너 일가도 경영권 승계 과정에서 발생하는 지배구조 리스크, 이른바 '오너 리스크'를 관리할 필요성을 인지하게 되었다. 투자자들은 더 이상 누가 회사를 소유하는지만 보지 않는다. 어떻게 소유권이 이전되는지, 그 과정이 투명하고 공정한지를 본다.

편법적 승계나 불투명한 지분 구조는 투자 매력도를 크게 떨어뜨린다. 이에 따라 일부 기업들은 투명한 승계 계획을 준비하고, 이사회 내 ESG 위원회 또는 CEO 후보추천위원회 등을 설치하여 지배구조 개선 노력을 병행하는 추세다. 승계 과정 자체를 투명하게 공개하고, 후계자의 역량 검증 과정을 제도화하는 기업이 늘고 있다.

예를 들어 일부 기업은 후계자를 해외 유명 대학에서 교육받게 하고, 다양한 보직을 거치며 실무 경험을 쌓도록 한다. 이 과정을 공개하여 후계자가 단순히 혈연으로 승계받는 것이 아니라 능력을 갖춘 경영자임을 보여주려 한다.

결론적으로, 가업승계 자체가 지배구조에 긍정적 또는 부정적인 영향을 미친다기보다는 승계의 방식과 과정이 지배구조의 수준을 결정한다고 볼 수 있다. 기업이 편법적 수단 대신 합법적이고 투명한 승계 절차를 따른다면, 후계자의 역량 검증을 강화한다면, 이사회의 독립성을 확보한다면, 주주환원 정책을 강화하는 등 주주 가치 제고 노력을 한다면 승계 과정의 정당성을 확보할 수 있다.

반대로 세금 회피를 위해 복잡한 구조를 만들고, 검증되지 않은 후계자에게 무리하게 경영권을 넘기며, 이사회를 형식적으로 운영하면서 소액주주의 권리를 무시한다면 그 승계는 실패할 수밖에 없다.

ESG 시대에 기업의 지속가능성을 유지하기 위해서는 가업승계가 기업의 사적 문제가 아닌 지배구조의 투명성을 담보해야 하는 '공적' 과정으로 인식해야 한다. 가업승계는 더 이상 오너 일가만의 일이 아니다. 수많은 직원의 일자리가 걸려 있고, 주주들의 재산이 걸려 있으며, 협력업체의 생존이 걸려 있고, 지역사회의 경제가 걸려 있다. 따라서 승계 과정은 투명하게 공개되어야 하고, 공정하게 진행되어야 하며, 모든 이해관계자의 이익을 고려해야 한다. 이를 통해 기업의 장기적 가치 창출에 기여해야 한다.

잘 관리된 가업승계는 기업을 한 단계 도약시키는 기회가 된다. 창업주의 정신을 계승하면서도 새로운 시대에 맞는 혁신을 추구할 수 있다. 과거의 자산과 미래의 가능성을 연결하는 다리 역할을 할 수 있는 것이다.

그렇다면 앞으로 ESG와 지배구조는 어떤 방향으로 나아갈까? 마지막 절에서는 ESG의 미래와 우리가 나아갈 길을 전망해보겠다.

ESG의 미래, 지속가능성을 향하여

가업승계가 현재의 과제라면, ESG의 미래는 우리 모두의 과제다. 2026년 현재, 우리는 ESG 경영의 중요한 전환점에 서 있다. 지배구조를 중심으로 ESG가 어떻게 진화하고 있는지, 그리고 우리는 어디로 나아가야 하는지 살펴보자.

이제는 기업의 지배구조가 법규 준수를 넘어 기업 가치와 신뢰를 결정짓는 핵심 요소로 확고히 자리매김하게 될 것이다. 투명하고 효율적인 의사결정 체계 구축은 기업의 지속 성장을 위한 필수적 요건으로 강조되고 있다.

먼저 이사회의 역할이 더욱 강화될 것이다. 기업 경영의 최고 의사결정 기구인 이사회의 독립성과 전문성은 지배구조의 핵심 중 핵심이다. 앞으로는 이사회의 독립적인 감시와 견제 역할이 더욱 강조될 것이며, 성별과 연령, 국적은 물론 ESG 관련 전문성을 갖춘 다양한 인재들로 이사회를 구성하려는 노력이 확대될 것이다.

사외이사의 실질적인 독립성 확보를 위한 가이드라인도 더욱 강화될 것으로 예상된다. 형식적으로 사외이사를 임명하는 것이 아니라 실제로 경영진을 견제하고 주주와 이해관계자를 위해 일할 수 있는 독립적인 이사를 선임하는 것이 중요해진다.

정보 보호와 데이터 거버넌스도 새로운 화두로 떠올랐다. 디지털 전환이 가속화되면서 사이버 보안과 개인정보 보호가 지배구조의 중요한 축으로 인식되고 있다. 기업의 정보 유출은 곧 기업 평판과 직결되는 중대한 리스크가 되기 때문이다.

이사회 차원에서 정보 보호 및 관리 체계를 강화하는 것이 더욱 중요한 요소가 될 것이다. 최고정보보호책임자(CISO)가 이사회에 정기적으로 보고하고, 이사회가 사이버 보안 전략을 승인하고 감독하는 체계가 일반화될 것이다.

ESG 공시 의무도 계속 확대되고 있다. 단순히 재무 정보뿐만 아니라 비재무적 정보, 즉 ESG 관련 정보의 투명한 공개가 더욱 강력하게 요구될 것이다. 지배구조 부문에서는 기업의 윤리강령, 반부패 정책, 경영진 보수 체계, 이사회 구성 및 운영 방식 등 상세한 정보 공개가 중요해질 전망이다.

또한 기업들의 지속가능경영보고서 발간율이 더 증가하여 투명한 정보 공개가 일반화될 것이다. 과거에는 선도 기업만 발간하던 보고서가 이제는 대부분의 상장사에게 의무가 되고 있다.

주주행동주의는 더욱 심화될 것이다. 기관투자자들을 중심으로 주주들이 기업의 지배구조 개선을 요구하는 움직임이 늘어날 것이다. 이들은 단순히 단기적인 수익률을 넘어 기업의 장기적인 지속가능성에 주목하며, 이사회 독립성 강화, 경영진 보수 체계 개선 등 지배구조 관련 의제에 적극적으로 참여할 것으로 보인다.

스튜어드십 코드의 활성화도 주목할 만하다. 기관투자자들이 수탁자로서의 책임을 다하기 위해 적극적으로 의결권을 행사하고, 기업과 대화하며, 필요시 경영 개선을 요구하는 것이 보편화될 것이다.

공급망 전체의 지배구조 관리도 중요해진다. 기업은 이제 공급망 전체의 윤리적 문제와 ESG 리스크에 대한 책임까지 요구받고 있다. 협력업체의 노동 인권 문제, 환경 규제 준수 여부, 부패 방지 등 공급망 전반에 걸친 지배구조 관리가 중요해질 것이다.

ESG를 둘러싼 흐름은 단순하지 않다. 찬반이 교차하고, 방향이 조정되며, 새로운 길을 모색하고 있다. 미국의 거대 자산운용사인 블랙록(BlackRock)의 대표 래리 핑크가 ESG를 강조하면서 세계적으로 기업 경영에 커다란 변화를 초래했다. ESG는 기업 생존과 성장의 필수 요소가 됐고, 글로벌 자본의 흐름에도 큰 영향을 미쳤다.

그러나 시간이 지나면서 ESG에 대한 비판도 제기되었다. 트럼프 미국 대통령은 '드릴, 베이비 드릴'이란 슬로건을 주장하면서 석유와 가스 같은 화석연료 개발과 활용 극대화에 초점을 맞추고 파리기후변화협정에서 탈퇴하여 기후 외교에서 고립을 택했다. 일론 머스크는 ESG 평가가 불투명하고 일관되지도 않다고 지적했으며, 미국 일부에서는 'ESG 반대 운동'이 벌어지기도 했다. 기업들도 모호한 기준과 규제 부담으로 인해 피로감을 느끼며 회의적인 태도를 보이기 시작했다.

이러한 찬반의 흐름 속에서 2025년 2월 우르줄라 폰데어라이엔 EU 집행위원장은 'EU 옴니버스 패키지'를 발표했다. 이는 주목할 만한 전환점을 제공한다. 이 패키지는 공급망 실사법이나 스코프 3(Scope 3) 온실가스 배출 공시 등 의무 사항을 조건부로 적용하거나 시기를 유예하는 등 기존 내용들을 조정했다. 급하게 의무 규제를 도입하기보다는 기업의 수용성을 고려해 현실적으로 단계적 접근을 취하는 것으로 보인다. 이후 캐나다가 기후 공시 의무화를 잠정 중단했다는 소식이 들렸고, 국내에서도 공시 의무화 일정을 재검토하자는 논의가 진행되고 있다. 그러나 이를 ESG를 접는 과정으로 이해하면 안 된다. 오히려 ESG를 보다 실질적인 내용으로 실현시키기 위한 '속도 조절'이다. ESG가 보다 더 현실적으로 진화하는 과정으로 보는 것이 타당하다.

유럽연합의 정책들을 살펴보면서 주목할 것은 ESG 대신 '지속가능성(Sustainability)'이라는 단어를 반복적으로 사용한다는 점이다. ESG가 투자자와 기업 중심으로 사용되는 용어라면, 지속가능성은 투자자와 기업뿐 아니라 정부, 소비자, 지역사회 그리고 다음 세대까지 포함하는 모든 이해관계자가 함께 추구해야 할 공동의 가치로 해석할 수 있다. ESG가 한때의 트렌드를 넘어 지속가능성이라는 보다 근본적이고 통합적인 방향으로 진화하는 흐름에 발맞추기 위해서는 기본적으로 유엔이 제시한 17개 지속가능발전목표(SDGs)를 정부의 정책 및 기업의 경영에 내재화해야 한다.

정부는 지속 가능한 대한민국을 위한 생태계 조성에 힘을 기울여야 하며, 기업은 제품 설계 단계부터 재활용과 재사용을 고려하고, 공급망 내의 인권과 노동 관련 이슈에 더 많은 관심을 기울여야 한다. 특히 수출 비중이 높은 우리 기업들은 유럽의 탄소국경조정 제도(CBAM), 에코디자인 규정(ESPR), 공급망 실사법 등의 규제에 선제적으로 대응할 수 있도록 제품의 생애 전주기에 걸친 환경 영향 평가, 공급망 내 인권 영향 평가 등을 통해 세계 시장에서 경쟁 우위를 확보해야 한다.

소비자는 지속 가능한 제품과 서비스를 선택해야 한다. 우리가 무엇을 구매하느냐가 기업의 행동을 바꾼다. 값이 조금 비싸더라도 환경을 덜 해치고, 노동자를 존중하며, 윤리적으로 생산된 제품을 선택하는 것이 중요하다. 투자자는 사회에 긍정적 영향을 미치는 기업에 투자하는 임팩트 투자 비중을 늘려 나가야 한다. 수익만 추구하는 투자가 아니라 좋은 기업에 투자함으로써 세상을 바꿀 수 있다. 각자의 역할과 협력 및 실천을 통해서 다음 세대를 위한 지속 가능한 미래를 열어나가야 한다.

앞으로 우리나라 기업의 ESG 경영은 단순한 선택이 아닌 생존과 성장을 위한 필수 전략이 될 것이다. 더욱 고도화된 ESG 전략을 수립하고 실행해야 할 시기가 되었다. 지배구조는 그 중심에 있다. 투명하고 책임 있는 지배구조 없이는 진정한 ESG 경영이 불가능하다. 환경 정책이 아무리 훌륭해도, 사회 공헌이 아무리 활발해도 지배구조가 무너지면 모든 것이 무너진다.

ESG는 끝이 아니라 시작이다. 지속가능성은 목적지가 아니라 여정이다. 우리는 지금 그 여정의 한가운데에 있다. 때로는 길을 잃기도 하고, 속도를 조절하기도 하며, 방향을 수정하기도 한다. 그러나 중요한 것은 멈추지 않고 계속 나아가는 것이다.

지배구조라는 견고한 기반 위에서 환경을 보호하고 사회적 책임을 다하며, 모든 이해관계자와 함께 성장하는 기업. 이것이 우리가 꿈꾸는 지속 가능한 기업의 모습이다.

그 길은 쉽지 않다. 그러나 반드시 가야 할 길이다. 이는 우리 세대의 번영만이 아니라 다음 세대의 미래를 위해서이다. 오늘 우리가 내리는 선택이 내일의 세상을 만든다.

CHAPTER **02**

신뢰로 세우는 거버넌스의 미래, 투명한 책임이 만드는 사회

이선우

한국ESG경영인증원 이사장 / 한국환경과학회 산학관위원장

시사코리아저널 저널리스트 / Artima Group 총괄 대표이사

에너지, 환경, ESG 경영 등 다양한 분야에서 30여 년에 걸쳐 경력을 쌓아온 전문가로, 지속 가능한 미래를 위한 실천적 리더십을 발휘하고 있다. 충남대학교, KAIST AIB(Advanced Innovative Business) 과정과 대전대에서 공부하였다.

25년간 원자력 에너지 분야에서 근무하며 대한민국 에너지 산업의 중심에서 정책과 기술 현장을 아우르는 실무 역량을 발휘했고, 이후 미세먼지·초미세먼지 및 IoT 센서 기반 벤처기업에서 실무 경험을 쌓으며 활동 영역을 확장하였다.

이러한 현장 경험을 바탕으로 6인의 공동 설립자들과 함께 한국ESG경영인증원과 한국이에스지경영인증원을 창립하여 ESG경영전문지도사 자격 제도를 운영하면서 기업 ESG 경영 컨설팅, 공공기관 및 대학 ESG 강의 등 다양한 교육 및 실천 활동을 전개하고 있다.

ESG와 거버넌스의 진짜 의미를 묻다

ESG는 선언이 아니라 '관계의 방식'

기업에서 처음 ESG가 화두가 되었을 때 많은 이들이 "이것도 몇 년 지나면 사라질 유행 아닌가?"라고 물었다. 그러나 곧 깨닫게 되었다. ESG는 사라질 단어가 아니라 앞으로 모든 기업이 통과해야 할 관문이라는 것을. 단순히 점수를 받기 위해 작성하는 보고서가 아니라 우리 조직이 세상과 어떤 방식으로 연결되어 있는지를 드러내는 하나의 언어라는 것을 말이다.

ESG가 던지는 첫 질문은 생각보다 단순하다.

"우리는 어떤 기준으로 결정하는가?"

그 기준이 공개되는 순간 조직의 관계가 달라진다. 사회는 그 기준을 보고 "당신들의 결정은 누구를 위한 것인가?"라고 묻는다. 구성원은 그 기준을 보고 "이 조직과 함께 갈 수 있는가?"로 판단한다.

그래서 ESG는 선언이 아니라 관계의 방식이다. 환경(E)은 단순한 보호 대상이 아니라 우리가 선택하는 기준에 따라 달라지는 공간이고, 사회(S)는 결과를 받아들이는 거울이며, 거버넌스(G)는 그 기준을 세우는 손과 책임지는 얼굴이다. 만약 기준이 불분명하다면 환경은 방치되고, 사회는 침묵하며, 책임은 사라진다. ESG는 바로 그 순간을 막기 위한 '관계의 설계 방식'이다.

우리는 종종 "ESG 경영을 한다"라는 말을 듣는다. 그러나 진짜 ESG 경영은 '보고서를 얼마나 잘 쓰느냐'로 판단되지 않는다. 어떤 결정이 내려질 때 그 회의실 안에 서로 다른 목소리가 있었는지, 결과를 공유할 의지가 있었는지, 책임을 기꺼이 나누려 했는지가 핵심이다.

즉 ESG는 기업의 언어가 아니라 '태도'이며, 설계가 아니라 '방식'이다. 선언할 수도, 흉내 낼 수도 있지만 관계를 바꾸지 않는 ESG는 오래가지 않는다. 결국 사람은 관계를 보고 움직이고, 사회는 관계를 보고 평가하며, 시장은 관계를 보고 미래를 산정한다. 그래서 ESG는 묻는다.

"당신의 기준은 공개되어 있는가?"
"그 기준은 설명 가능한가?"
"그 기준을 함께 책임질 사람이 있는가?"

이 질문을 피하지 않는 조직은 비로소 거버넌스를 이야기할 자격이 생긴다. ESG의 본질은 결국 환경이나 사회보다 앞서 있는 '결정의 윤리', '관계의 방식'이며, 그 방식이 조직의 미래를 결정한다는 사실을 우리 시대는 이미 증명하고 있다.

왜 G(Governance)는 맨 마지막에 자리 잡았을까?

환경(E)은 보인다. 공장에서 올라오는 연기, 늘어나는 전기 사용량, 쌓이는 폐기물은 숫자로 쉽게 바꿀 수 있다. 탄소 배출량이나 순환율 같은 지표가 이미 만들어져 있고, 규제는 그 지표에 맞춰 개선을 요구한다.

사회(S)도 마찬가지다. 고용의 안정성이나 안전사고 건수, 지역사회에 대한 기여도는 통계가 수집되고 기관의 평가로 환산된다. 그래서 많은 기업은 E와 S를 '측정할 수 있는 영역'으로 받아들이며, 그 지표를 개선하기 위해 노력해 왔다.

그러나 거버넌스(G)는 쉽지 않다. 눈으로 확인할 수 없고, 숫자로 환산하기도 어렵다. ESG를 논할 때 마지막에 남게 되는 영역이 G인 이유가 여기 있다. 거버넌스는 장부가 아니라 결정의 순간에서 모습을 드러낸다.

"왜 이렇게 결정했습니까?"
"회의에 참여한 사람은 누구였습니까?"
"책임은 평등하게 나누어졌습니까?"

이 질문들이 등장하는 순간 공간의 분위기가 바뀌는 것을 여러 번 보았다. 숫자는 잠시 뒤로 가고, 사람의 표정과 눈빛이 앞으로 나온다. 의사결정 과정에는 '보고되지 않는 기류'가 존재한다. 말보다 빠르게 흐르는 감정, 조심스러운 눈치, 누군가의 침묵. 이 모든 것들이 실제 결정을 움직인다. 그래서 G는 항상 문서보다 늦게 등장하고, 가장 뒤에 남는 영역이 된다.

기업 입장에서 G는 귀찮고 까다로운 주제였고, 현실이 그럴 수밖에 없었다. E와 S는 수치화되고 계량화되어 평가할 수 있지만, G는 '어떻게 설명할 것인가'부터가 막막하다. 그러다 보니 보고서의 마지막 장에서야 형식적으로 채우는 경우가 많았다. 잘 쓴 문장을 찾아 넣고, 절차를 설명하는 점검표를 정리하곤 했다.

하지만 실제로 조직이 어떻게 결정하고, 누구를 참여시키며, 어떤 방식으로 책임을 공유하느냐는 문장 속에서 빠져 있었다. ESG의 마지막 글자가 아니라 실제로 가장 마지막까지 건드리지 못한 영역, 그곳이 G였다. 그런데 시간이 지나면 기업은 결국 같은 곳에 도달한다.

"왜 변화가 오래가지 않는가?"
"왜 구성원은 공감하지 않는가?"
"측정 기준은 좋아졌는데 조직은 달라지지 않았는가?"

그 질문에 답하기 위해 다시 출발점으로 돌아가게 된다.

나는 과거 공직생활을 하면서 ISO를 1세대에 접한 사람이다. 처음에는 ISO를 하지 않으면 공기업은 망하는 줄 알았고, 우리 부서는 늘 출발점인 회의실에서 긴장하고 있었다.

"누가 자리에 앉아 있었는가?"
"어떤 순서로 발언했으며, 그 순서에는 이유가 있었는가?"
"결정은 설명 가능한 방식으로 이루어졌는가?"

나는 현장에서 이런 장면들을 수없이 보아왔다.

보고서는 이미 완성되었는데, 정작 실행은 한 걸음도 나아가지 못하는 상황의 이유는 단순했다. 그 결정을 만든 자리에 실무자는 없었다. 참여하지 않은 사람은 책임을 느끼지 않는다. 책임이 느껴지지 않으면 변화는 머릿속에서만 존재하고 현실에서는 머무르게 된다.

그때 깨닫게 된다. 보이지 않아도 모든 것을 움직이는 힘이 있다는 것을. 그래서 ESG의 가장 마지막에 놓인 것처럼 보이는 거버넌스는 사실 가장 먼저 다루어야 할 영역이다. 결국 E와 S는 결과이고, G는 시작이다. E와 S를 바꾸는 방식은 '누군가 결정하고, 어떻게 결정하느냐'에 달려 있기 때문이다.

나는 이제 그 질문을 ESG의 출발점으로 삼고자 한다. E와 S가 아니라 G에서부터 ESG를 다시 읽어야 한다. G를 다루기 시작하는 순간 기업은 숫자를 넘어 '관계의 방식'을 고민하는 조직이 된다. 그리고 그 조직은 단순히 보고하는 회사가 아니라 충분히 설명할 수 있고, 참여를 설계할 수 있는 '살아 있는 조직'이 된다. 그 순간부터 거버넌스는 보고의 형식이 아니라 '사람의 움직임'으로 변한다. 누군가의 책임을 따지는 구조가 아니라 함께 결정하고 함께 책임지는 구조로 방향이 틀어진다.

보고서에서는 잘 드러나지 않지만, 실제 변화는 그 지점에서 시작된다. 결국 기업의 지속가능성은 무엇을 계획했는가가 아니라 '어떤 방식으로 참여를 설계했는가'에 의해 결정된다는 사실을 깨닫게 된다.

투명성과 책임이 사라지면 생기는 일들

기업이 성장하거나 위기에 놓일 때마다 되풀이되는 공통의 패턴이 있다. 기술이 부족해서도 아니고, 인력이 모자라서도 아니다. 진짜 문제는 투명한 결정 구조가 없고, 책임이 흐릿해지는 순간부터 시작된다는 것이다.

- 어떤 근거로 결정이 이루어졌는지 남아 있지 않을 때
- 그 결정을 누가 했는지조차 알 수 없을 때
- 그리고 그 결과가 공유되지 않을 때

조직은 눈에 보이지 않는 균열을 맞는다. 처음에는 말 없는 불신으로 시작되지만 시간이 지나면 해명해야 할 위기로 돌아온다. 위기는 갑자기 찾아오는 것이 아니라 설명되지 못했던 작은 순간들의 누적으로 다가온다는 사실을 우리는 이미 경험으로 알고 있다.

한국 기업에는 분명한 강점이 있다. 빠르게 상황을 파악하고 빠르게 움직이는 능력, 임기응변의 감각, 위기 앞에서 서로를 붙드는 공동체 의식은 우리 조직 문화의 강력한 에너지다. 하지만 그 강점이 약점으로 바뀌는 순간이 있다. 보고가 결정보다 앞서고, 연고가 기준보다 앞서며, 책임은 '나중에 정리할 문제'로 밀릴 때다. 그때부터 조직의 시간은 뒤로 흘러가기 시작한다.

나는 여러 현장에서 비슷한 장면을 보아왔다. 한 예로 국가 에너지 정책을 수립하면서 정권이 교체될 시기마다 원전은 늘 도마 위에 올랐다. 이런 식으로 보고와 결정이 뒤바뀐 상황에서는 그 어떠한 진도를 낼 수가 없다.

보고서는 완벽하게 정리되어 있었지만, 정작 그 결정을 내린 사람은 어디에도 없었다. 책임을 묻는 자리에서는 "그건 이전 회의에서 논의한 사안입니다"라는 말만 남았다. 그 회의록은 남아 있었지만, 그 회의실의 온도는 기록되지 않았다. 누가 말했고, 누가 침묵했고, 왜 그들이 서로 다른

시선을 가졌는지는 문장으로 남지 않았다.

이 지점에서부터 '설명할 수 없는 조직'이 만들어진다. 그래서 ESG가 등장했을 때 많은 기업은 이것을 새로운 기준으로 받아들였지만, 사실 ESG는 기준이 아니다. 이미 존재하던 문제를 드러내는 거울에 가깝다.

ESG의 언어는 새로운 규칙을 만든 것이 아니라 그동안 묻어 두었던 질문을 다시 꺼내 들었을 뿐이다. 그리고 지금, ESG가 기업에 던지는 질문은 지나치게 단순하지만 도망갈 수 없다.

"당신의 조직은 어떻게 결정하고, 그 결정을 어떻게 증명할 수 있는가?"

이 질문에 선뜻 답할 수 있는 기업은 생각보다 많지 않다. 바로 이 지점에서부터 거버넌스의 진짜 이야기가 시작된다.

ESG는 선언문이 아니라 결정의 언어

ESG는 이제 보고서로 점수를 받는 과업이 아니다. 한 번 제출하고 끝나는 일이 아니라 조직의 기준을 검증하는 질문으로 남는다. 회계처럼 단일 기준이 있는 것도 아니고, 법처럼 위반 여부만을 따지는 영역도 아니다.

ESG는 훨씬 더 어려운 질문을 던진다.

"무엇이 옳은가? 우리는 어떤 기준을 믿고 행동하는가?"

이 질문은 계획이 아니라 결정의 방식을 묻는다. 어떤 결과를 냈는가보다 '어떤 과정을 거쳐 결정했는가'를 남기는 일이 중요해졌다. 그래서 ESG는 실적을 쌓는 일이 아니라 결정의 흔적을 남기는 과정이다. 기록은 쌓이지만, 그 기록은 성과가 아니라 '설명할 수 있는 기준'을 드러내는 방식으로 바꾸어야 한다.

나는 여러 기업과 기관을 만나면 "ESG는 우리 회사엔 아직 이르다. 규모가 커야 제대로 할 수 있다"라는 말을 종종 들었다. 그러나 놀랍게도 해외에서는 거꾸로 묻는다.

"규모가 작아도 설명할 수 있습니까? 책임을 나눌 수 있습니까? 그럼 이미 시작한 것입니다."

중요한 것은 규모가 아니라 기준이다. 기준은 자본보다 먼저 기업의 신뢰를 만든다. 거버넌스가 경영 전략으로 작동할 수 있는 이유가 바로 여기에 있다.

나는 여러 기업의 ESG 실천 현장을 직접 보며 겪으면서 한 가지 공통점을 발견했다. ESG가 도입될 때 대부분의 논의는 환경(E)과 사회(S)에 집중되었다. 탄소 배출을 줄이고, 사회적 책임을 실천하는 기업을 좋은 기업이라 평가해왔다.

하지만 실제 기업의 움직임을 가까이서 지켜보면 E와 S는 독립된 영역이 아니다. 그것들은 언제나 결정을 통해 현실이 되는 결과였다. 아무리 의미 있는 계획이라도 제대로 된 결정이 없으면 실천되지 않는다. 목표가 분명하더라도 그 목표를 판단할 합리적인 기준이 없다면 조직은 방향을 잃게 된다.

그래서 나는 ESG를 제대로 이해하려면 E와 S에서 시작하는 것이 아니라 G에서 출발해야 한다고 믿는다. 거버넌스는 평가의 항목이 아니라 모든 움직임을 시작하게 만드는 엔진이며, 보이지 않지만 조직의 온도와 속도를 결정하는 힘이다. 탄소중립도, 지역사회 기여도, 다양성과 포용도 모두 의사결정 체계와 책임 구조 위에서 비로소 현실이 된다.

수치가 존재한다면 그 뒤에는 반드시 결정이 있었고, 그 결정의 근거가 되는 기준도 있었다. 그리고 그 기준은 언제나 어떤 사람을 참여시켰는가, 누구에게 설명하려 했는가, 그리고 책임을 어떻게 나눌 수 있는가에 의해 달라졌다. ESG는 기술의 문제가 아니다. 보고서로 해결할 수 있는 영역도 아니다.

나는 분명하게 말할 수 있다. ESG는 기준의 문제이며, 관계의 문제다. 그리고 그 기준을 투명하게 공개하고, 관계를 설계하며, 책임을 함께 감당할 수 있도록 만드는 구조, 그것이 바로 거버넌스다.

한국ESG경영인증원에서 현장을 만나며 수없이 실감했던 장면들이 있다. 같은 계획인데 팀마다 다르게 해석됐고, 같은 목표였는데 실행 방식은 달랐다. 처음에는 단순히 소통의 방식이 다르다고 생각했다. 하지만 시간이 지나면서 알게 되었다. 문제는 계획의 내용이 아니라 결정에 참여한 사람이 달랐다는 사실이었다.

참여가 다르면 책임의 무게가 달라지고, 책임의 뉘앙스가 달라지면 결과도 달라진다. ESG의 핵심은 바로 이 차이를 설명해낼 수 있느냐 또는 설명하지 못하느냐에 달려 있다. 그래서 ESG를 선언으로 끝내는 조직과 ESG를 언어이자 구조로 받아들이는 조직은 근본적으로 다르다.

앞서 말한 차이는 숫자나 지표에서 드러나지 않는다. 회의의 구조와 책임의 흐름에서 드러난다. 거버넌스는 기업 보고서의 뒷장에 남겨둘 조항이 아니라 가장 앞에서 묻고 가장 먼저 설계해야 할 질문이다.

이제 ESG는 보고의 형식이 아니라 결정과 책임의 방식이라는 언어로 다시 읽혀야 한다.

앞으로의 ESG는 무엇을 했는가보다 "우리는 어떤 기준으로 결정했는가?"라는 질문에서 출발해야 한다. 그 질문 앞에서 흔들리지 않는 조직만이 미래를 준비할 수 있다.

한국형 ESG 거버넌스를 위한 현실 진단

한국 기업의 저력은 '함께 움직이는 힘'에서 나온다

한국 기업의 성장 배경에는 기술이나 자본보다 먼저 눈에 들어오는 특징이 있다. 위기 앞에서 빠르게 모이고, 필요할 때 서로의 역할을 묻지 않고 움직이는 힘이다. 나는 이 힘을 협업이라는 단어보다 더 깊은 차원의 '함께 움직이는 능력'이라고 생각한다.

누구의 지시가 있어서가 아니라 분위기만 조성되면 자연스럽게 생겨나는 결집력. 이것이야말로 한국 기업이 지난 수십 년 동안 수많은 고비를 넘기고 단기간에 혁신을 만들어낸 원동력이었다.

이 힘은 보통 위기 속에서 더 선명하게 나타난다. 공장에 문제가 생기면 관리직이 직접 뛰어들고, 예기치 않은 사고가 일어나면 서로의 직급을 따지기보다 손부터 내민다. 긴 설명 없이도 "지금은 함께 버텨야 할 때"라는 공감이 형성된다. 이때 한국 기업의 조직은 지시와 복종의 구조를 넘어 '즉각적인 공동 대응 체계'로 전환된다. 외국 기업에서는 쉽게 찾아보기 어려운 장면이다. 그래서 ESG를 이야기할 때도 한국 기업의 이 저력을 무시해서는 안 된다.

ESG는 결국 '함께 기준을 세우고 함께 책임지는 방식'인데, 한국 기업은 이미 함께 움직일 수 있는 능력을 충분히 갖추고 있다. 문제는 ESG를 외부 기준이나 평가항목으로 받아들이는 데 그칠 것이 아니라 우리가 이미 가지고 있는 힘을 어떤 방식으로 구조화해낼 것인가에 있다.

즉 ESG는 한국 기업에 새로운 언어가 아니라 이미 존재하던 문화의 방향을 재정렬하는 도구가 될 수 있다. 이 가능성을 제대로 해석한다면 우리는 ESG를 외부의 기준이 아니라 '내재한 역량을 끌어내는 방식'으로 활용할 수 있다. 나는 이 지점이 한국형 ESG의 출발점이라고 믿는다.

같은 조직 문화는 ESG의 '걸림돌'이 되기도 한다

한국 기업의 강점이었던 '함께 움직이는 힘'은 시간이 지나며 다른 모습으로 나타나기 시작했다. 빠르게 협업하고 필요할 때 한 방향으로 모이는 능력은 위기 상황에서는 탁월하게 작동했지만, 기준을 세우고 구조를 설계해야 하는 순간에는 오히려 걸림돌이 되기도 했다. 방향은 정해졌지만 그 방향이 누구의 기준을 근거로 정해졌는지는 남지 않았고, 책임은 분명 존재했지만 어떤 방식으로 나누었는지는 구조화되지 않았다.

현장에서 만난 기업인들 가운데는 이런 말을 하는 경우가 적지 않았다. "우리 조직은 빠르게 움직일 수 있지만, 왜 그렇게 결정됐는지 나중에 설명하는 일이 제일 힘듭니다", "우리 회사는 협업은 정말 잘 되는데, 기준을 정하려고 하면 회의가 계속 미뤄집니다" 이런 상황에서 공통으로 발견되는 특징이 있다. 바로 '결정은 있었지만, 결정의 흐름은 남아 있지 않았다는 점'이다.

ESG는 결국 결정과 책임을 구조화하는 과정인데, 우리는 그 구조를 남기는 기술보다 결과를 빠르게 만들어내는 방식에 익숙해져 있었다. 이 때문에 ESG가 도입될 때 추가 업무나 관리부서의 과제 정도로 해석되는 경우가 많았다. 실제 의사결정 테이블에서는 ESG가 언급되지 않았고, 실무자들 사이에서는 ESG가 보고용 자료로 머무는 일도 있었다.

나는 이 지점을 '한국형 ESG의 근본적 딜레마'라고 본다. 협업은 가능하지만 합의의 구조는 서툴다는 점, 신속한 실행은 가능하지만 책임의 경로를 남기는 일에는 익숙하지 않다는 점 등 이것이 바로 ESG의 실천을 어렵게 만드는 현실적인 장벽이다.

결국 문제는 기술이나 인력이 아니라 결정의 방식 자체에 있었다. 빠르게 움직이는 힘은 존재했지만, 그 힘이 어느 기준으로 모였는지, 누가 참여했고 무엇을 근거로 판단했는지는 기록되지 않았다. 이 구조가 ESG를 보고서로만 남게 만들고, 실제 변화는 '다음 프로젝트'로 미뤄지는 방식으로 반복되기도 했다. 나는 이를 단순한 조직의 습관으로 보지 않는다.

한국 기업이 이제 진지하게 다뤄야 할 '문제의 구조'이며, 동시에 '전환의 기회'이다. 공동체적 협력과 민첩한 실행은 분명 강점이다. 그러나 그 강점이 ESG를 지탱하는 기준으로 이어지기 위해서는 기준을 남기는 방식과 결정의 구조를 설계하는 역량이 더해져야 한다.

ESG는 바로 그 지점을 묻고 있다. 우리는 움직이는 힘을 가지고 있다.

이제는 그 힘이 어느 기준 위에서 움직이고 있는지 설명할 수 있어야 한다. 한국형 ESG는 바로 그 질문 그리고 그 정직한 인식에서 출발해야 한다.

국내 대기업 중심 ESG 확산, 중소기업은 사각지대

우리나라에서 ESG는 주로 대기업 중심으로 확산해 왔다. 대기업은 이미 전담 인력을 두거나 외부 컨설팅을 활용해 보고 체계를 갖추기 시작했고, 평가 기준에 대응하기 위한 내부 구조도 빠르게 마련해 왔다.

그러나 현장을 넓게 바라보면 ESG의 언어가 실제 산업 생태계 전반에 스며들었다고 보기는 어렵다. 특히 중소기업의 경우 ESG를 '반드시 해야 하는 일'로 이해하면서도 그것을 현실적인 경영 방식으로 연결할 방법을 찾지 못하고 있다.

중소기업의 어려움은 단순히 자원 부족 때문만은 아니다. ESG를 시작하려 해도 '어디서부터 손대야 하는지', '어떤 기준으로 판단해야 하는지' 설명해줄 구조가 충분하지 않다. 그래서 ESG가 필요하다는 사실을 알고 있더라도 실행 단계까지 연결되지 못한 채 '준비되지 않은 과제'로 남아 있는 경우가 많다.

처음에는 관심이 있었지만, 일정이 바빠질수록 ESG는 자연스럽게 뒤로 밀리고, 결국 "언젠가는 해야 하지만 지금은 어렵다"라는 인식만 남는다.

더 큰 문제는 산업 구조 전체에 있다. 한국 기업의 대부분은 대기업과의 거래 관계 안에 있고, ESG 요구사항은 이미 납품 단계에서부터 하나의 조건으로 작동하고 있다. 중소기업이 ESG를 이해한 뒤 실천에 옮기기까지는 단계적인 설계가 필요하지만, 현실은 '인증 먼저, 준비는 나중'이라는 방식이 반복되고 있다. 이런 구조에서는 ESG가 기업의 미래 전략이 되기보다는 제출해야 할 서류로 인식되기 쉽다.

이처럼 중소기업의 ESG 전환이 지연되는 상황은 단순한 이행 문제를 넘어 산업 전체의 지속성을 위협할 수 있다. 한국 기업의 99%, 고용 대부분이 중소기업에서 나오는 현실을 고려한다면, 이들의 ESG가 작동하지 않는다면 우리 사회의 ESG 역시 실제로 작동할 수 없다는 결론에 이르게 된다.

ESG는 보고서를 위한 제도가 아니라 기업 생태계의 지속가능성을 위한 질문이어야 한다. 중소기업이 스스로 움직일 수 있는 방식이 설계되지 않는다면 ESG는 일부 기업의 언어로 머물 뿐이다.

이러한 흐름을 바꾸기 위해 먼저 필요한 것은 도입을 설득하는 것이 아니라 '실행할 수 있는 구조'를 만드는 일이다. 중소기업은 ESG를 외면하는 것이 아니라 '현실적으로 접근하는 방법이 있는지'를 질문하고 있다. 이 질문에 답하지 않는 한 ESG는 기업의 책상 위를 떠나지 못한다.

중소기업이 변화의 중심에 설 수 있어야 비로소 한국형 ESG는 산업 생태계 안에서 살아 움직일 수 있다.

유럽연합과 미국 규제 대응

이제 ESG는 선택이나 이미지 전략의 문제가 아니다. 유럽연합의 CSRD, 미국 SEC의 기후공시와 같은 규제는 한국 기업에 이미 현실적인 압력으로 다가와 있다. 중요한 점은 이 규제가 단일 기업을 대상으로 하지 않는다는 것이다. 공급망 전체를 하나의 기업처럼 보고 진단한다는 특성이 있다. 즉 어느 한 기업이 기준을 지키지 못하면 그 기업만 위험해지는 것이 아니라 연결된 기업들 전체가 함께 위험을 안게 된다. 이를 단순한 규제 대응으로 이해한다면 현실을 놓치게 된다. ESG는 더 이상 '선택적으로 대응할 수 있는 이슈'가 아니다.

한국 기업의 수출 구조는 대기업을 중심으로 중견·중소기업이 연결된 형태로 이루어져 있으며, 특정 산업에서는 하나의 공급망이 하나의 생태계처럼 작동한다. 이런 구조에서 중소기업 한 곳의 미준수는 전체 수출망의 지연, 비용 증가, 파트너십 철회로 이어질 수 있다. 다시 말해 ESG 준수 여부는 개별 기업의 생존 문제가 아니라 국가 경쟁력의 문제가 된 것이다.

실제 현장에서는 이런 상황이 점점 더 자주 포착되고 있다. 과거에는 주요 기업의 제품 성능이나 납품 일정이 핵심 기준이었지만, 이제는 ESG 기준 충족 여부가 국제 거래의 선행 조건으로 등장하고 있다. 특히 탄소 배출량, 인권 실사, 공정거래 구조 등이 제대로 관리되지 않으면 거래 자체가 거절되거나 이를 보완하기 위한 비용이 추가로 발생하기도 한다. 지금까지는 대기업이 부담을 감당하는 듯 보였지만, 실제 충격은 공급망을 구성하는 중소기업에 먼저 닥치기 시작했다.

이런 상황을 단순한 부담으로만 볼 수는 없다. 오히려 지금이야말로 한국 산업 구조가 가진 방식과 속도를 재정비할 기회가 될 수 있다. ESG는 '해외에서 요구하는 숙제'가 아니라 우리 산업의 구조를 어떻게 재설계할 것인가에 대한 질문으로 다뤄져야 한다. 그렇지 않으면 우리는 규제를 따라가는 데 그치고, 뒤늦게 비용을 지급하는 구조에서 벗어나지 못하게 될 것이다. 'ESG를 얼마나 잘 지키느냐'라는 것은 더 이상 통계를 위한 질문이 아니다.

"우리는 어떤 방식으로 공급망을 설계하고, 어떤 기준으로 함께 움직일 수 있는가?"

이 질문이 기업의 전략과 직결될 것이다.

우리나라는 이미 기술과 실행 능력을 갖추고 있다. 문제는 그 힘을 글로벌 기준에 맞게 구조화해낼 수 있는가에 있다. 바로 이 지점이 지금 한국이 직면한 구조적 위험이자 동시에 한국형 ESG가 출발해야 할 현실적인 시작점이다.

현장에서 배우는 거버넌스

이론이 아닌 현장에서 시작된 변화

많은 기업이 이미 ESG가 단순한 유행이나 외부 압력이 아니라 앞으로의 경쟁력과 지속가능성을 결정짓는 핵심 요소라는 사실을 충분히 인식하고 있다. 회의 자리에서는 "ESG는 이제 선택이 아니라 필수입니다"라는 말이 자연스럽게 오간다. 그러나 실제로 실행 단계에 들어가려고 하면 분위기가 달라진다. ESG의 필요성을 부정하는 사람은 거의 없지만, 실천의 문 앞에서 기업들은 공통된 질문을 던진다.

"이게 정말 우리에게 가능한 일일까요? 지금 조직 구조와 인력으로 실천이 될 수 있을까요?"

이 질문은 단지 회의감에서 나온 말이 아니다. 무엇이 옳은지는 알지만 어디서부터 시작해야 하는지가 보이지 않을 때 생기는 불안에서 비롯된다. 결국 ESG의 문제는 의지가 아니라 방식의 문제로 귀결된다. 기준이 보이지 않고, 절차가 정해져 있지 않으며, 참여의 구조가 존재하지 않는 상태에서는 실천이 추상적인 구호로 남을 수밖에 없다.

그래서 많은 기업에서 ESG는 '해야 한다는 건 알겠지만, 당장 할 수는 없는 일'로 분류되곤 한다. 마치 중요한 것은 맞지만 지금 우리에게는 어울리지 않는 옷처럼 느껴진다. 바로 이 지점에서 거버넌스의 역할이 시작된다. 거버넌스는 지켜야 할 제도가 아니라 실천할 수 있는 방식이 되기 위한 출발점이기 때문이다.

한 번의 행동이 기준이 될 수 있다

나는 지구의 날(4월 22일)을 단순한 행사로 넘기고 싶지 않았다. 그래서 2025년 4월 22일, 그날의 움직임을 한 편의 칼럼으로 기록해 두었다. 단 한 번의 실천이라도 지역 전체의 가능성을 보여줄 수 있다는 사실을 확인하고 싶었고, 그 작은 흔적이 사라지지 않도록 다음 행동의 단서로 남겨야 한다는 판단도 있었다. 칼럼을 정리하면서 가장 먼저 떠올랐던 생각은 이것이었다.

"지구의 날은 기억하는 날이 아니라 기준을 만드는 날이어야 한다."

그 문장은 단순한 감상을 정리한 표현이 아니라 ESG가 실제로 작동하기 시작한 지점을 설명하려는 시도였다. 그날은 지표로 평가하려는 날이 아니라 'ESG가 실제로 작동하는 방식이 무엇인지 탐색하는 실험'에 가까웠다. 하루 동안 진행된 실천은 규모가 크지 않았지만 서로의 행동이 기준이 될 수 있다는 가능성을 분명히 보여주었다. 형식적인 지침이나 지침이 없었음에도 각 기관의 행동은 대화 속에서 자연스럽게 공유되었고, 그 기준은 다음 행동으로 연결될 수 있는 방향을 스스로 제시했다.

나는 그 과정을 통해 ESG가 움직이는 방식을 다시 생각하게 되었다. 전략보다 기준이 먼저 작동할 때 ESG는 따라야 하는 것이 아니라 '함께 만들어가는 구조'가 된다. 지구의 날 실험은 완성된 모델이라기보다 ESG가 '결정과 실천 사이에서 살아 움직일 수 있는 구조'를 보여준 실제 사례였다.

그리고 그날 이후 갈라져 있던 조직들이 조금씩 서로를 바라보기 시작했다. 실천은 곧 대화가 되었고, 대화는 관계로 이어졌다. 작은 실천이 연결되면서 지역은 하나의 거버넌스를 향해 움직이기 시작했다.

많은 중소기업 대표가 "ESG가 필요하다는 건 알지만 준비할 여건이 없습니다"라고 말했다. 이는 실제로는 ESG를 진행하기 어려운 것이 아니라 '우리 규모에 맞는 방식'을 찾지 못했기 때문이었다. 그래서 현장에서는 3단계 맞춤형 접근법이 활용되었다. 그래서 나는 3단계로 구분하여 제시하고자 한다.

단계	주요 내용	핵심
1단계	ESG 수준 진단	지금 위치를 정확히 알기
2단계	업종 / 규모별 전략 매칭	맞는 방식 찾기
3단계	실천할 수 있는 계획 수립	작지만 실행할 수 있는 목표 설정하기

이 과정을 통해 기업 대표들은 공통으로 이렇게 말했다.

"ESG가 결국 '우리 문제를 이해하는 과정'이었다는 걸 깨달았습니다."

비로소 나는 한국ESG경영인증원 이사장으로의 소명을 다했다는 생각으로 가벼운 발걸음을 재촉하였다,

RE100, 탄소중립, 공급망 ESG 교육

RE100은 기술이나 제도가 아니라 결정의 방식이다. "어떤 에너지를 쓰고 있으며, 무엇을 바꾸려 하는가?"라는 질문에서 출발한다. 공급망 ESG 역시 외부의 요구에 대응하는 수준을 넘어섰다. 중소기업도 이제는 '지속가능성의 기준'을 갖추어야 한다는 현실적 메시지가 되었다.

현장에서 강의와 컨설팅을 진행하며 확인한 가장 중요한 변화는 ESG가 막연한 과제가 아니라 각 기업의 방식으로 충분히 실천할 수 있는 영역이라는 사실이었다. 기업들은 자신들의 기존 시스템과 업무 흐름 속에서도 ESG를 접목할 수 있다는 가능성을 체감하기 시작했다. 문제는 지식의 부족이 아니라 방향을 만들 수 있는 경험의 부재였다는 점도 분명해졌다.

또한 현장에서 나타난 뜻깊은 변화는 기업 간 '실천 사례 공유회'가 자발적으로 형성되었다는 사실이다. 누군가 먼저 시작한 작은 실천이 또 다른 기업의 관심과 참여를 끌어냈고, 이는 단순한 정보 교환이 아니라 "우리도 해볼 수 있다"라는 기준과 동기를 만들어내는 과정으로 발전하고 있다.

업종별 특성을 반영한 표준 점검표를 만드는 방식 역시 예상치 못한 효율성을 보여주었다. 기업들은 "어디부터 시작해야 하는가?"라는 질문에 구체적인 답을 얻었고, 평가가 아니라 개선의 관점에서 ESG를 논의할 수 있는 기초 언어가 마련되기 시작했다.

이러한 과정들이 축적되면서 개별 기업의 실천이 공급망 전체의 ESG 대응력을 끌어올리는 효과로 이어지고 있다는 점도 확인되었다. 이는 개별 기업의 변화가 아니라 공급망 전체의 신뢰와 경쟁력으로 확장될 가능성을 보여주는 중요한 신호다.

ESG는 '작은 실천의 구조화'에서 시작된다

ESG를 바라보는 관점은 거대한 제도나 완성된 시스템에서 출발하는 것이 아니라 지금 바로 실천할 수 있는 행동과 이를 지속할 수 있는 구조를 마련하는 데서 시작해야 한다. 처음부터 모든 것을 갖추려는 방식은 실행을 늦추지만, 작은 실천을 구조화하는 방식은 실행이 곧 학습이 되고, 학습이 기준을 만들며, 기준이 다음 행동으로 이어지는 순환 구조를 만들어 낸다.

즉 ESG란 완성된 해답을 찾는 일이 아니라 실천과 배움이 반복되며 하나의 기준점으로 축적되는 과정 그 자체이다. 제도가 미비해도 시작할 수 있고, 언어가 불완전하더라도 현장에서 쓰일 수 있으며, 구조가 완벽하진 않더라도 실제 업무와 생활에 연결된다면 그것은 이미 ESG의 작동이라고 볼 수 있다.

중요한 것은 규모가 아니라 지속할 수 있는 리듬을 만드는 것, 누군가 판단하는 기준이 아니라 스스로 만들어가는 기준을 조직 안에서 발견하는 경험이다.

결국 ESG는 한 번의 도입이 아니라 여러 번의 시도와 조정을 통해 현실에 맞게 구조를 다듬어 가는 방식이다. 그 과정에서 실천이 축적되고, 구조가 조정되며, 조직의 고유한 ESG 모델이 서서히 형성된다.

이렇듯 ESG는 거창한 담론의 문제가 아니라 작은 실천이 구조로 자리잡고, 구조가 일상의 언어로 확산하며, 일상이 책임의 형태로 변화하는 과정을 설계하는 것이다. 바로 그 지점에서 ESG는 더 이상 외부의 요구가 아니라 우리 조직의 방식이자 미래를 준비하는 전략적 도구가 된다.

작동하는 거버넌스의 구조를 설계하다

제도가 아니라 일의 방식에서 시작되는 거버넌스

우리는 흔히 조직이 법과 제도로 움직인다고 믿는다. 그러나 실제로 조직을 움직이는 힘은 공식 규칙보다 사람들이 일할 때 자연스럽게 따르는 방식, 즉 습관에 더 가깝다. 회의는 많지만 결정은 늦고, 사람은 바뀌었지만 방식과 형식은 달라지지 않는 이유가 바로 여기에 있다.

우리는 결정의 결과만 기록하지만 어떻게 결정되었는지는 남기지 않는다. 그 결과 회의 속도는 빨라지지만 방향은 흐려지고, 보고서는 쌓이면서 일의 흐름은 보이지 않는다. 이것이 많은 조직에서 거버넌스가 형식으로만 남게 되는 이유다.

거버넌스는 통제가 아니라 흐름을 보게 하는 언어다. 일이 어디서 시작되어 어떤 과정을 거쳐 누구에게 연결되는지를 보여줄 수 있을 때 조직은 비로소 '작동'하기 시작한다.

작동하는 조직은 왜 의사결정 방식에 제한이 없는가?

조직이 작동한다는 것은 발언이 자유롭다는 의미가 아니라 결정을 자유롭게 만들 수 있는 구조가 존재한다는 뜻이다. 회의가 길어지는 이유는 의견이 많아서가 아니라 어떤 방식으로 결정할지에 대한 구조와 흐름이 정리되어 있지 않기 때문이다. 실제로 많은 조직에서는 보고 체계가 강할수록 대화가 약해지는데, 이는 단순히 경로만 존재하고 목적은 사라진 상태를 의미한다.

또한 책임이 명확히 위임되지 않으면 오히려 책임의 무게는 강화되고 개인에게 집중된다. 성과 역시 기준이 설정되지 않은 상태에서는 쉽게 오해되며, 숫자보다 기준이 먼저 설계되어야 한다는 근본적인 원칙이 드러난다. 결정의 과정이 공유되지 않을 때 회의는 협의가 아닌 명령의 구조가 되고, 참여는 자연스럽게 축소된다. 이처럼 조직에서 발생하는 갈등의 상당수는 의견의 충돌이 아니라 결정의 구조가 보이지 않는 데서 비롯된다.

거버넌스는 회의나 규정을 갖추었다는 사실을 증명하는 것이 아니라 일이 어떻게 시작되고 이동하며 연결되는지를 보여주는 방식으로 작동할 때 비로소 의미가 있다. 기록은 결과가 아니라 과정의 방향을 남겨야 하고, 보고는 지시가 아니라 흐름을 보여주는 언어가 되어야 한다. 결국 일을 처리하는 방식이 곧 의사결정의 방식이 되며, 그 방식이 흐름으로 축적될 때 조직은 정체되지 않고 작동할 수 있는 리듬을 가지게 된다.

결정의 흔적이 남는 조직은 책임이 두려운 조직이 아니다. 오히려 책임이 기대되고 역할이 기다려지는 조직이며, 바로 그 지점에서 거버넌스는 통제가 아닌 협력의 구조로 변화할 수 있다.

거버넌스 4단계 실천 모델

거버넌스를 복잡한 정책이나 시스템이 아니라 현장에서 움직이는 구조로 바라본다면, 다음의 네 단계로 정리할 수 있다.

1단계: 업무 흐름과 결정 기준의 시각화가 중요하다.

조직은 기준이 없어서 흔들리는 것이 아니라 '기준이 보이지 않아서' 흔들린다. 회계 기준, 보고 기준, 책임 기준이 서로 다른 방향을 향하고 있으면 같은 일을 하면서도 서로 다른 결과를 바라보게 된다. 이때 가장 먼저 해야 할 일은 업무의 흐름과 결정의 기준을 '눈에 보이는 형태'로 정리하는 것이다.

기준이 시각화되면 누가 잘못했는가보다 '어디에서 일이 흔들리는가'를 보게 된다. 거버넌스의 시작은 기준 정비가 아니라 기준의 시각화다. 기준이 테이블 위에 올려지는 순간 거버넌스는 비로소 작동하기 시작한다.

2단계: 참여 테이블 설계 결정은 공유될 때 힘을 얻는다.

조직에 회의실은 있지만 '결정을 위한 테이블'은 존재하지 않는다. 발언은 자유롭지만, 결정이 폐쇄적으로 이루어지면 사람들은 회의를 의견 수렴의 과정이 아닌 결과 통보의 자리로 인식하게 된다. 따라서 무엇보다 중요한 것은 "누가 이 결정의 과정에 참여하는가?"를 묻는 일이다.

참여는 단순히 발언권을 부여하는 것이 아니라 관점을 공유하도록 만드는 구조를 설계하는 것이다. 발언보다 관점이 등장할 때 회의는 보고가 아니라 사고의 전환이 된다. 거버넌스는 참여를 확대하는 것이 아니라 일의 흐름 속에 자연스럽게 포함되도록 만드는 구조 설계에서 시작된다.

3단계: **이해관계자 구조 정비 관계는 기록되어야 구조가 된다.**

거버넌스는 책임을 누구에게 묻는가가 아니라 영향을 누구에게 설명할 수 있는가에서 시작된다. 제품과 서비스의 최종 이용자, 직원, 지역사회, 협력업체 등 실제로 영향을 받는 이해관계자들이 존재하지만, 그들의 의견이 전달될 수 있는 '경로'가 없는 경우가 많다.

경로가 없으면 관계는 감정으로 남는다. 하지만 경로가 존재하면 관계는 정책이 될 수 있다. '이해관계자 구조 정비'는 조직이 인정하고 싶지 않은 관계까지 포함하여 영향의 지도를 만드는 작업이다. 거버넌스는 이러한 관계를 명문화하고, 의견이 흐를 수 있는 창구와 방식을 만드는 순간 작동하기 시작한다.

4단계: **습관으로 굳히기 제도는 실험의 결과로 태어난다.**

거버넌스는 제도에서 시작되지 않는다. 제도는 실험에서 탄생한다. 작은 실천이 반복될 때 비로소 체계가 만들어지고, 체계는 오래된 습관처럼 '당연한 방식'이 된다. 이때 중요한 것은 크고 복잡한 시스템이 아니라 작은 실험이 지속될 수 있는 구조, 즉 피드백 루프를 만드는 일이다.

반복 가능한 실험이 존재하면 조직은 사람의 의지에 의존하지 않고도 일관성을 유지할 수 있다. 이것이 바로 '지속 가능한 거버넌스의 출발점'이다. 제도는 기획서로 만들어지는 것이 아니라 습관이 누적되어 만들어지는 자연스러운 결과여야 한다.

"거버넌스는 제도가 아니라 습관에서 출발한다. 그리고 습관은 개인의 성향이 아니라 조직의 구조에서 만들어진다."

한국 ESG 거버넌스, 제도에서 문화로

한국의 ESG는 짧은 시간 안에 빠르게 제도화되었다. 지침과 규제가 도입되고, 인증 제도와 평가 체계가 빠르게 확산하고 있으며, 출발선은 분명히 마련되었다. 그러나 현장은 이제 다른 질문을 던지고 있다.

"제도만으로 실천이 지속될 수 있는가?"

제도는 시작을 열어주는 힘을 갖지만, 그것만으로는 일하는 방식의 변화나 조직의 지속가능성을 보장하지 못한다. ESG가 선언문에서 머무르지 않고 실제 언어이자 일의 방식으로 자리 잡기 위해서는 제도화에서 문화화로의 전환이 필요하다.

ESG 인증 역시 감시의 도구가 아니라 참여의 도구가 되어야 한다. 인증은 찍고 끝나는 도장이 아니라 대화의 시작점이어야 하며, 진단은 문제를 지적하는 기능이 아니라 개선의 방향을 안내하는 지도가 되어야 한다.

평가는 기업을 구분하는 기준이 아니라 실험과 성장을 촉진하는 기반이 될 때 비로소 거버넌스는 통제가 아니라 참여의 방식으로 작동할 수 있다. 거버넌스가 작동한다는 것은 '평가자'가 사라지는 순간이며, 그때 ESG는 규정이 아니라 조직의 습관으로 자리 잡게 된다.

ESG의 세 요소는 따로 존재하지 않는다. 환경(E)과 사회(S)의 문제는 결국 의사결정 방식(G)의 문제로 귀결된다. 거버넌스는 순서로는 마지막에 오지만, 실제 실천에서는 가장 먼저 설계되어야 할 시작점이다. G가 명확해질수록 E와 S는 측정되고 개선 가능한 영역이 되며, ESG는 세 조각이 아니라 하나의 시스템으로 이해될 수 있다. 한국형 ESG의 미래는

G를 '끝'이 아닌 E와 S를 연결하는 전략적 연결축으로 재설계하는 일에서 시작된다.

따라서 ESG는 단일 조직이 수행하기 어려운 과제이기에 기업·대학·지자체가 협력하는 구조 속에서 실천되어야 한다. 지역 상생 프로젝트, 대학 연계 교육, ESG 조언과 같은 기존 실험을 확장할 수 있는 형태로 구조화해야 한다. 기업과 대학이 함께 ESG 현장학습을 운영하고, 대학과 지자체가 공공정책 실험실을 구성하며, 산업단지와 지역 단체가 실제 데이터를 기반으로 'Living ESG Lab'을 구축하는 방식은 ESG를 이론이 아닌 살아 있는 현장학습으로 발전시킬 수 있는 모델이 된다.

결국 한국형 ESG 거버넌스의 미래는 다음의 질문에서 시작된다.

"제도가 방향을 제시할 수 있다면, 그 방향을 실제로 움직이게 하는 힘은 어디에서 나오는가?"

그 답은 문화 속에 있다. ESG가 일의 방식으로 작동하고, 언어가 되며, 관계의 형식을 바꿀 수 있을 때 제도는 비로소 지속가능성을 갖게 된다.

교육의 의무화가 아니라 이해의 표준화를, 컨설팅 중심이 아니라 실험 기반의 모델을, 인증의 형식이 아니라 피드백 구조를, 평가의 목적이 아니라 지속성의 기준을 설계해야 한다. 이것이 제도에서 문화로 향한 전환이며, 한국 ESG의 다음 단계이자 그 자체로 새로운 거버넌스의 서막이다.

"ESG는 규정을 지키는 순간이 아니라 실천이 문화가 되는 순간부터 비로소 작동하기 시작한다."

CHAPTER **03**

컴플라이언스 _ 지속 가능 경영의 안전장치

유재열

한국기계전기전자시험연구원(KTC) 부원장 / 한국계량측정협회 이사 / 한국ESG경영인증원 전문위원
기계산업인적자원개발위원회(ISC) 위원장 / 천안과학산업진흥원 ESG경영위원회 전문위원
한국세라믹학회 산학연 부회장

동국대 철학과 졸업, 연세대 대학원에서 일반행정 석사 학위를 취득, 현재 ESG 분야의 전문성을 발휘하고 있다. 산업통상자원부에서 26년 넘게 에너지, 산업, 무역, 지역경제, 기획조정 등 다양한 분야에서 공직 생활을 수행하였으며, 재정경제부 물가안정유공 표창, 국무총리 표창, 대통령 표창 등을 수상한 바 있다.

미래 세대는 건강한 지구와 공존하는 사회를 누릴 권리가 있다는 신념으로 환경과 사회, 투명경영을 아우르는 ESG 가치에 깊은 관심을 가지고, 오염과 위기의 시대에 실천과 책임을 삶 속에서 실천하고 있다.

컴플라이언스는 왜 중요한가?

기업의 위기 사례와 교훈

기업 경영에서 컴플라이언스(Compliance)의 중요성은 숱한 위기 사례를 통해 확인되었다. 미국의 에너지 기업 엔론(Enron)은 2001년 파산에 이르렀는데, 이는 5년간 15억 달러(약 1조 7천억 원)의 파생상품 손실을 장부 밖에 숨기고 실적을 부풀린 대규모 회계 부정 때문이었다. 이 사건은 전 세계 투자자들에게 큰 충격을 주었고, 회계 투명성과 내부통제의 필요성을 일깨웠다.

또한 독일 자동차 기업 폭스바겐(Volkswagen)은 이른바 '디젤게이트'로 불리는 배출가스 저감장치 조작 사건을 일으켜 약 3억 대에 달하는 차량에서 배출 기준을 속인 사실이 드러났고, 그 결과로 전 세계에서 300억 달러가 넘는 벌금과 배상금을 부담해야 했다. 무엇보다도 환경 규제를 우롱한 대가로 기업의 평판이 심각하게 추락했고, 한 번 잃어버린 신뢰는 회복하기 매우 어렵다는 교훈을 남겼다.

미국 금융기업 웰스파고(Wells Fargo)도 직원들이 목표 압박에 못 이겨 고객 모르게 수백만 개의 가짜 계좌를 개설한 사실이 밝혀져 거센 비난을 받았다. 이 스캔들로 웰스파고는 5,300여 명의 직원이 해고되고 1억 8천 5백만 달러의 벌금을 물었으며, 주가 급락과 함께 오랫동안 쌓아온 브랜드 신뢰가 하루아침에 무너졌다.

이처럼 해외 여러 사례에서 보듯 컴플라이언스에 실패하면 막대한 금융적 손실과 법적 처벌 그리고 회복하기 어려운 신뢰 상실로 이어진다는 것이 분명해지고 있다. 특히 우리나라에서도 과거 가습기 살균제 참사, 대우조선해양 분식회계 사건 등으로 기업들이 막대한 피해를 입고 사회적 지탄을 받았는데, 이는 법과 윤리를 어긴 대가가 얼마나 큰지 보여주었다.

한편 위기를 교훈 삼아 컴플라이언스 강화로 재도약에 성공한 기업들도 존재한다. 대표적으로 글로벌 전기전자 기업 지멘스(Siemens)는 2000년대 중반 대규모 해외 뇌물 사건으로 10억 유로에 달하는 벌금을 물고 경영진이 퇴진하는 위기를 겪었다. 그러나 이후 지멘스는 조직 전체에 컴플라이언스 문화를 새로 심어 경영을 일신하였고, '예방 - 감지 - 대응' 3단계 프로그램과 최고경영진의 강력한 윤리경영 의지를 바탕으로 부패 방지 시스템을 구축했다.

또한 모든 임직원에게 행동강령 교육을 실시하고, 30만 명 이상 직원들이 정기 준법 교육을 받도록 했으며, 익명 신고 시스템인 '텔 어스(Tell Us)'를 24시간 다국어로 운영하여 내부 구성원은 물론 협력사 직원까지도 부정 행위를 신고할 수 있게 했다. 또 신고자에 대한 보호 장치를 마련해 부패 행위를 밝히려는 직원은 해고나 손해배상에서 면책되도록 하여 내부고발을 적극 장려했다.

그 결과 지멘스는 부패 사건 이후 불과 10년 만에 세계에서 가장 존경받는 기업 1위로 선정될 정도로 평판을 회복했고, 컴플라이언스 강화 노력이 기업 생존과 성장의 기반이 될 수 있음을 보여주었다.

<지멘스의 준법 프로그램>

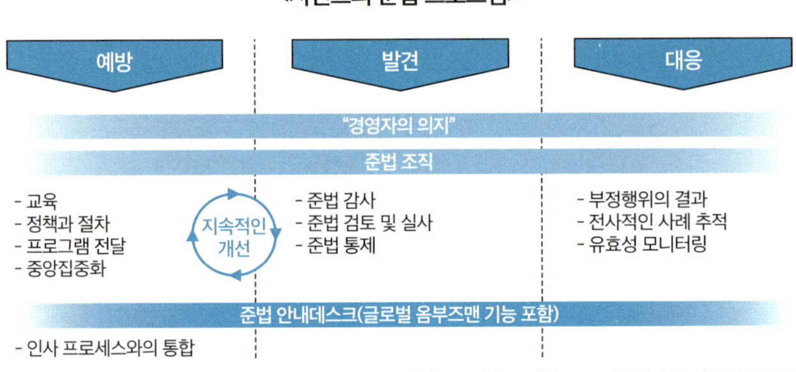

출처: 플로리안 스튜어발트, 2011년 4월 지멘스의 준법 프로그램

지속 가능 경영과 신뢰의 연결고리

기업의 장기적 성공을 위해서는 재무적 성과뿐 아니라 이해관계자의 신뢰 확보가 필수적이다. 컴플라이언스는 이러한 신뢰를 구축하는 핵심 연결고리로 작용한다.

최근 각국 정부와 규제기관이 법적 규제를 강화하고, 소비자들도 윤리적이고 책임 있는 기업을 선호하는 추세에 따라 기업들은 법적 리스크를 줄이고 소비자 신뢰를 얻기 위해 컴플라이언스 체계 구축에 더욱 집중하고 있다. 단순히 법을 어기지 않는 것에 그치지 않고, 투명하고 윤리적인 경영으로 고객과 투자자, 시장의 신뢰를 얻는 것이 기업 가치 창출의 중요한 방식으로 인식되고 있다.

실제로 미국의 에티스피어(Ethisphere) 연구소가 발표한 '윤리 프리미엄(Ethics Premium)' 2025년도 보고서에 따르면, 세계에서 가장 윤리적인 기업 리스트에 포함된 기업들의 주가 수익률이 지난 5년간 시장 평균보다 약 7.8%포인트 높게 나타났다. 이는 윤리경영과 준법경영이 금융 성과에도 긍정적 영향을 미칠 수 있음을 시사한다.

<에스티피어의 윤리 프리미엄 보고서>

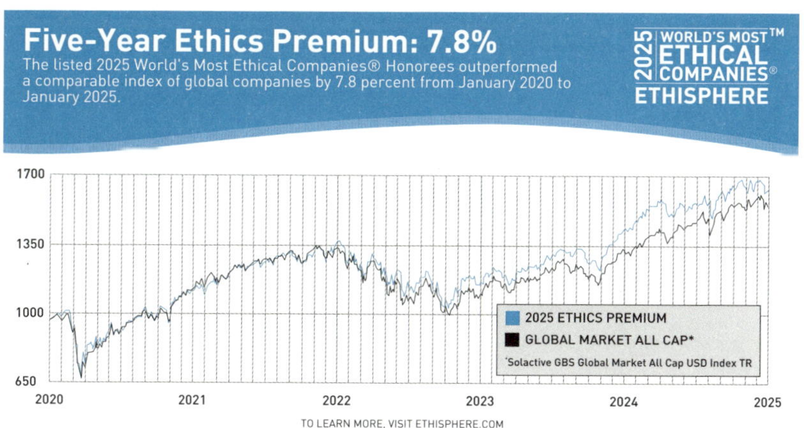

출처: Ethisphere Institute, 2025년 'Ethics Premium' 보고서

나아가 지속 가능 경영(Sustainability Management)의 관점에서 보면, 컴플라이언스는 환경(E), 사회(S), 지배구조(G) 등 ESG 경영 전반의 신뢰도를 떠받치는 토대이다. 내부적으로 법규와 규범을 준수하여 위험을 낮추는 기업은 외부 이해관계자에게 투명성과 책임감을 인정받아 평판이 좋아지고, 이는 지속적인 투자와 고객 충성도로 이어져 장기적으로 기업의

지속가능성을 높인다.

반대로 부정적인 ESG 이슈를 숨기거나 위장하면 언젠가 드러나 시장의 신뢰를 잃게 되고, 기업의 존립 자체가 위태로워질 수 있다. 결국 '준법경영은 곧 신뢰경영'이라 할 수 있으며, 신뢰받는 기업만이 사회로부터 지속적인 지지와 협력을 얻어 지속 가능한 성장의 길로 나아갈 수 있다.

기업들은 이러한 깨달음을 바탕으로 컴플라이언스를 비용이 드는 의무 사항이 아니라 미래를 위한 투자이자 경영 전략으로 받아들이기 시작했다.

컴플라이언스의 주요 영역과 변화

전통적 컴플라이언스

컴플라이언스 경영의 출발점은 법과 규범의 준수이다. 컴플라이언스라는 개념이 처음 기업 경영에 도입되었을 때는 주로 법률 및 회계 분야의 규정 준수를 뜻했다. 기업이 사업을 영위하며 마주하는 각종 법령(공정거래법, 상법, 세법, 노동법 등)과 회계기준을 어김없이 지키는 것이 컴플라이언스의 기본으로 여겨졌다.

실제로 컴플라이언스란 영어 단어도 'Comply(따르다) + ance'의 형태로 '법규를 따르는 것'을 의미하며, 기업 내부에 법률 준수 시스템을 마련해 법 위반을 예방하는 경영 활동을 가리킨다. 전통적으로 이는 주로 준법 감시 부서나 법무팀의 역할로 인식되었고, 기업 내부통제 중에서도 '규제 대응' 차원에서 최소한의 법적 요구사항을 충족하는 데 집중하였다.

특히 2000년대 초 엔론 사태와 월드컴(WorldCom) 회계 부정 사건 등 대형 회계 스캔들 이후 회계 투명성과 공시 의무에 대한 규제가 세계적으로 강화되었다. 미국은 2002년 사베인스-옥슬리법(SOX)을 제정하여 상장사의 내부회계통제 시스템을 의무화했고, 우리나라도 내부 회계관리제도 및 공시 강화 등 법적 장치를 도입했다. 기업들은 분식회계나 부정대출과 같은 명백한 법령 위반은 물론, 회계 처리와 공시의 신뢰성 확보에 힘써야 했다.

또한 글로벌 비즈니스 시대에 들어 미국의 해외부패방지법(FCPA)이나 영국의 UK Bribery Act 등 해외 관련 법도 국내 기업 활동에 영향을 미치게 되어 국내외 법규 준수 모두를 포괄하는 컴플라이언스 노력이 요구되었다.

예컨대 국내 기업이 해외에서 사업을 할 경우 현지의 반부패 법규를 위반하면 자국 법은 물론 미국 등에서 제재를 받을 수 있기 때문에 국경을 넘은 규제 준수 체계가 중요해진 것이다.

전통적 컴플라이언스의 또 다른 축은 재무 건전성과 회계 윤리이다. 투명한 회계관리와 재무공시는 투자자 보호와 직결되므로 기업들은 회계 부정 방지를 위한 내부통제 장치를 마련한다. 이를 위해 내부 회계 관리자가 재무 정보의 신뢰성 확보를 책임지고, 외부 감사인을 통해 투명성을 검증받는 구조를 갖춘다. 동시에 법무팀은 계약 검토와 소송 대응을 맡아 법률 리스크 관리를 수행하고, 인사나 영업 부서까지도 각종 법정 의무(근로기준법상의 근로 시간 준수, 안전 규정 준수 등)를 숙지하고 지키도록 교육받는다. 즉 전통적 의미의 컴플라이언스는 기업 경영 활동 전반에 관련된 모든 법령과 규제, 회계기준을 철저히 지키는 것을 기본 책무로 삼았다.

이러한 법과 규범 준수에는 비용이 들고 경영에 부담이 된다고 생각되기도 했다. 그러나 이제는 이 비용을 미래의 위험을 차단하는 투자로 인식하는 분위기가 커지고 있다. 이는 규제를 지키지 않아 발생할 수 있는 수백억 원의 벌금이나 소송 비용을 예방하는 편이 장기적으로 훨씬 유리하며, 오히려 윤리적 경영을 통해 투자자와 거래처로부터 더 낮은 비용으로 자금을 조달할 수 있는 등 장점이 많기 때문이다.

결국 전통적 컴플라이언스의 충실한 이행은 기업이 법적 리스크를 사전에 차단하여 안정적인 비즈니스 운영 토대를 마련하고, 이해관계자의 신뢰를 얻어 지속 성장을 뒷받침하는 역할을 해왔다.

환경과 노동, 인권 등 ESG 관점의 확장

최근 들어 컴플라이언스의 범위는 단순한 법률 준수를 넘어 환경(Environment)과 사회(Social), 지배구조(Governance) 등 ESG 영역으로 크게 확대되고 있다. 전통적으로 법무나 재무 분야에 국한되었던 준법경영이 이제는 환경보호, 노동권 보장, 인권 존중과 같은 영역까지 포괄하게 된 것이다. 이러한 변화는 기업의 책임 범위가 회사 내부에서 전체 가치사슬과 이해관계자로 넓어지고 있음을 보여준다.

먼저 환경(Environment) 측면을 보면, 기후위기와 환경오염 문제가 대두되면서 각국 정부는 기업에 대한 환경 규제를 갈수록 강화하고 있다. 탄소배출량 규제, 대기오염물질 배출 기준, 유해폐기물 처리 등에서 법적 기준을 준수하는 것은 물론, 제품의 환경 안전성을 확보하는 것도 기업의 중요한 책무가 되었다. 폭스바겐 디젤게이트 사례는 환경 규제 위반이 얼마나 막대한 비용과 평판 손실을 초래하는지 보여주었고, 이후 자동차 업계를 비롯한 여러 산업에서 환경 컴플라이언스 준수를 위한 투자가 크게 늘었다.

이제 기업들은 제조 공정에서 배출량을 관리하고, 친환경 기술을 도입하며, 녹색법규(Green Regulations)를 준수하는 것을 지속 가능 경영의 기본 요건으로 받아들이고 있다. 또한 각 기업은 자사뿐만 아니라 협력업체까지 포함한 공급망 전체의 환경 영향을 관리해야 하는 시대가 되었다.

유럽연합(EU)은 2020년대에 들어 공급망 실사 지침(CSDDD) 등을 통해 기업이 자기 공급망에서 인권 침해나 환경 훼손이 발생하지 않도록 실사(due diligence)할 의무를 부과하기 시작했다. 이에 따라 다국적 기업들은 협력사들에게도 환경 기준과 윤리 규범을 지킬 것을 요구하고, 공급망 전체의 컴플라이언스를 점검하는 추세이다.

사회(Social) 부문에서는 노동과 인권 관련 컴플라이언스 중요성이 부각되고 있다. 기업 내에서 직장 내 괴롭힘, 성희롱, 차별 금지 등 노동인권 규범을 준수하고 건강하며 안전한 작업환경을 보장하는 것은 법적 의무일 뿐 아니라 윤리적 책임이다.

우리나라의 경우 2022년부터 시행된 중대재해처벌법은 사업주와 경영책임자에게 산업재해 예방을 위한 적극적 의무를 부과하여 근로자의 생명·안전을 보호하지 못하면 형사 처벌까지 받을 수 있게 했다. 이 법 시행 이후 많은 기업이 산업안전보건 관리 체계를 정비하고 안전 투자를 늘리는 등 노동 안전 컴플라이언스를 한층 강화하였다.

또한 아동노동과 강제노동을 금지하고, 협력사 직원들의 기본적 인권을 존중하도록 요구하는 움직임도 국제적으로 확산되었다. 글로벌 패션·IT기업들은 공급망에 아동노동이나 노동착취가 발견될 경우 큰 사회적 비난을 받기 때문에 사전에 협력업체 행동강령(CoC)을 만들어 노동 기준 준수 여부를 정기 감사하는 등 인권 컴플라이언스를 추진하고 있다. 예컨대 지멘스는 협력사에도 자사의 행동강령에 따른 유엔 글로벌 콤팩트 10대 원칙(법규 준수, 부패·뇌물 금지, 인권 존중, 아동노동 금지, 환경보호, 직원 안전 등)을 준수하도록 요구하고 이에 대한 감찰을 시행하고 있다.

이처럼 기업의 사회적 책임에 대한 기대가 높아지면서 법률로 강제되지 않더라도 국제 기준과 윤리 규범을 자발적으로 준수하는 것이 기업 평판과 신뢰 구축에 매우 중요해졌다.

지배구조(Governance) 측면의 컴플라이언스도 ESG 시대에 강조되고 있다. 부패 방지, 공정 경쟁, 회계 투명성, 주주 권익 보호 등은 건전한 지배구조의 핵심 요소로서, 각국 정부와 국제기구들이 권고하는 사항이다. 기업들은 ISO 37001(반부패경영 시스템) 등 국제 인증을 통해 부패 방지 체계를 갖추거나 사외이사와 감사위원회의 독립성을 강화하여 경영 투명성 확보에 힘쓰고 있다.

이러한 노력은 단순히 규제를 피하기 위해서가 아니라 투자자와 시장으로부터 ESG 경영의 신뢰성을 인정받기 위한 전략이기도 하다. 요컨대 현대의 컴플라이언스는 기존의 법률·재무 분야에서 한 걸음 더 나아가 환경보호, 노동권과 인권 존중, 반부패 윤리 등 기업의 사회적 책임 전 분야를 아우르게 되었으며, 이는 지속 가능한 기업 가치 창출을 위한 필수 조건으로 자리 잡았다.

리스크 관리 및 내부통제 시스템으로의 진화

컴플라이언스의 역할은 시간이 지나면서 단순 준법 감시에서 전사적 리스크 관리 체계의 한 축으로 진화하고 있다. 과거에는 규제를 지키는 소극적 개념이었다면, 이제는 회사 운영 전반의 위험요인을 사전에 찾아내 관리하는 적극적인 경영 활동으로 변화한 것이다. 다시 말해 '컴플라이언스 = 리스크 관리 + 내부통제 + 윤리 문화 조성'으로 그 범위와 깊이가 확대되었다.

현대의 기업 컴플라이언스 팀은 각종 법규 준수 여부를 점검하는 것은 물론, 기업이 직면한 법적·윤리적 리스크를 종합적으로 평가하고 통제하는 임무를 맡는다.

컴플라이언스 담당자는 다른 리스크 관리 부서(법무, 내부감사, 내부통제 부서 등)와 협력하여 신규 사업이나 거래에 숨은 규제 위반 위험은 없는지 검토하고, 임직원들에게 정책과 절차를 수립해 안내하며, 교육과 모니터링을 통해 위험 징후를 조기에 발견하려고 노력한다.

미국 법무부가 제시한 기업 컴플라이언스 프로그램 평가 기준에서도 "프로그램이 잘 설계되었는가? - 제대로 실행되고 있는가? - 실제로 효과가 있는가?"를 핵심 질문으로 하여 리스크 평가, 정책·절차 마련, 교육·소통, 경영진의 의지, 인센티브·징계, 내부고발 시스템, 지속적 개선 등의 요소를 종합적으로 점검하도록 권고하고 있다. 이는 곧 컴플라이언스가 단순히 법 조항을 지켰느냐를 넘어 기업의 내부통제 시스템이 위험을 예방과 발견 그리고 대응할 수 있는 지속 개선 메커니즘으로 작동하는가를 중시한다는 뜻이다.

이러한 추세에 발맞춰 국내 기업들도 준법감시인(컴플라이언스 오피서) 제

미 법무부 컴플라이언스 관리 시스템(CMS) 구축 가이드 | DOG Guideline

• 프로그램이 잘 설계되었는가? (WELL - DESIGNED?)

리스크 평가	회사가 직면한 가장 핵심적인 법적, 윤리적 리스크가 무엇인지 구체적으로 식별하고 있습니까?
정책 및 절차	리스크 통제 정책과 절차가 명확하고, 실무자들이 쉽게 이해하고 적용할 수 있도록 만들어졌습니까?
교육 및 소통	임직원에게 '왜' 이것이 중요하고 '어떻게' 대처해야 하는지를 역할과 직책에 맞춰 효과적으로 교육하고 있습니까?

• 프로그램이 효과적으로 실행되고 있는가? (IMPLEMENTED EFFECTIVELY?)

경영진의 의지	최고경영진이 실제 예산, 인력, 자원을 투입하고 관련 논의에 직접 참여하고 있습니까?
인센티브와 징계	컴플라이언스를 준수하는 직원은 보상하고, 위반하는 직원은 일관되게 징계하는 시스템이 실제로 작동하고 있습니까?
교육 및 소통	직원들이 보복에 대한 두려움 없이 문제를 제기할 수 있는 채널이 있으며, 접수된 모든 사안은 철저하고 독립적으로 조사됩니까?

• 프로그램이 실제로 작동하는가? (WORKS IN PRACTICE?)

지속적인 개선	과거의 실패 사례나 '아차 사고(Near Miss)'를 분석하여 시스템의 약점을 찾아내고, 이를 개선하는 프로세스가 있습니까?
모니터링 및 감사	정기적인 감사를 통해 정책이 현장에서 제대로 지켜지고 있는지, 예상치 못한 새로운 리스크는 없는지 지속적으로 점검하고 있습니까?
데이터 기반 분석	내부고발 건수, 교육 이수율, 정책 위반 사례 등의 데이터를 분석하여 프로그램의 효과성을 객관적으로 측정하고 있습니까?

출처: 미국 법무부, 기업 컴플라이언스 프로그램 평가 가이드라인

도를 도입하고 내부통제 체계를 고도화하고 있다. 예를 들어 LG그룹은 2025년까지 컴플라이언스 경영 시스템에 대한 국제표준 ISO 37301 인증을 취득할 계획을 밝히는 등 글로벌 기준에 부합하는 준법 통제 체제를 구축하고 있다. 이미 많은 대기업이 이사회 산하에 컴플라이언스위원회나 ESG위원회를 설치하여 최고경영진과 이사회 차원에서 준법경영 현황을 점검하고 있고, 외부 전문가의 법률 검토를 통해 컴플라이언스 체제의 객관성을 평가받는 추세이다.

또한 일부 기업은 ISO 37301뿐 아니라 ISO 31000(리스크 관리) 등의 표준을 도입해 컴플라이언스를 전사적 위험관리 프레임워크 내에 통합하고 있다. 이를 통해 개별 법규 준수에 국한하지 않고, 경영상의 주요 위험(Key Risk) 중 하나로 컴플라이언스 리스크를 분류해 체계적으로 관리한다.

내부통제 시스템 측면에서도 정보기술의 활용과 자동화가 도입되고 있

다. 예컨대 LG전자를 비롯한 몇몇 기업들은 임직원들이 자신의 준법 준수 여부를 스스로 점검할 수 있도록 핵심 컴플라이언스 체크리스트를 개발하여 배포하고 정기적인 자가진단(Self-Assessment)을 실시하고 있다.

이러한 자율점검 결과를 바탕으로 추가 인터뷰나 심층분석을 수행하여 잠재 위험을 찾아내고 개선하는 한편, 중요 리스크별로 담당 부서를 지정해 상시 모니터링 체계를 운영한다. 특히 최신 기술을 접목하여 LG의 사례처럼 RPA(로봇 프로세스 자동화) 기술로 국내외 주요 컴플라이언스 이슈를 실시간 감시하고 이를 매주 사내 주간뉴스로 공유하는 등 디지털 기술을 접목한 내부통제를 강화하는 시도도 나타나고 있다.

결국 컴플라이언스는 이제 기업 거버넌스의 필수 요소로 자리 잡았다. 법무, 재무, 감사, 윤리경영 부서들이 유기적으로 협력하여 규제 변화를 모니터링하고, 정책을 수립하며, 실행 여부를 점검하는 통합적 거버넌스를 구축해야 성과를 높일 수 있다. 컴플라이언스 부서는 사전에 위험을 예방하는 관점에서, 법무팀은 발생한 법적 문제에 대응하는 관점에서, 내부감사팀은 독립적으로 정책 준수 여부를 평가하는 관점에서 서로 역할을 달리하지만, 정기 협의체를 통해 주요 리스크 정보를 공유하고 공동 대응 전략을 마련하는 것이 중요하다.

이러한 거버넌스 아래에서 컴플라이언스는 기업의 명성, 재무 안정성, 미래 성장까지 좌우하는 핵심 경영 전략으로 그 위상이 격상되었다. 다시 말해 "준법 경영은 유지 비용이 아니라 기업을 위기에서 지켜주고 지속가능한 성장을 돕는 안전장치"라는 것이 분명해지고 있다.

기업 규모별, 산업별 적용 사례

글로벌 기업의 체계적 운영 방식

세계적인 선도 기업들은 이미 오래전부터 체계적인 컴플라이언스 운영 방식을 확립하여 시행하고 있다. 이러한 기업들은 일반적으로 전사적 준법 프로그램(Compliance Program, CP)을 도입하고 별도의 컴플라이언스 전담 조직을 두어 기업 문화 속에 준법정신을 뿌리내리게 하고 있다. 앞서 언급한 지멘스의 사례는 글로벌 기업의 컴플라이언스 모범 운영을 잘 보여준다.

지멘스는 '예방(Prevent) - 감지(Detect) - 대응(Respond)'의 3단계로 구성된 프로그램을 운영하면서 경영진이 솔선수범하여 반부패 의지를 천명하고 지속적인 개선(Continuous Improvement) 절차를 병행했다. 사업행동지침서(Business Conduct Guidelines)를 전 임직원에게 제시하여 글로벌 전 직원이 따라야 할 윤리 원칙을 명문화하고, 이를 기반으로 30만 명 이상 직원에게 정기적인 준법 교육을 실시하였다. 흥미로운 점은 지멘스 교육에서는 교육받은 직원이 동료를 다시 교육시키는 트레이너 제도를 도입해 전 직원이 컴플라이언스 지식을 충분히 숙지하도록 했다는 것이다.

또한 경영진 평가 항목에 준법 실천 여부를 포함시키고, 준법 목표를 잘 이행한 임원에게 인센티브를 지급하는 제도를 만들어 경영층의 책임을 강화했다. 이러한 제도는 컴플라이언스가 단순히 구호에 그치지 않고 실제 행동 변화로 이어지게 하는 장치로 작용했다.

다국적 기업들은 또한 익명 제보 및 상담 시스템을 갖추는 데 매우 적극적이다. 예를 들어 지멘스는 24시간 다국어 익명 신고채널 'Tell Us'를 운영하여 내부 직원은 물론 협력사 직원 등 외부인도 신고할 수 있도록 개방했다. 그리고 신고가 접수되면 독립적인 조사 후에 적절한 시정 조치와 징계를 취하고, 신고자에게 불이익이 돌아가지 않도록 보호하는 정책을 시행했다. 부패 행위를 밝히는 직원에게는 손해배상 청구나 해고 등의 불이익을 면제해줌으로써 누구나 안심하고 문제를 제기할 수 있는 '두려움 없는 내부고발' 환경을 조성한 것이다. 그 결과 부정행위 적발 건수가 늘어나고 내부통제 기능이 오히려 강화되는 선순환 효과가 나타났다.

많은 글로벌 기업이 이와 유사하게 외부 전문기관에 제보 시스템 운영을 위탁하거나 내부고발자 보호 정책을 수립하여 부정행위에 대한 조기 경보 체계를 마련하고 있다.

글로벌 금융 기업이나 에너지 기업들도 컴플라이언스 인프라에 막대한 투자를 하고 있다. 예컨대 HSBC, JP모건 등 대형 은행들은 2008년 금융위기 이후 수만 명 규모의 컴플라이언스 인력을 두고 자금세탁방지(AML)와 제재 법규 준수에 힘쓰고 있으며, 미 연방정부의 모니터링 가이드라인을 충족하기 위해 수십억 달러 예산을 컴플라이언스에 할당하기도 했다. IT 기업들도 개인정보 보호와 반독점 규제 준수를 위해 별도의 글로벌 컴플라이언스 오피스를 운영하고, 수백 명의 전문가를 고용하는 사례가 늘고 있다.

이렇게 글로벌 기업들은 각자의 산업 특성과 규제 환경에 적합하게 맞춤형 컴플라이언스 체계를 구축하면서도 공통적으로는 경영진의 강력한 의지, 전사적 교육, 내부통제 시스템, 익명 제보 활성화 등 핵심 요소를 중시하고 있다. 그 덕분에 많은 기업이 과거의 위기를 극복하고 '신뢰받는 기업'으로 거듭나 지속 가능한 성장을 이어 가고 있다.

국내 대기업의 전략적 접근

우리나라의 대기업들도 2000년대 후반부터 컴플라이언스 경영을 본격 도입하여 선진화된 전략적 접근을 취하고 있다. 특히 최근에는 삼성, LG, SK, 포스코 등 주요 그룹사들이 앞다투어 준법경영 강화 선언을 하고, 그룹 차원의 컴플라이언스 조직을 정비하는 움직임이 두드러지고 있다. 각 기업은 자사의 경영 환경과 리스크 특성에 맞는 컴플라이언스 중점 분야를 선정하고, 이를 효율적으로 관리하기 위한 다양한 프로그램을 시행 중이다.

예를 들어 LG전자는 전 임직원 준법 자가진단 제도를 운영하는 것으로 알려져 있다. 모든 임직원이 정기적으로 스스로 자신의 업무에서 법규나 사규 준수에 미진한 점은 없는지 체크리스트를 통해 점검하게 하고, 그 결과를 취합해 추가 교육이나 개선 조치를 취하는 방식이다. 이 임직원 준법자율점검 제도를 통하면 회사 차원에서 잠재적인 준법 리스크를 저인망식으로 찾아낼 수 있고, 직원들도 자신의 업무를 윤리적 시각에서 돌아보는 학습 효과를 얻게 된다.

또한 LG는 그룹 차원에서 컴플라이언스 협의체를 운영하여 주요 계열사의 준법 활동 현황을 공유하고, 주간 단위로 '위클리 컴플라이언스 뉴스'를 배포해 국내외 규제 이슈를 전 임직원에게 전파하는 등 컴플라이언스 소통 문화를 구축하고 있다.

LG뿐만 아니라 여러 대기업이 사내 인트라넷이나 앱을 통해 컴플라이언스 관련 케이스 스터디, FAQ, 자율신고 제도 등을 공지하여 임직원들이 항상 준법경영을 의식하도록 노력하고 있다.

삼성은 2020년 기업 총수의 사법 리스크를 계기로 그룹 산하에 삼성준법감시위원회라는 독립기구를 출범시켰다. 이 위원회는 전원 외부인사로 구성되어 그룹의 법 위반 소지를 감시하고 권고안을 내놓는 역할을 한다. 삼성전자는 이 권고에 따라 경영층의 비윤리 행위 재발 방지 대책을 세우고, 내부고발 절차를 강화하는 등의 조치를 취했다. 이처럼 국내 대기업들도 글로벌 수준의 거버넌스형 컴플라이언스를 도입해 투명성을 높이고 있다.

포스코그룹의 경우에는 독특하게 공정거래 자율준수 프로그램(Compliance Program, CP)을 그룹 내에 확산시키면서 협력사 지원까지 연계한 사례가 있다. 포스코는 2002년 그룹사 최초로 CP를 도입한 이래, 2023년 기준으로 37개 전 계열사가 공정거래 CP를 구축하였다. 나아가 협력 중소기업 4개사에 CP 도입을 지원하여 모두 공정거래위원회 CP 평가에서 우수등급(AA)을 획득하도록 도왔다. 대기업이 중소 협력사의 준법경영까지 멘토링하여 함께 인증을 받은 것은 국내 최초 사례로 평가받고 있다.

이러한 대·중소기업 간 컴플라이언스 협업을 통해 공정거래 문화가 산업계 전반으로 확산되는 효과를 거두었고, 포스코그룹 자체도 9개 계열사가 CP 평가 우수등급을 취득하며 신뢰도를 높였다.

포스코 사례처럼 국내 대기업들은 이제 자사 내부통제에 그치지 않고 업계 전체의 준법 수준을 끌어올리는 노력도 병행하고 있다. 이는 ESG 경영 체제 구축의 일환으로 준법 문화를 확산하고, 비즈니스 파트너와 신뢰 기반의 상생을 실천하겠다는 전략적 의도로 볼 수 있다.

한편 공공기관 영역에서도 대기업 못지않게 컴플라이언스와 청렴경영 강화 사례가 나오고 있다. 예를 들어 일부 공공기관은 과거 낮은 청렴도 평가를 개선하기 위해 계약 분야의 내부통제를 대폭 강화했다. 계약 관련 규정과 제도를 정비하고 맞춤형 교육을 실시하여 공정 계약과 투명성을 높인 결과, 기관 내 부패 사건 발생이 줄어들고 종합청렴도 평가점수가 상승한 사례가 있다.

또한 상당수 공기업들은 ISO 37001 부패방지경영시스템 인증을 취득하여 반부패 프로세스를 국제 표준에 맞게 구축하였고, 내부감사 조직을 확대 개편해 상시 모니터링 시스템을 운영하고 있다. 한 공기업은 8개의 익명 신고 채널(전화, 이메일, 카카오톡 챗봇 등)을 운영하고, 갑질 및 부당행위에 대한 집중신고 기간을 주기적으로 실시하여 직원들의 내부신고를 활성화했다. 그 결과 신고 건수 증가와 철저한 조사를 통해 부패 요인을 조기에 적발하고, 적발 시 엄정한 조치를 취함으로써 조직 내 자정 능력이 향상되었다. 이런 노력으로 해당 기관은 청렴도 평가에서 큰 폭의 개선을 이루었고, 국민이 체감하는 서비스 투명성도 높아졌다는 평가를 받았다.

이처럼 국내 대기업과 공공기관들은 각자의 위치에서 특색 있는 컴플라이언스 정책을 도입해 신뢰받는 조직으로 거듭나고 있으며, 그 모범 사례가 계속 축적되고 있다.

중소기업 및 스타트업의 과제와 대응

컴플라이언스 경영은 비단 대기업만의 과제가 아니며, 중소기업과 스타트업에게도 중요한 이슈이다. 다만 규모의 제약으로 인해 중소기업들이 준법경영을 실천하는 데는 몇 가지 특유의 어려움이 존재한다.

먼저 전문인력과 자원의 부족이 큰 과제이다. 중소기업은 전담 법무팀이나 준법감시인을 두기 어려운 경우가 많아 컴플라이언스 업무가 경영자나 소수 임직원의 부수 업무로 맡겨지곤 한다. 당연히 최신 법규 동향을 파악하거나 체계적인 교육·감독을 실시하기 힘들어 규제 변화에 대한 대응이 늦어질 위험이 있다.

비용 부담도 무시할 수 없다. 예를 들어 공장 시설을 친환경적으로 개조하거나 안전 설비를 확충하는 데 드는 비용, 개인정보 보호 시스템을 구축하는 비용 등은 중소기업에 상당한 부담일 수밖에 없다. 이 때문에 일부에서는 컴플라이언스 준수를 '대기업이나 여유 있는 기업의 일'로 여기고 소홀히 하는 경향도 있었다.

그러나 중소기업이라 하더라도 컴플라이언스를 등한시할 경우 생존이 위태로울 수 있음을 유념해야 한다. 중소기업이 법규를 위반해 제재를 받으면 대기업보다 재정 타격을 회복하기 어렵고, 한 번 악평이 나면 거래처와 고객을 잃어버려 사업 지속이 힘들어질 수 있다.

반대로 초기부터 윤리경영을 실천하여 신뢰를 쌓으면 작은 회사도 큰 기업과 당당히 거래하고 투자 유치에서도 우위를 점할 수 있다. 특히 스타트업의 경우 글로벌 시장 진출을 목표로 하는 곳이 많은데, 해외 파트너들은 거래 조건으로 해당 스타트업이 준법윤리 규범을 갖추었는지를 중요하게 평가하기도 한다. 국제 조달이나 투자 유치 시에 기업 윤리 서약이나 컴플라이언스 확인서 제출을 요구받는 사례가 늘고 있어 규모와 무관하게 글로벌 스탠더드 준수가 필수 요건이 되고 있다.

이를 위해 정부와 산업계 차원의 지원 방안도 모색되고 있다. 공정거래위원회는 기업들의 공정거래 자율준수 프로그램(CP) 도입을 장려하며, CP를 잘 운영하는 기업에 대해서는 향후 법 위반 적발 시 과징금 감경 등의 인센티브를 제공하고 있다. 또 국민권익위원회는 2024년 「기업용 윤리경영 자율실천 안내서」를 발간하여 중소기업들이 자체적으로 윤리경영을 실천하는 데 참고할 수 있도록 가이드라인을 제시하였다. 이 안내서는 중소기업이 최소한으로 갖춰야 할 윤리 규범, 임직원 교육 자료, 내부신고 절차 모범 사례 등을 담고 있어 실무에서 활용할 수 있다.

지방자치단체 차원에서도 중소기업 대상 청렴 컨설팅이나 법률 자문

<국제 가이드라인 핵심 키워드에 따른 윤리경영 CP 진단 영역 도출>

진단 영역	진단 요소	진단 지표	세부 체크리스트
II. 윤리경영 자율준수 프로그램(CP) 운영	부패 위험 식별·평가 및 대응	평가	14. 식별된 부패 위험을 기준으로 기업의 위험 취약성을 평가하였는가?
			15. 식별된 부패 위험에 대하여 분류, 등록 및 위험 수준별 경감 조치 방안을 효과적으로 마련하였는가?

출처: 국민권익위원회, 기업용 윤리경영 자율실천 안내서(2024)

서비스를 제공하여 컴플라이언스 역량을 높여주는 프로그램이 점차 등장하고 있다. 예컨대 일부 지자체에서는 관내 중소기업을 모아 컴플라이언스 교육 워크숍을 열고, 노무·산업안전·환경법 등 현장에서 필요한 법규 정보를 전달하기도 한다.

대기업과의 상생 협력을 통해 중소기업 컴플라이언스를 지원하는 움직임도 앞서 살펴본 포스코 사례처럼 성과를 내고 있다. 대기업이 협력사의 CP 구축을 도와주거나 표준 윤리 규범을 제공하여 협력사가 이를 채택하도록 유도하는 것이다. 이런 지원을 받은 중소기업들은 공정위 CP 평가에서 우수등급을 받는 등 대외신인도가 높아지는 효과를 보고 있다. 업계 전체로 보면 컴플라이언스 수준이 상향 평준화되어 공정한 거래 질서 확립과 산업 경쟁력 강화로도 이어지는 긍정적 결과가 기대된다.

물론 여전히 많은 중소기업이 당장의 생존과 매출 확대에 쫓겨 컴플라이언스를 후순위에 두는 현실도 있다. 하지만 디지털 시대에 정보가 빠르게 확산하고 법과 사회의 요구 수준이 높아진 오늘날, 작은 실수나 부정도 금세 드러나 기업에 치명타를 입힐 수 있다. 그러므로 중소기업 경영자들도 "우리같이 작은 회사는 컴플라이언스와 관계없다"라는 인식을 버리고, 비록 완벽하진 않아도 가능한 범위 내에서 성실히 준법경영을 실천하는 것이 중요하다.

예를 들어 별도 전담인력이 없더라도 대표나 임원이 정기적으로 관련 법률 뉴스를 체크하고, 직원 교육 시간을 갖는 노력부터 시작할 수 있다. 정부나 업계 협회에서 제공하는 컴플라이언스 정보 시스템을 활용하여 자사에 해당하는 규정 변화가 무엇인지 수시로 파악하는 것도 도움이 된다. 스타트업의 경우 초창기부터 투명한 회계 관리와 계약서 작성 관행을 정착시키고, 투자자나 이사회에 준법경영 현황을 보고하는 문화를 들여놓으면 향후 기업 가치를 높이는 데 크게 기여할 것이다.

정리하면, 중소기업과 스타트업은 인력·자원 부족이라는 어려움 속에서도 컴플라이언스의 중요성을 인식하며 창의적인 대응 방안을 모색해야 한다.

정부와 대기업의 지원, 가이드라인 활용, 내부 문화 개선 등을 통해 규모에 걸맞은 준법경영을 실천해나간다면, 이는 곧 기업의 신뢰자본을 쌓는 밑거름이 되어 지속적인 성장과 성공을 뒷받침하게 될 것이다.

디지털 시대의 새로운 컴플라이언스 영역

데이터 컴플라이언스

디지털 시대에 접어들면서 컴플라이언스의 지형에도 새로운 변화가 일고 있다. 특히 데이터의 수집 및 활용과 인공지능 알고리즘과 관련된 준법 이슈가 급부상하고 있다. 방대한 데이터를 기반으로 비즈니스를 전개하는 기업들은 이제 개인정보 보호(Personal Data Protection)를 핵심 컴플라이언스 영역으로 관리해야 한다.

세계 최고 수준의 엄격함을 자랑하는 EU의 GDPR(일반 개인정보 보호 규정)이 2018년 시행된 이후 글로벌 기업들은 개인정보를 함부로 수집 및 이용할 경우 거액의 과징금과 제재를 받을 수 있다는 사실을 절감했다. 실제로 GDPR 위반으로 몇몇 빅테크 기업이 수천만 유로 이상의 과징금을 부과받은 사례도 등장했다. 우리나라도 개인정보보호법 및 정보통신망법 등을 통해 이용자 동의 없는 개인정보 수집, 목적 외 이용, 안전 조치

미비 등에 대해 강력한 제재를 가하고 있다.

이러한 흐름 속에서 기업들은 고객이나 사용자 데이터의 수명주기 전체에 걸친 보호 조치를 취하는 한편, 데이터 활용 단계마다 법적 적정성을 검토하는 체계를 갖추고 있다. 예컨대 신규 마케팅 캠페인을 위해 고객 데이터를 활용할 때 사전에 수집한 동의 범위 내인지, 익명화·가명화 처리는 적절히 되어 있는지 등을 법무 및 컴플라이언스 부서가 체크하도록 절차를 마련하고 있다.

또한 개인정보 유출 사고에 대비해 침해 사고 대응 프로토콜과 고객 통지 의무, 피해 구제 절차 등을 사전에 준비하는 등 데이터 거버넌스 측면의 컴플라이언스도 강화하고 있다.

한편 인공지능(AI)과 알고리즘의 윤리성도 새로운 컴플라이언스 주제로 떠오르고 있다. AI 기술이 다양한 산업에 도입되면서 알고리즘이 차별이나 편향을 초래하거나 예측 불가능한 위험을 낳는 사례가 주목받고 있다. 이에 각국 정부와 국제기구는 AI의 투명성, 공정성, 안전성을 확보하기 위한 윤리 가이드라인을 발표하고 있으며, 일부 국가(EU 등)는 AI Act 등 인공지능 규제법을 입법화하려는 움직임도 보이고 있다.

기업 입장에서는 아직 명확한 법령이 없다 하더라도 알고리즘으로 인한 사회적 피해가 발생하지 않도록 선제적 조치를 취하는 것이 바람직하다. 이를테면 AI를 개발하거나 도입할 때 의도치 않은 차별이나 오류를 점검하기 위한 윤리위원회를 구성하거나 관련 전문기관의 윤리성 검증 컨설팅을 받는 식이다.

예컨대 한 글로벌 IT 기업은 AI 챗봇을 출시하기 전 편향성 및 유해 발언 필터링 테스트를 거쳐 문제를 보완하였고, 이후에도 AI 윤리강령을 제정해 지속해서 관리하고 있다. 이러한 자체 노력은 향후 규제가 도입되더라도 리스크를 줄일 수 있고, 무엇보다 사용자와 사회의 신뢰를 얻는 데 도움이 된다.

데이터 컴플라이언스의 다른 분야로는 사이버 보안 준수, 디지털 지적 재산권 보호 등이 있다. 오늘날 정보 보호 규정에 따라 기업은 고객과 거래처의 데이터를 안전하게 지킬 의무가 있으며, 해킹이나 유출 시 법적 책임과 손해배상 부담을 질 수 있다. 따라서 정보 보안 관련 국제표준(ISO 27001 등)을 취득하거나 주기적인 모의 해킹 및 보안 점검을 통해 기술적·관리적 보호 조치 준수에 힘쓰는 기업이 늘고 있다.

소프트웨어나 콘텐츠를 활용할 때 라이선스 준수와 오픈소스 사용에 따른 의무 이행 등도 디지털 컴플라이언스의 한 부분이다. 무심코 남의 저작물을 사용했다가 저작권 침해로 법적 분쟁에 휘말리지 않도록 직원들에게 관련 법규를 교육하고 관리하는 것이 중요하다.

요컨대 데이터와 AI 시대에는 기업 컴플라이언스의 전선이 새로운 영역으로 확대되고 있으며, 개인정보 보호 법규 준수, 알고리즘 윤리 확보, 사이버 보안 강화 등 복합적인 노력이 요구된다. 이 분야는 기술 변화 속도가 빠르고 규제도 계속 생겨나는 중이므로, 기업들은 선제적으로 내부 정책을 마련하고 유관 부서의 협업을 통해 새로운 위험에 대응할 준비를 갖추어야 할 것이다.

데이터의 올바른 활용과 AI의 책임 있는 사용에 대한 기업의 컴플라이언스 확보는 디지털 시대에 기업이 신뢰받고 지속 성장하기 위한 관건이라 할 수 있다.

ESG 공시 의무화와 보고서의 신뢰성 문제

최근 경영계의 화두 중 하나는 ESG 정보 공개의 의무화, 즉 지속가능경영 보고서의 공시(compliance in disclosure)이다. 투자자와 이해관계자는 이제 기업의 재무 정보뿐 아니라 환경적·사회적 성과와 윤리경영 수준을 투명하게 공개할 것을 요구하고 있다. 이러한 흐름에 따라 각국 규제 당국은 ESG 정보 공시를 점진적으로 의무화하는 로드맵을 발표하고 있다.

우리나라는 금융위원회가 2025년부터 자산 2조 원 이상 코스피 상장사를 시작으로, 2030년까지 모든 코스피 상장 기업으로 ESG 공시 의무 대상을 확대하는 계획을 내놓았다. 이는 원래 2025년부터 단계적 시행하려던 것을 1년 연기한 일정으로, 결국 2030년이면 대부분의 상장사가 매년 지속가능경영보고서를 의무적으로 공시해야 함을 의미한다.

정부는 ESG 공시 정보의 신뢰성 확보를 위해 독립된 외부기관의 검증(assurance) 의무화를 검토하고 있다. 보고서에 담긴 환경 성과나 사회적 지표들이 객관적으로 맞는지 제3자가 검증하여 투자자에게 신뢰를 주겠다는 취지이다. 이러한 규제 방향은 유럽연합의 CSRD(지속가능성 보고 지침) 등 국제 기준과 궤를 같이하는 것으로, EU는 2024년부터 단계적으로 모든 대기업에 ESG 보고 의무와 감사를 도입하고 있다.

ESG 공시 의무화 시대를 맞아 보고서의 신뢰성 문제가 중요한 컴플라이언스 이슈로 대두되고 있다. 기업들이 내놓는 지속가능경영보고서가 과연 실제 성과를 정확히 반영하는지, 혹은 유리한 정보만 강조하고 불리한 정보는 숨기는 '그린워싱(greenwashing)'이 아닌지에 대한 사회적 우려가 있다. 실제로 몇몇 기업의 ESG 보고서가 환경오염 사고나 노동 문제 등 부정적 이슈를 충분히 공개하지 않아 나중에 문제가 된 사례들이 있다. 금융투자업계 관계자들도 "부정적인 ESG 이슈를 투명하게 공개하지 않으면 투자자와 시장의 신뢰를 잃는다. 지속가능경영보고서는 단순 홍보물이 아니다"라고 지적하고 있다.

이에 따라 규제 당국은 ESG 보고에 대한 명확한 지침과 통일된 기준 마련을 서두르고 있고, 기업들도 보고 내용의 정확성과 균형성을 확보하기 위한 내부 검증 프로세스를 강화하는 추세이다. 예를 들어 주요 기업들은 ESG 보고서를 발간하기 전에 내부 감사부서나 외부 전문기관의 검토를 받도록 하고, 이해관계자의 관점을 반영하기 위해 이사회 산하 ESG 위원회 승인을 거치는 절차를 도입했다.

보고서 작성 담당자의 역할도 중요하다. 실무 담당자들이 각 부서에서 보내오는 데이터를 그대로 나열하기보다 중대성(Materiality) 평가를 통해 중요한 이슈와 성과를 선별하고, 사실에 기반한 성과 보고를 해야 한다. 경영진 역시 ESG 공개를 위기관리와 신뢰 구축의 기회로 인식하고, 보고서 작성을 적극 지원하며, 결과에 책임지는 자세가 필요하다. 나아가 이해관계자 소통 차원에서 부정적 이슈도 솔직히 인정하고 개선 계획을 제시하는 편이 장기적으로 기업 평판에 득이 된다는 인식이 퍼지고 있다.

종합하면, ESG 공시 의무화는 기업 투명성과 지속가능성 제고를 위한 시대적 흐름이지만, 그 이면에는 보고서 신뢰성이라는 새로운 컴플라이언스 과제가 있다. 기업들은 정확한 데이터 관리와 검증, 균형 잡힌 공개를 통해 보고서의 신뢰도를 높여야 하며, 이를 게을리하면 법적·평판적 위험에 노출될 수 있다. 향후에는 거짓되거나 오도된 ESG 정보 공개에 대한 규제와 처벌도 강화될 가능성이 높으므로 기업들은 ESG 보고의 진실성을 담보하는 내부통제 시스템을 갖추어야 한다. 이것이 바로 지속가능 경영을 뒷받침하는 컴플라이언스의 필수 요소로 자리 잡고 있다.

내부고발 보호 및 윤리신고 시스템의 디지털화

기업 윤리경영에서 내부고발(Whistleblowing)은 매우 중요한 장치이며, 이를 어떻게 보호하고 활성화하느냐가 컴플라이언스의 성패를 좌우하기도 한다. 최근에는 내부고발 시스템의 운영을 디지털 기술로 고도화하고 법적 보호 장치를 강화하는 흐름이 뚜렷하다.

과거에도 많은 기업이 제보함이나 헬프라인을 마련해 두었지만, 직원들이 신분 노출과 보복을 우려하여 활용도가 낮은 경우가 많았다. 그러나 지금은 법과 제도가 내부고발자를 적극 보호하는 방향으로 바뀌고 있다. 우리나라의 공익신고자 보호법은 내부고발자의 비밀 보장과 신변 보호, 불이익 조치 금지 등을 규정하고 있으며, 이를 위반할 시 기업이나 관련자에게 과태료 및 형사처벌을 부과한다. 미국, EU 등도 최근 내부고발자 보호를 강화한 법안을 시행하여 일정 규모 이상의 기업에 익명 신고 채널 설치 의무를 부여하고, 내부고발자에 대한 해고 등 불이익 조치를 엄격히 금지하고 있다. 예컨대 EU는 2021년 EU Whistleblower Protection Directive를 통해 직원 50인 초과 기업은 내부신고 절차를 반드시 마련하고 신고자 보호 정책을 수립하도록 했다. 이런 규제 환경에서 기업들은 내부고발 시스템을 갖추는 것이 법적 필수사항이 되고 있다.

기술 발전을 활용한 신고 시스템의 디지털화도 활발하다. 과거의 단순한 전화나 이메일 제보에서 나아가 웹 플랫폼이나 모바일 앱으로 손쉽게 신고할 수 있는 채널이 제공되고 있다. 앞서 살펴본 바와 같이 어떤 기관은 카카오톡 챗봇 신고를 도입하여 직원들이 일상적으로 사용하는 메신저를 통해서도 언제든지 부정행위를 제보할 수 있도록 했다. 많은 기업이 제3자 전문업체의 온라인 제보 시스템을 도입해 신고자가 익명 아이디로 로그인하여 사건을 제보하고 처리 결과를 확인할 수 있는 기능을 제공하고 있다. 이러한 시스템은 24시간 접근 가능하고, 익명성이 보장되며, 실시간으로 담당자가 확인하여 신속 대응이 가능하다는 장점이 있다.

인공지능을 활용해 접수된 제보의 중대성을 분류하고 우선순위를 지정하는 등 AI 어시스턴트 기능을 붙이는 시도도 나타나고 있다. 예컨대 한 글로벌 은행은 AI 기반으로 내부고발 내용을 분석하여 심각도가 높은 부패와 사기 의심 건은 자동으로 그룹 감사부서에 경보를 보내는 시스템을 실험 중이다.

내부고발자 보호 정책 측면에서도 기업들은 구체적인 방안을 마련하고 있다. 신고자에 대한 인사 보복을 금지하는 내용을 윤리강령과 인사 규정에 명문화하고, 위반 시 가해 관리자를 엄중 문책한다. 또한 신고자의 신원을 노출시키지 않기 위해 제보 접수와 조사 단계에서 비밀 유지 절차를 강화하고 있다. 일부 회사는 '비밀유지담당자(ombudsperson)'를 두어 신고 관련 정보를 철저히 관리하고, 원한다면 신고자가 변호사를 대리인으로 지정해 소통할 수 있게 하는 등 신고자의 심리적 부담을 덜어주기도 한다. 그리고 신고 내용이 사실로 판명되면 그 직원에게 포상금을 지급하거나 반대로 허위 제보로 드러날 경우에는 페널티를 주는 등 신고의 질 향상을 위한 제도도 활용되고 있다.

내부고발 시스템의 신뢰성을 높이기 위해 조사 절차의 공정성도 중요하다. 최근 기업들은 제보가 접수되면 사내 컴플라이언스팀뿐 아니라 경우에 따라 외부 로펌이나 감사인을 활용해 독립적인 조사를 실시한다. 이는 사안에 연루된 부서가 자체 조사할 경우 생길 수 있는 이해충돌이나 은폐 가능성을 차단하기 위한 것이다. 조사 결과에 따라 징계가 필요하면 직급고하를 막론하고 일관되게 처벌하는 원칙을 지켜나가는 것도 내부고발 제도의 신뢰를 유지하는 데 필수적이다. 실제로 글로벌 기업 중에는 최고경영진의 부정행위가 내부고발로 드러나면 CEO를 즉시 해임하고 법적 책임을 묻는 사례도 있을 정도로 공정한 처리에 예외를 두지 않고 있다.

디지털 시대의 내부고발 제도는 이렇듯 기술적 편의성과 법적·제도적 보호 장치를 모두 갖추어 나가고 있다. 궁극적으로 중요한 것은 기업 문화이다. "문제를 발견하면 말해도 안전하다"라는 신뢰 문화가 형성되어야 직원들이 용기를 내어 제보하고, 회사는 이를 통해 위험을 초기에 시정할 수 있다. 컴플라이언스팀과 경영진은 평소에 윤리경영 메시지를 전파하고, 작은 위반이라도 묵과하지 않는 모습을 보임으로써 심리적 안전감을 조성해야 한다. 또한 모든 신고는 철저히 조사하고 개선에 활용하여 직원들이 "제보해 봤자 달라지는 것이 없다"라는 냉소를 갖지 않도록 해야 할 것이다.

결론적으로, 내부고발 보호 및 신고 시스템은 디지털 혁신과 조직 문화의 성숙을 통해 진화하고 있다. 이는 기업 내부의 부패와 부정행위를 최소화하고 투명성과 책임성을 높이는 핵심 수단으로 자리 잡았으며, 기업 컴플라이언스의 최후 보루로서 앞으로도 그 중요성이 더욱 커질 것이다.

신뢰로 향하는 지속 가능의 길

법 준수에서 '윤리 준수'로의 진화

오늘날 컴플라이언스 경영은 법을 지키는 차원을 넘어 기업 윤리를 준수하는 단계로 진화하고 있다. 과거에는 "법에만 안 걸리면 된다"라는 인식도 있었지만, 이제는 법이 요구하는 최소 기준 이상으로 높은 윤리적 기준을 스스로 설정하고 따르는 기업이 사회적 신뢰를 얻는다. 이는 컴플라이언스의 본질이 해서는 안 될 일을 피하는 것에서 '올바른 일을 적극 행하는 것'으로 확장되었음을 의미한다.

예를 들어 법적으로는 문제가 없는 회계 처리라 하더라도 이해관계자에게 오해의 소지가 있다면 투명하게 추가 정보를 공개하는 식의 선제적 대처가 바람직한 태도로 평가받는다. 또 경쟁 입찰에서 편법이 통용된다고 해도 기업이 공정경쟁 자율준수를 선언하고 청렴 입찰을 고수하면, 장기적으로 청렴한 기업이라는 평판을 얻어 더 큰 사업 기회를 얻을 수도 있다. 이처럼 '준법경영은 기본, 윤리경영을 지향'하는 기조가 현대 경영 철학의 주류로 자리 잡았다.

이러한 변화의 배경에는 이해관계자(고객, 투자자, 직원, 지역사회 등)의 눈높이가 과거보다 높아진 점이 있다. 정보의 투명성 시대에 기업 행동의 도덕성까지 감시를 받게 되었고, 사소한 비윤리 행위도 언론과 SNS를 통해 폭로되면 큰 불매운동이나 투자 철회로 이어질 수 있다. 따라서 현명한 기업들은 법망을 요리조리 피하려 애쓰기보다는 아예 떳떳한 길을 걷는 것이 훨씬 이득임을 깨닫고 있다.

"정도를 걸으면 결국 이긴다"라는 옛말처럼 윤리적 컴플라이언스는 단기적으로 약간 손해를 보는 것 같아도 장기적으로 기업의 지속가능성에 유익한 선택이다. 실제로 지멘스 사례에서 보았듯이, 부패 사건을 계기로 윤리 문화를 제대로 정착시킨 기업은 이후 세계적 존경을 받으며 지속해서 성장하는 반면, 눈앞의 이익에 급급해 부정을 저지른 기업은 대가를 치르고 사라지곤 했다.

나아가 '윤리 준수'는 기업 내부에 건강한 조직 문화를 조성하는 효과도 있다. 공정하고 원칙을 지키는 환경에서는 임직원의 사기가 높아지고, 우수 인재들이 몰리며, 장기 근속하게 된다. 반면 비리가 만연한 조직은 유능한 사람일수록 떠나기 마련이다.

최근 MZ 세대 직원들은 기업의 윤리와 가치에 공감하길 원하며, 윤리적 기업 문화는 핵심 인재 유치와 유지의 무기가 되고 있다. 따라서 윤리적 컴플라이언스는 도덕적 가치를 넘어 인적 자본 관리 전략이기도 하다. 이렇듯 컴플라이언스의 개념은 '법규 준수(Law Compliance)'에서 한 걸음 더 나아간 '윤리 준수(Ethics Compliance)'로 진화하고 있다.

기업들은 스스로 정한 행동강령(Code of Conduct)과 윤리 원칙을 법 이상으로 엄격히 지키겠다고 대내외에 약속하고 실천한다. 이를 위해 기업 최고경영진이 주기적으로 윤리경영 메시지를 발신하고, 전 직원 서약식을 열거나 윤리 주간 캠페인을 전개하는 곳도 많다.

중요한 것은 이러한 노력이 보여주기에 그치지 않고 일상적 의사결정에 내재화하는 것이다. 의사결정 시 "이익이 되더라도 우리 원칙에 어긋나면 하지 않는다"라는 판단 기준이 확립된다면, 그 기업은 어떤 위기 상황에서도 원칙을 지켜 신뢰를 유지할 수 있을 것이다.

종합하면, 현대의 컴플라이언스는 법적 준수 수준을 넘어 기업의 자발적 윤리 준수와 문화적 내재화 단계로 발전하고 있다. 이러한 윤리적 컴플라이언스가 정착된 기업만이 이해관계자로부터 두터운 신뢰를 얻어 지속 가능 경영의 길을 걸을 수 있다는 점에서 우리는 앞으로도 법과 윤리 모두를 중시하는 방향으로 나아가야 할 것이다.

컴플라이언스의 미래

미래의 경영 환경에서 컴플라이언스는 더욱 그 중요성이 커지고, 동시에 새로운 도전들에 직면할 것으로 예상된다.

첫째, 기술 혁신과 규제 환경의 변화에 따라 컴플라이언스 분야도 계속 진화해야 한다. 예컨대 앞서 논의한 AI, 데이터, ESG 같은 새로운 규제 이슈들은 앞으로도 끊임없이 등장할 것이다. 기업은 규제 레이더를 가동하여 국내외에서 제정되는 신법과 기준들을 추적하여 선제적으로 대응 체계를 구축할 필요가 있다. 이를 위해 컴플라이언스 담당자들에게 미래 예측 역량과 학습 민첩성이 요구되며, 관련 전문 교육 투자도 늘어날 것이다.

둘째, 디지털 기술의 적극적 활용이 미래 컴플라이언스의 양상을 바꿀 것이다. 이미 몇몇 기업은 컴플라이언스 업무에 RPA, 머신러닝, 데이터 애널리틱스 등을 도입했다. 앞으로는 RegTech(Regulation Technology) 산업의 발전으로 방대한 규제 조문과 내부통제 데이터를 AI가 자동으로 분석해 위험 신호를 실시간 포착하거나 규제 변경 사항을 자동 업데이트해주는 시스템이 보편화될 수 있다. 예를 들어 금융기관의 경우 AI가 거래 데이터를 실시간 모니터링하여 자금세탁 의심 거래를 즉각 차단하는 실시간 AML 솔루션이 등장하고 있다. 또 빅데이터 분석을 통해 내부 부정의 징후(이상한 거래 패턴, 직원 행동 데이터 등)를 미리 감지하는 Predictive Compliance 기법도 연구되고 있다. 이러한 테크 기반 컴플라이언스는 기업의 광범위한 위험을 보다 효율적으로 관리하게 해줄 것으로 기대된다.

셋째, 글로벌 기준의 통일과 협력도 미래 과제이다. 다국적 기업은 국가마다 다른 법규를 모두 챙겨야 하는 어려움이 있는데, 앞으로 국제기구를 중심으로 글로벌 컴플라이언스 표준화 움직임이 가속화될 것이다. 예컨대 ESG 공시 기준의 국제 통일, AI 윤리의 글로벌 원칙 확립 등이 그러한 흐름이다. 기업 입장에서도 다양한 규정 준수 효율성을 높이기 위해 하나의 통합된 컴플라이언스 관리 시스템(Integrated GRC: Governance, Risk & Compliance system)을 구축하여 전 세계 지사와 사업장에서 일관되게 적용하려는 노력이 늘 것이다.

기업 간, 산업 간의 컴플라이언스 협업도 미래에는 중요해진다. 업종별로 공동의 윤리 규약을 만들거나 공급망 파트너들과 상호 준법 감시 체계를 구축하는 식이다. 이는 한 기업의 노력만으로는 해결하기 어려운 ESG 이슈 등을 생태계 전체의 신뢰를 높이는 방향으로 풀기 위한 것이다.

마지막으로, 미래 컴플라이언스의 핵심은 변함없이 '사람'일 것이다. 기술과 제도가 발전해도 결국 이를 운영하고 실천하는 것은 사람이다. 따라서 기업들은 미래에도 윤리적 리더십과 조직 문화를 가꾸는 데 힘써야 한다. 컴플라이언스 담당자의 전문성을 키우는 동시에, 모든 임직원이 일상 업무에서 스스로 옳고 그름을 판단해 행동할 수 있도록 윤리 의식 함양 교육이 지속적으로 필요하다. 톤 앳 더 톱(Tone at the Top), 즉 최고경영진의 준법 의지가 일관되게 강조되고 본보기가 되는 문화가 유지된다면, 어떤 새로운 위험이 오더라도 조직은 이를 튼튼히 이겨낼 수 있을 것이다.

컴플라이언스의 미래는 더 넓고 복잡한 영역을 포괄하게 되고, 디지털 혁신과 글로벌 협업 속에서 진화할 것이다. 기업이 이에 대비해 유연하고 기민한 컴플라이언스 체계를 갖춘다면, 그것은 미래의 불확실성 속에서 신뢰받는 지속 가능한 기업으로 남을 수 있는 든든한 버팀목이 될 것이다.

정부, 기업 그리고 시민의 실천 제언

컴플라이언스 경영은 정부, 기업, 시민사회가 함께 노력할 때 가장 효과적으로 뿌리내릴 수 있다. 각 주체별로 다음과 같은 실천이 요구된다.

정부의 역할

정부는 무엇보다 공정한 법 집행과 제도적 지원을 통해 컴플라이언스 문화를 조성해야 한다. 법과 규제를 시대에 맞게 정비하여 기업들이 명확한 가이드라인 속에서 활동할 수 있도록 하고, 위반에 대해서는 엄정하게 처벌하되 적극적으로 준수하려는 기업에는 인센티브를 제공하는 균형 잡힌 정책이 필요하다.

또한 중소기업을 위한 컴플라이언스 교육·컨설팅 지원, 윤리경영 우수기업 인증 등 인프라 마련에도 힘써야 한다. 공공조달 등에서 윤리성이 높은 기업을 우대하는 방식으로 시장의 긍정적 유인을 만들어야 한다. 나아가 정부 자체가 청렴하고 투명한 공공행정을 실천하여 본보기가 됨으로써 사회 전체의 준법의식을 끌어올리는 것이 중요하다.

기업의 노력

기업은 준법경영을 경영 전략의 중심에 두고 실천해야 한다. 최고경영진부터 솔선수범하여 '정도경영'의 철학을 분명히 하고, 필요한 조직과 자원을 아끼지 말고 투입해야 한다. 사규와 행동강령을 정비하고 전 직원 교육을 정기화하는 한편, 실효성 있는 내부통제와 신고 제도가 제대로 돌아가는지 수시로 점검하여 개선해야 한다.

컴플라이언스는 지속적인 프로세스임을 명심하고, 기업 문화로 정착시킬 때까지 인내심을 갖고 추진해야 한다. 또한 업계의 표준과 모범 사례를 벤치마킹하면서 끊임없이 배우고 업데이트하는 자세가 필요하다. 무엇보다 중요한 것은 기업 내 의사결정 시 "이것이 법과 윤리에 부합하는가?"를 항상 묻는 풍토를 만들고, 그 질문에 반대되는 결과라면 눈앞의 이익을 포기할 줄 아는 용기와 결단이다. 그렇게 할 때 얻게 되는 시장과 사회의 신뢰가 장기적으로 기업의 가장 큰 자산임을 명심해야 한다.

시민과 소비자의 참여

시민들은 소비자, 투자자, 지역사회 일원 등 다양한 지위로써 기업 컴플라이언스에 영향력을 행사한다. 소비자는 단순히 가격과 품질만 보지 말고 그 기업이 사회적 책임을 다하는지 관심을 가질 필요가 있다. 윤리적인 기업의 제품을 우선 구매하고 불매운동 등을 통해 목소리를 내는 것은 기업에 강력한 동기부여가 된다. 투자자들도 투자 대상 기업의 ESG 성과와 준법경영 수준을 고려함으로써 자본시장의 압력을 가할 수 있다.

또한 시민 개개인은 자신의 직장에서 또는 일상생활에서 준법의식을 지키고, 부당하거나 부정한 일을 목격했을 때는 용기 있게 고발하는 시민 윤리를 실천해야 한다. 아울러 정부 정책에 대해서도 부패를 방지하고 투명성을 높이라는 요구를 꾸준히 제기함으로써 거버넌스 개선에 일조할 수 있다. 이런 성숙한 시민의식이 바탕에 있을 때 비로소 기업들도 지속적으로 압력을 느끼고 변화하게 된다.

마지막으로, 컴플라이언스 문화의 정착은 단기간에 완성되는 일이 아니라는 점을 모두가 이해할 필요가 있다. 법과 제도를 개선하고 기업 문화를 바꾸며 시민의식을 높이는 일은 많은 시간과 노력이 들지만, 그 결실은 우리 사회 전체의 신뢰 수준 향상과 지속 가능한 발전이라는 큰 열매로 돌아올 것이다.

평소에 투명성과 윤리라는 안전장치를 갖추고 있으면 어떠한 위기 상황에도 흔들림 없이 나아갈 수 있다. 컴플라이언스 경영이야말로 기업과 사회를 지켜주는 든든한 방패이자 모두가 함께 잘 사는 지속 가능한 미래로 향하는 믿음의 길임을 기억해야 한다.

CHAPTER **04**

CEO 리더십, 윤리적 의사결정과 '좋은 리더'의 조건

정종서

글로벌조인스 대표

소상공인시장진흥공단 컨설턴트 / (사)뷰티창업경영전문가협회 이사

창업학 석사와 경영컨설팅학 박사를 취득하고, 현재 글로벌조인스 대표로 활동하고 있다. 다년간 중소벤처기업을 대상으로 경영, 마케팅, 사업전환, 수출 컨설팅을 수행해 왔으며, 소상공인시장진흥공단, 중소벤처기업진흥공단, 대학 등에서 컨설팅과 멘토링을 통해 기업의 현실적인 문제를 진단하고 성장 전략을 설계하는 역할을 맡아왔다.
아이템 기획 단계부터 사업화, 판로 개척, 수출에 이르기까지 기업 성장의 전주기를 현장에서 함께 경험했으며, 이러한 과정에서 스타트업과 중소기업의 성패는 기술이나 자본 이전에 대표의 의사결정 체계와 조직 거버넌스에 달려 있음을 확신하게 되었다.
ESG는 대기업만의 과제가 아니라 작은 기업일수록 투명하고 원칙 있는 경영이 생존의 기준이 되어야 한다고 믿는다. 올바른 거버넌스가 확립될 때 기업의 지속 가능한 미래가 열린다.

왜 지금 리더십의 전환이 필요한가?

기업의 성장하던 방식이 근본적으로 달라지고 있다. 과거에는 빠른 의사결정과 강한 추진력을 갖춘 '성과 중심 리더'가 조직을 움직였다면, 오늘날의 환경은 그 방식을 더 이상 유효한 답으로 받아들이지 않는다. 사회는 기업의 의사결정이 경제적 성과뿐 아니라 사람, 공동체, 환경 전체에 어떤 영향을 미치는지를 묻기 시작했다.

특히 기술 발전과 글로벌 리스크가 뒤섞인 시대에는 한 번의 의사결정이 조직의 신뢰를 단숨에 무너뜨릴 수도 있다. 이러한 변화 속에서 리더십은 단순한 경영 능력이 아니라 사회적 책임을 기반으로 한 '거버넌스 역량'으로 새롭게 정의되고 있다. ESG 경영 체계가 확산되면서 기업의 지속가능성을 좌우하는 요소가 재무성과보다 리더의 태도와 의사결정 구조에서 비롯된다는 사실이 분명해지고 있다.

이제 리더는 탁월한 전략가를 넘어 공감과 투명성, 윤리적 판단을 조직 전반에 흐르게 하는 '문화 설계자'로 요구된다. 구성원의 목소리가 전략의 일부가 되고, 이해관계자 간의 균형이 기업의 생존 조건으로 자리 잡는 시대에 리더십의 역할은 더 이상 권위적 지휘가 아니라 '신뢰를 구축하는 방식'으로 진화하고 있다.

리더십의 전환은 거창한 변화가 아니라 조직의 미래를 결정하는 필연적인 선택이며, 지속 가능한 기업을 만들기 위한 첫 번째 리셋이다.

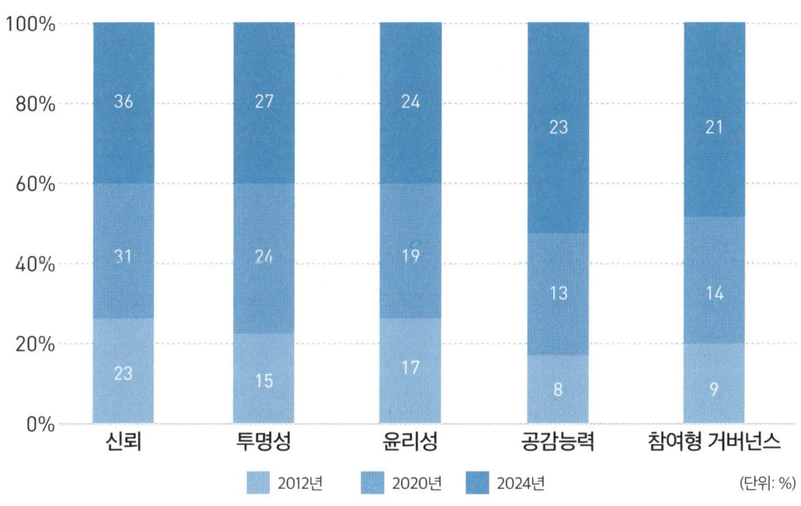

출처: Mercer <Global Talent Trends 2024-2025>

성과에서 신뢰로: 신뢰자본·장기주의·투명 리더십

기업 경영에서 가장 중요한 가치는 오랫동안 '성과 창출'이었다. 그러나 시장과 사회의 환경이 복잡해질수록 성과 중심 경영은 한계를 드러내기 시작했다. 성과는 단기적으로 기업을 움직이게 하지만, 장기적 신뢰가 없으면 조직은 쉽게 흔들린다. 결과적으로 기업이 지속적으로 생존하고 성장하기 위해서는 성과보다 '신뢰'가 핵심 자원이 된다.

신뢰자본은 기업이 장기간에 걸쳐 유지되는 경쟁력의 형태다. 엔론(Enron, 막대한 부채와 손실을 '특수목적회사'에 숨기는 방식으로 회계를 조작), 와이어카드(Wirecard, 회계장부에 존재하지 않는 19억 유로의 현금을 허위로 기재)와 같은 사건은 단기 실적을 부풀리는 방식으로 번영을 가장했지만, 투명성을 잃는 순간 기업 전체가 붕괴했다. 반면 파타고니아(Patagonia)나 레고(LEGO)는 단기 실적보다 장기적 신뢰를 중시하는 경영 방식을 유지하며 위기를 기회로 바꿨다. 신뢰 중심 경영은 단순히 윤리적 선언이 아니라 실제 성과보다 더 오래가는 경쟁력으로 작동한다.

장기주의는 신뢰자본을 키우는 핵심 원리다. 즉각적인 이익보다 지속적 성장을 선택하는 태도를 의미한다. 장기주의는 조직의 불확실성을 줄이고, 이해관계자 간 협력 구조를 강화하며, 기업 내부의 실험과 혁신을 가능하게 하는 토대를 만든다. 무엇보다 장기주의는 ESG 시대의 거버넌스가 요구하는 가장 근본적인 리더십 원칙이다.

투명 리더십은 신뢰자본과 장기주의를 구체적 행동으로 연결시키는 방식이다. 마이크로소프트(Microsoft)와 넷플릭스(Netflix)는 의사결정 기준, 전략 변화 그리고 리스크 요인을 구성원에게 공개함으로써 직원들의 불확실성을 줄이고 조직 탄력성을 높였다. 투명성은 조직 내부의 불필요한 추측을 줄이고, 위기 상황에서도 신뢰를 유지하게 만드는 가장 효과적인 도구다.

신뢰 중심의 리더십은 위기 상황에서 더욱 힘을 발휘한다. 코로나19

팬데믹 시기에 어떤 기업들은 구성원과 적극적으로 소통하며 상황을 투명하게 공개했고, 가능한 한 고용을 유지하며 장기적 신뢰를 선택했다. 그 결과 단기적으로는 비용 부담이 있었지만 팬데믹 이후 빠르게 회복했고 조직 충성도와 브랜드 평판도 높아졌다.

결국 성과 중심 리더십은 조직을 빠르게 움직일 수 있지만, 신뢰 중심 리더십만이 조직을 오래가게 만든다. 신뢰는 기업의 가장 안정적이고 강력한 자본이며, 투명성은 그 신뢰를 가능하게 하는 기술이다.

ESG 시대의 리더십은 단기 성과를 넘어 신뢰 기반의 경쟁력을 구축하는 선택이며, 이는 앞으로 기업의 미래를 결정할 핵심 기준이 될 것이다.

윤리적 의사결정: 공정성·내부통제·윤리 시스템

윤리적 의사결정은 기업이 지속적으로 신뢰를 쌓기 위한 핵심 구조이며, 거버넌스의 출발점이 된다. 공정성, 내부통제, 윤리 시스템은 단순한 제도적 장치가 아니라 조직 전체의 판단 능력을 강화하고 위험을 예방하는 실질적 도구다.

보잉(Boeing)의 737 MAX 사태는 안전 기준보다 일정 준수를 우선시한 결정으로 내부 의견을 묵살한 조직 문화가 결국 대형 참사를 촉발했다. 반면 존슨앤드존슨(J&J)은 타이레놀 독극물 사건 당시 즉각적인 전량 리콜을 결정하며 '윤리적 의사결정의 원형'으로 회자된다. 단기 손실을 감수했지만, 그 판단은 기업 신뢰를 되살리고 오히려 장기적 가치를 높였다.

공정성은 윤리적 의사결정의 핵심 원칙이다. 공정한 판단이란 특정 개인이나 집단의 이익이 아니라 전체 이해관계자 관점에서 균형을 맞추는 과정이다. 구글(Google)은 인사 의사결정 과정에서 공정성 강화를 위해 AI 기반의 데이터 분석 도구를 사용하고, HR 결정에 대한 편향 가능성을 지속적으로 점검한다. 공정함은 곧 조직의 예측 가능성을 높이고, 불필요한 갈등을 줄이는 '경영 효율'로도 이어진다.

내부통제는 윤리적 의사결정이 제대로 기능하도록 지탱하는 구조적 기둥이다. 리스크를 사전에 감지하고 의사결정의 왜곡을 방지하는 예방 시스템이다. 글로벌 금융사들은 내부통제 강화를 위해 리스크위원회, 내부감사, 준법 감시 등 다층적 구조를 갖춘다. 내부통제는 조직이 스스로를 지키는 면역 체계이자 윤리적 판단을 흔들리지 않게 만드는 정교한 장치다.

윤리 시스템은 공정성과 내부통제를 결집하여 실제적인 판단 기준을 제공하는 운영 방식이다. 윤리 헌장, 행동강령, 고충처리 채널, 내부고발 보호 프로그램 등은 모두 윤리 시스템의 구성 요소다. 특히 내부고발 보호는 현대 거버넌스에서 중요한 의사결정 통로로 자리 잡고 있다.

그러나 윤리 시스템을 갖추고 있음에도 제대로 작동하지 않는 경우가 많다. 윤리 규범은 존재하더라도 실제 의사결정은 '성과 압박'과 '조직 관행'에 의해 좌우되기 때문이다. 이러한 간극의 해소를 위해서는 리더십이 윤리 시스템의 최종 실행자가 되어야 한다. 윤리는 위에서 실천될 때 아래로 흐르고, 리더의 의사결정이 기준을 정의할 때 조직 전체가 움직인다.

결국 윤리적 의사결정은 공정성, 내부통제, 윤리 시스템이 균형 있게 작동하는 구조 위에서 완성된다. 진정한 윤리적 의사결정은 위기가 닥쳤을 때가 아니라 사소한 순간의 선택에서 드러난다. 그리고 그 선택이 쌓여 기업의 신뢰를 만들고, 장기적 지속가능성을 결정한다.

리더의 일상: 실천·책임 행동·롤모델링

리더십은 거창한 전략 회의나 대규모 발표에서만 드러나는 것이 아니다. 진짜 리더십은 가장 사소해 보이는 일상 행동 속에서 조직의 방향을 조용히 규정한다.

구성원들은 리더가 무엇을 말하는지보다 '무엇을 하는지'를 더 정확하게 기억한다. ESG 시대의 리더십은 선언보다 실천, 약속보다 행동, 말보다 일상에서 평가된다.

팀 쿡(Tim Cook)은 직원들과 같은 사무실에서 일하며 '불필요한 특권을 없애는 리더십'을 실천한다. 그의 행동은 구성원에게 "책임을 같이 나눈다"라는 메시지를 전달했고, 애플(Apple)의 높은 조직 충성도와 강한 소통 문화를 이루는 기반이 되었다. 유니레버(Unilever)의 폴 폴먼(Paul Polman)은 CEO가 된 후 단기 실적 보고를 중단하고 지속가능성을 중심으로 의사결정을 전환했다. 그의 실천은 ESG 전략을 공허한 구호가 아닌 실질적 경영 철학으로 전환시켰다.

책임 행동은 리더의 일상 실천을 강화하는 핵심 요소다. 잘못이 발생했을 때 숨기거나 전가하는 것이 아니라 스스로 문제를 드러내고 해결책을 찾는 태도다. 스타벅스(Starbucks)의 하워드 슐츠(Howard Schultz)는 매장 내 인종차별 이슈가 발생했을 때 즉각적으로 사과하고 전국 매장 교육을 진행했다.

책임 행동은 말로 가르칠 수 없는 가치이며, 리더의 태도를 통해 구성원이 직접 경험하게 되는 윤리적 기준이다.

롤모델링은 리더십이 조직 안에서 재현되고 확산되는 방식을 결정한다. 리더가 조직에 보여주는 기준과 행동이 구성원에게 자연스럽게 전파되는 과정을 의미한다.

구성원은 말보다 행동을 따라 할 가능성이 훨씬 높다. 리더의 행동은 조직의 미래 리더를 만들어낸다. 롤모델링은 조직의 미래를 결정하는 보이지 않는 설계도다.

결국 리더의 일상은 조직 철학의 가장 진실한 표현이다. 리더가 매일 선택하는 행동은 구성원에게 메시지가 되고, 그 메시지가 쌓여 조직의 정체성을 만든다.

ESG 시대의 리더십은 일상의 실천을 통해 책임을 보여주는 것에서 시작한다. 리더의 일상은 작아 보이지만, 가장 강력한 변화의 씨앗이다.

좋은 리더의 핵심 조건

리더십의 기준은 시대에 따라 끊임없이 변화한다. 과거에는 강한 추진력과 압도적 권한을 가진 리더가 조직을 이끄는 데 적합한 인물로 여겨졌지만, 오늘날의 사회는 더 복잡한 기대와 요구를 리더에게 부여한다.

이해관계자의 범위가 넓어지고 기업 의사결정의 파급력이 커지면서 단순히 능력이 뛰어난 사람만으로는 '좋은 리더'가 될 수 없다는 인식이 확산되고 있다. 특히 신뢰, 투명성, 윤리성은 리더십을 평가하는 핵심 요소로 자리 잡았으며, 이러한 가치가 결여되면 아무리 높은 성과를 내더라도 조직은 흔들릴 수밖에 없다. "좋은 리더란 무엇인가?"라는 질문은 곧 조직과 사회가 어떤 가치를 우선순위에 두는가를 묻는 질문이기도 하다.

이처럼 리더십의 조건이 다시 쓰이고 있는 이유는 변화된 시대가 요구하는 책임의 무게가 달라졌기 때문이다. ESG 경영의 도입과 더불어 기업은 경제적 이익을 넘어 사회적 영향과 윤리적 기준까지 고려해야 하는 시대에 들어섰다. 이에 따라 리더는 성과 지표를 넘어 구성원의 신뢰를 얻고, 의사결정 과정에서 공정성을 담보하며, 보여주는 행동으로 조직 문화를 설계해야 한다.

좋은 리더는 혼자 뛰어난 사람이 아니라 '함께 더 나은 방향으로 가는 구조'를 설계하는 사람으로 정의된다. 결국 리더십의 조건은 외부 환경이 아니라 리더가 어떤 가치로 사람을 대하고 조직을 이끄는가에서 비롯되며, 이는 앞으로의 거버넌스를 결정짓는 핵심 기준이 된다.

공감 능력: 조직 심리·경청·참여

공감 능력은 오늘날 리더십의 핵심 조건이자 조직 운영의 기본 원리로 자리 잡고 있다. 공감은 단순한 감정적 동의가 아니라 상대의 관점을 이해하고, 그 감정과 경험을 조직의 의사결정 과정에 연결하는 능력이다. 공감형 리더십은 조직의 신뢰 기반을 강화하고, 구성원들이 자신의 의견을 안전하게 표현하도록 돕는다.

마이크로소프트(Microsoft)의 CEO 사티아 나델라(Satya Nadella)는 공감을 리더십의 핵심 역량으로 강조하며 기업 문화를 경쟁 중심에서 '협력 중심'으로 전환했다. 그는 구성원의 의견을 듣고 실패 경험을 공유하며, 직원들이 배움과 실험에 집중할 수 있는 환경을 만들었다. 그 결과 마이크로소프트는 침체기를 벗어나 기업 가치가 폭발적으로 상승했다.

조직 심리를 이해하는 리더는 공감 능력을 더욱 효과적으로 발휘할 수 있다. 구성원이 무엇을 두려워하고, 무엇에 동기부여되며, 어떤 환경에서 자신의 역량을 잘 드러내는지 파악하는 과정이다. 심리적 안정감이 보장되는 조직에서는 구성원이 자신의 의견을 자유롭게 제시하고 새로운 시도를 할 수 있다.

경청은 공감 능력을 실천하는 가장 직접적인 행동이다. 구글(Google)은 리더십 교육에서 가장 중요한 역량 중 하나로 '적극적 경청(Active Listening)'을 제시한다. 리더가 회의에서 구성원의 의견을 끊지 않고, 판단을 보류하며, 상대의 의미를 확인하는 과정은 팀 신뢰를 크게 높인다. 경청은 공감 리더십의 기반이며, 조직 내 심리 안전의 핵심이다.

참여는 공감 능력이 조직 차원에서 확장되는 방식이다. 일본의 토요타(TOYOTA)는 현장 직원의 의견이 경영 의사결정에 바로 반영될 수 있도록 제안 제도를 운영하고 있다. 참여는 공감을 구조적으로 확장하는 방법이며, 구성원의 능동적 기여를 통해 조직의 지속가능성을 높인다.

결국 공감 능력은 경영의 부드러운 기술이 아니라 '조직의 지속가능성'을 결정하는 핵심 역량이다. 공감은 따뜻함이 아니라 구조이고, 감정이

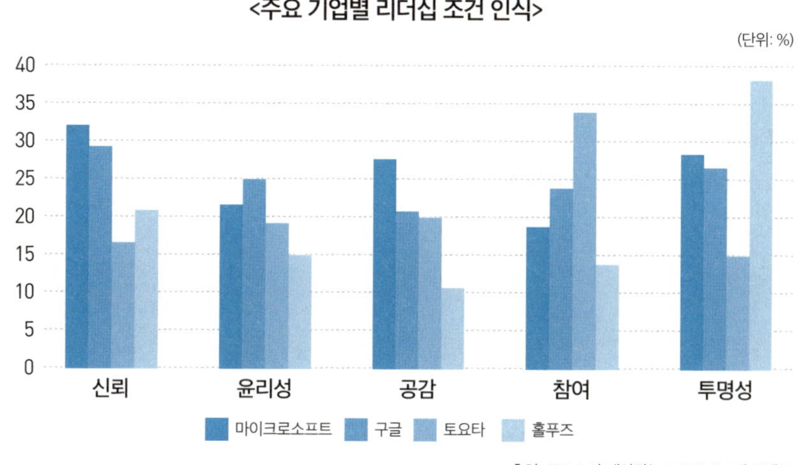

아니라 기술이며, 선택이 아니라 필수다. 좋은 리더는 먼저 듣고, 이해하며, 함께 결정하는 사람이다.

참여형 거버넌스: 권한 분산·협력적 의사결정

참여형 거버넌스는 조직의 의사결정 구조를 리더에서 구성원 중심으로 확장하는 방식이다. 변화 속도가 빨라지고 시장의 불확실성이 커진 현대에서는 중앙집중적 방식이 더 이상 효과적인 답이 되지 못한다. 개개인의 전문성과 경험을 의사결정에 반영하는 구조가 오히려 더 빠르고 정확한 해결책을 만든다.

스웨덴의 이케아(IKEA)는 매장 직원들에게 진열 방식, 고객 동선 개선, 제품 배치 등에 관한 권한을 넓게 부여한다. 고객을 가장 가까이에서 직접 만나는 직원들의 판단을 존중하는 방식이다. 이 구조는 신속한 문제 해결과 매장별 혁신을 가능하게 했고, 높은 고객 만족도로 이어졌다.

권한 분산이 중요한 이유는 구성원의 참여가 곧 조직의 문제 해결 능력을 강화하기 때문이다. 권한이 분산되고 다양한 목소리가 반영되면 문제의 본질을 더 정확히 이해할 수 있고, 해법 역시 더 창의적이고 현실적이다. 이는 조직이 지닌 집단 지성을 의사결정 과정 전반에 통합하는 방식이다.

협력적 의사결정은 권한 분산과 함께 작동하는 중요한 축이다. 구글(Google)은 중요한 프로젝트를 진행할 때 엔지니어·디자이너·데이터 분석가·마케팅 전문가가 함께 참여하는 크로스 펑셔널 팀(Cross-Functional

Team) 구조를 사용한다. 이 방식은 복잡한 문제를 다각도로 분석할 수 있게 하고, 통합적 해법을 빠르게 도출하게 한다.

그러나 참여형 거버넌스 도입에는 여전히 어려움이 있다. 권한을 내려놓는 것이 리더에게 심리적 부담으로 작용하고, 구성원들 역시 오랜 기간 수동적 조직 문화에 익숙해져 있어 갑작스러운 참여 요구에 부담을 느낀다. 따라서 참여형 거버넌스를 도입하는 조직은 협력적 논의와 명확한 의사결정 기준을 균형 있게 설계할 필요가 있다.

결론적으로, 참여형 거버넌스는 권한을 나누는 과정이 아니라 능력을 확장하는 방식이다. 이러한 구조에서 리더의 역할은 통제자가 아니라 촉진자이며, 구성원은 지시받는 존재가 아니라 함께 방향을 만드는 주체가 된다.

투명성: 정보 공개·프로세스 견제

투명성은 현대 거버넌스의 중심이 되는 가치이며, 신뢰를 형성하는 핵심 기제로 작동한다. 기업이 어떤 판단을 내리고 왜 그런 결론에 이르렀는지 공개하는 일은 이해관계자가 조직을 신뢰할 수 있는 근거를 제공하는 구조적 장치다. 투명성은 결국 '누구나 알 수 있는 구조'를 만드는 것에서 시작된다.

미국의 홀푸즈(Whole Foods, 미국 텍사스주 오스틴 위치한 유기농·천연식품 전문 슈퍼마켓 체인사업으로 2017년 아마존이 인수한 기업)가 도입한 '오픈 북 매니지먼트' 방식은 직원들이 재무제표·원가 구조·매장별 실적까지 확인할 수 있도록 정보 접근을 개방한 구조다. 그 결과 매장 단위 혁신이 증가했고, 구성원들의 참여 의지가 높아지면서 전체 기업의 생산성도 향상되었다. 이는 투명성이 정보 공개를 넘어 구성원을 전략적 파트너로 만드는 실질적 도구임을 보여준다.

화장품 브랜드 디 얼디너리(The Ordinary)는 제품 원료의 배합 비율과 제조 과정, 연구 근거를 소비자에게 그대로 공개하는 전략을 취했다. 과학적 정보와 과정 자체를 투명하게 제공함으로써 단기간에 글로벌 신뢰를 구축했다. 투명성은 시장에서의 차별화 요소가 되고, '사실과 데이터'가 소비자 신뢰를 결정하는 시대 흐름과도 맞닿아 있다.

프로세스 견제는 의사결정 과정에서 발생할 수 있는 오류, 편향, 리스크를 다층적으로 점검하는 구조다. 내부감사, 감사위원회, 사외이사 제도, 위험관리 시스템은 모두 프로세스 견제의 주요 도구다. 견제는 단순한 감시가 아니라 기업이 장기적으로 더 나은 의사결정을 내릴 수 있도록 돕는 안전한 울타리다.

분명한 사실은 투명성과 프로세스 견제가 조직의 신뢰를 구축하는 가장 강력한 기반이라는 점이다. 투명한 정보 공개는 이해관계자가 기업의 행동을 예측할 수 있게 하고, 예측 가능성은 신뢰의 핵심 요소가 된다. 투명성은 조직을 보호하는 방패이자 더 나은 미래를 만드는 정교한 나침반이다.

다양성이 바꾸는 이사회

이사회는 기업의 방향을 결정하는 최상위 의사결정 기관이지만, 오랫동안 동질적인 배경과 경험을 가진 인물들 중심으로 운영되어 왔다. 다양한 관점이 배제된 의사결정은 문제를 좁게 바라보게 만들고, 새로운 변화에 대한 감수성을 떨어뜨린다. 이사회 구성의 다양성은 단순한 형평성 문제가 아니라 기업의 생존 전략으로 떠오르고 있다.

다양성의 가치가 강화되는 이유는 이사회에 여성과 청년이 참여할 때 실제 의사결정의 질이 눈에 띄게 높아지기 때문이다. 여성은 공감과 윤리 감수성 측면에서, 청년은 기술 변화와 미래 트렌드 측면에서 조직에 새로운 시각을 제공한다.

결국 다양성은 기업이 새로운 시대의 불확실성에 대응하고 지속가능성을 확보하기 위한 필수 조건이며, '누가 의사결정 테이블에 앉는가'가 기업의 미래를 결정한다.

여성 이사: 공감·윤리·ESG 연계

여성 이사의 참여는 기업의 지배구조에서 단순한 구성 변화 이상의 의미를 갖는다. 여성 리더는 전통적으로 소외되었던 다양한 관점과 경험을 이사회로 가져오며, 기존의 관성적 의사결정 구조에 의미 있는 균열을 만든다. 특히 공감 능력, 윤리적 감수성, 장기적 관점 등은 ESG 시대의 핵심 가치와 자연스럽게 맞닿아 있다.

노르웨이는 2008년부터 상장기업 이사회에 최소 40% 이상의 여성 참여를 의무화했다. 제도 도입 이후 오히려 이사회 운영이 더 투명해지고 내부 견제 기능이 강화되었다는 연구 결과가 발표되었다. EY(Ernst & Young), 딜로이트 등 글로벌 회계법인의 분석에 따르면 여성 이사 비율이 높을수록 회계 부정 가능성이 낮고, ESG 평가 점수도 상승하는 경향이 있다. 여성의 참여는 조직 안정성과 신뢰를 높이는 실질적 자산이다.

여성 이사가 ESG와 자연스럽게 연결되는 이유는 공감 기반의 리더십 특성 때문이다. ESG 경영은 기업의 행동이 사회와 환경에 어떤 영향을 미치는지 세밀하게 살펴야 하는 영역이기 때문에 공감 능력을 갖춘 리더는 이러한 감수성을 의사결정 과정에 반영하는 데 효과적이다. 특히 여성 이사는 다양한 관계자가 느끼는 리스크를 더 빠르게 파악하고, 조직이 놓치고 있는 '약한 신호'를 발견하는 능력이 강하다.

윤리적 감수성 또한 여성 이사의 핵심 강점이다. 여성 이사가 참여한 이사회는 이해상충 상황이나 윤리적 논란에 대해 더 신중하게 토론하는 경향이 있으며, 불투명한 판단이나 무리한 확장 전략에 제동을 거는 역할을 한다. 윤리적 판단은 ESG의 G(지배구조)가 요구하는 핵심 요소이며, 여성 이사는 이러한 기준을 조직 문화로 정착시키는 촉진자 역할을 한다.

결국 여성 이사의 참여는 기업이 가져야 할 미래 지향적 지배구조의 핵심 요소로 자리 잡고 있다. 여성의 관점과 경험은 기업이 간과했던 중요한 리스크를 드러내고, 사회의 요구를 더 정확하게 반영하며, 책임 있는 의사결정 구조를 강화한다.

청년 이사: 미래 기술·혁신 감수성

청년 이사의 참여는 이사회가 미래를 읽는 감각을 확보하는 중요한 방식이다. 기술 변화가 하루가 다르게 일어나는 시대에는 오히려 세대적 다양성이 경쟁력이 된다. 청년은 디지털 환경에서 자연스럽게 사고하고, 변화에 빠르게 적응하며, 새로운 시장의 언어를 이해한다. 청년 이사는 미래 기술을 읽어내고 혁신 가능성을 탐지하는 조직의 '조기 경보 장치' 역할을 한다.

스웨덴의 스칸스카(Skanska, 글로벌 건설·부동산 개발 기업)는 '청년 자문위원회'를 이사회에 병행하여 20~30대 인재들이 디지털 전환 전략에 의견을 제시하도록 한다. 이들은 기존 경영진이 인식하지 못한 고객 경험의 변화, 신기술 확산 속도, 디지털 리스크 요인 등을 빠르게 제안했다. 이 조언은 실제로 기업의 전략 방향 수정과 신사업 검토에 활용되었고, 조직의 혁신 속도를 높이는 데 크게 기여했다.

청년 세대는 디지털 환경에서 태어나고 성장하면서 데이터 기반 사고, 사용자 경험 중심의 문제 해결 방식, 플랫폼 기반 경제의 구조 등을 체계적으로 이해하고 있다. 이러한 감각은 AI·메타버스·블록체인·바이오테크·기후기술 등 빠르게 변하는 산업에서 중요한 판단 기준을 제공한다.

특히 청년이 가진 '실험적 태도'는 기존의 안정성 중심 이사회가 갖기 어려운 창의적 발상을 가능하게 한다.

혁신 감수성 또한 청년 이사가 조직에 가져오는 중요한 가치다. 청년 세대는 불확실성을 두려움보다 탐색의 기회로 인식하는 경향이 있다. 이는 조직이 새로운 시장을 개척하거나 전통적인 방식에서 벗어나야 할 때 큰 힘이 된다. 청년의 관점은 관성적 의사결정을 흔들고, 새로운 전략적 시나리오를 가능하게 만든다.

결국 청년 이사는 조직이 미래를 읽는 감각을 보완하는 전략적 요소이며, 기술 변화가 빠른 시대에 이사회가 갖추어야 할 새로운 능력이다. 청년 이사에게 권한과 참여의 무대가 제대로 마련될 때 기업은 미래의 위협을 더 빠르게 감지하고 기회를 더 정확하게 잡을 수 있다.

다양성의 시너지: 질문 확장·집단사고 예방

조직이 변화하는 세계를 정확히 이해하고 대응하기 위해 필요한 것은 '다양한 관점의 결합'이다. 다양성은 조직 전체의 판단력을 높이고 전략적 선택의 질을 강화하는 핵심 요인이다. 서로 다른 시선은 질문의 범위를 확장하게 하고, 그 확장은 기존의 틀에서 보지 못했던 기회와 위협을 드러낸다.

하버드 비즈니스 리뷰 연구에 따르면, 이사회 구성에서 다양성이 높은 기업은 혁신 성과가 평균 20% 이상 높았다. 덴마크의 레고(LEGO)는 성별·국적·전문성 다양성을 적극적으로 반영한 이사회 운영을 통해 파산 위기에서 글로벌 브랜드로 재도약했다. 다양한 배경을 가진 이사들이 문제를 서로 다른 관점에서 분석하며 깊이 있게 탐구한 것이 전환점이 되었다.

질문 확장은 다양성이 지닌 가장 중요한 기능 중 하나다. 동일한 배경을 가진 사람들이 모이면 질문의 폭은 제한될 수밖에 없다. 반면 다양한 시각이 존재하면 의사결정 과정에서 "정말 그 일이 그렇게 진행될까?", "이 선택이 다른 이해관계자에게 어떤 영향을 줄까?", "혹시 더 나은 방안은 없을까?"와 같은 질문이 자연스럽게 제기된다. 이 질문들은 전략적 사고를 확장하는 촉진제가 된다.

다양성은 또한 집단사고를 예방하는 데 결정적 역할을 한다. 집단사고는 비판적 사고가 사라지고, 구성원들이 다수의 의견에 무비판적으로 동조할 때 발생하는 위험한 현상이다. 나사(NASA)의 챌린저호 폭발 사고나 수많은 기업의 실패 사례는 집단사고가 얼마나 조직 전체를 위험에 빠뜨릴 수 있는지 보여준다. 다양성은 이러한 단일 사고 흐름에 균열을 내고, 의사결정에 건강한 긴장감을 불어넣는다.

다양성의 효과를 극대화하기 위해서는 질문을 장려하는 문화와 갈등을 조정하는 시스템이 필요하다. 무엇보다 다양한 구성원이 각자의 의견을 자유롭게 표현할 수 있는 심리적 안전감이 확보되어야 한다. 심리적 안전감은 다양성이 갈등으로 끝날지, 창의성으로 확장될지를 결정하는 핵심 요소다.

결국 다양성의 진정한 시너지는 질문이 열리고, 비판적 사고가 살아 있으며, 서로 다른 관점이 충돌하고 조화를 이루는 과정에서 만들어진다. 다양성은 조직이 복잡한 시대에 생존하기 위한 전략적 도구다. 다양성을 통해 조직은 더 강해지고, 더 창의적이며, 더 지속 가능한 방향으로 나아갈 수 있다.

오늘부터 시작하는 변화

리더십 전환을 위한 실천 과제

리더십 전환을 위한 실천 과제

❶ 일상의 투명성 확보하기
- 주요 의사결정의 배경과 이유를 구성원과 공유하라.
- 월 1회 '오픈 세션'을 운영하여 경영 현황과 전략 방향을 투명하게 설명하라.
- 실적이 좋지 않을 때일수록 정보를 더 적극적으로 공개하라.

❷ 경청의 시간 만들기
- 매주 최소 1시간은 구성원의 의견을 듣는 시간으로 확보하라.
- 회의에서는 먼저 말하지 말고, 다른 사람의 의견을 끝까지 듣는 연습을 하라.
- "당신의 생각은 어떤가요?"라는 질문을 자주 하라.

❸ 윤리적 딜레마 공유하기
- 어려운 윤리적 선택의 순간을 구성원과 공유하라.
- "이런 상황에서 우리는 어떤 선택을 해야 할까?"라고 묻고 함께 기준을 만들어 가라.
- 실수를 솔직하게 인정하라.

❹ 권한 분산 실험하기
- 작은 프로젝트로부터 의사결정 권한을 팀에게 위임하라.
- 실패를 두려워하지 말고, 실험할 수 있는 환경을 조성하라.
- 크로스 펑셔널 팀을 구성하여 다양한 전문성이 결합되도록 하라.

❺ 다양성 확대 계획 세우기
- 이사회와 경영진 구성에서 여성, 청년, 다양한 배경을 가진 인재의 비율을 높이는 구체적 목표를 설정하라.
- 실질적 의사결정 과정에 참여할 수 있는 구조를 마련하라.

구성을 위한 실천 과제

❶ 적극적으로 의견 제시하기
- 회의나 논의에서 침묵하지 말고, 자신의 관점을 명확하게 표현하라.
- 특히 다수 의견과 다를 때 용기 있게 말하라.
- "이 부분은 다르게 볼 수도 있지 않을까요?"라는 질문으로 새로운 시각을 제시하라.

❷ 동료의 의견 경청하기
- 회의에서 다른 사람이 말할 때 끼어들지 말고 끝까지 듣는 연습을 하라.
- 상대의 의견에 먼저 공감을 표현한 후에 자신의 생각을 덧붙여라.

❸ 윤리적 문제 제기하기
- 조직 내에서 윤리적으로 문제가 있다고 느껴지는 상황이 있다면 내부고발 채널이나 상급자에게 용기 있게 제기하라.
- 침묵은 문제를 키운다. 작은 목소리가 조직을 바꿀 수 있다.

❹ 협력적 태도 유지하기
- 부서 이기주의를 버리고, 다른 팀과 협력하여 문제를 해결하는 방식을 찾아라.
- '우리 팀만' 잘하는 것이 아니라 '조직 전체'가 나아지는 방향을 생각하라.

❺ 다양성을 존중하고 포용하기
- 나이, 성별, 배경이 다른 동료의 의견을 존중하라.
- 특히 소수 의견이 묻히지 않도록 관심을 기울여라.
- 고정관념과 편견을 버리고, 사람의 역량과 잠재력으로 평가하라.

조직 차원의 실천 과제

❶ 정기적인 투명성 점검
- 분기마다 '투명성 점검회의'를 열어 정보 공개 수준, 의사결정 과정의 명확성을 평가하라.
- 내부 설문을 통해 구성원이 느끼는 조직의 투명성 수준을 측정하고 개선 과제를 도출하라.

❷ 윤리 시스템 강화
- 윤리헌장과 행동강령을 실제로 작동하는 기준으로 만들어라.
- 형식적 문서가 아니라 의사결정의 기준으로 활용하라.
- 내부고발 보호 프로그램을 강화하고, 제보자가 불이익을 받지 않도록 확실한 안전장치를 마련하라.

❸ 참여형 거버넌스 제도화
- 직원 대표가 이사회나 경영회의에 참여할 수 있는 제도를 도입하라.
- 제안 제도를 활성화하고, 좋은 아이디어는 반드시 실행으로 연결되도록 하라.

❹ 공감 능력 교육 프로그램
- 리더십 교육에 '공감 능력', '적극적 경청', '심리적 안전감' 등의 주제를 포함시켜라.
- 관리자 평가에 구성원의 참여도, 팀 내 신뢰 수준 등을 반영하라.

❺ 다양성 목표 설정 및 모니터링
- 여성 이사, 청년 이사 비율에 대한 구체적 목표를 설정하고, 연간 진행 상황을 공개하라.
- 다양성이 실질적 의사결정 과정에 기여하는지 정기적으로 평가하고 개선하라.

지금 당장 시작할 수 있는 3가지

오늘 회의에서

가장 조용한 사람에게 먼저 질문을 던지고, 그 의견을 진지하게 경청하라.

이번 주 안에

구성원이 궁금해하는 경영 정보, 의사결정 배경 중 하나를 선택해 솔직하게 설명하라.

다음 달 안에

리더가 혼자 결정하던 일 중 하나를 팀에게 맡기고 그 과정을 지켜보라.

"변화는 오늘, 당신에게서 시작된다."

CHAPTER **05**

조직을 사람답게, 리더는 인간답게

이각희

송현그룹 ㈜송현알앤디 총괄사장

㈜SH엔지니어링 대표이사

충남대학교 행정학 석사. 현재 국토개발사업(산업단지, 도시개발사업, 종합리조트개발, 골프장 등)과 관련된 환경, 교통, 재해영향평가를 비롯한 인허가, 설계 및 건설사업관리(감리)업무를 전문으로 하는 종합엔지니어링 회사의 CEO이다.

국민 교육 발전을 위한 활발한 지역사회 단체 활동 및 지역 인재 양성과 소외계층을 위해 기부천사 활동과 더불어 17년째 지속적으로 장학금을 기부 중이며, ESG(더 나은 미래를 향한 우리의 약속)의 이념에 부합하는 사회적 책임을 실천하고 있다.

상훈으로 충청북도 교육감, 충청북도 도지사, 여성가족부장관, 국무총리 표창이 있다.

조직을 사람답게

사람이 모이면 일이 되고, 마음이 모이면 길이 된다

조직의 시작은 언제나 '사람'이다. 그러나 조직이 성장할수록 사람은 체계 속에 묻히고, 시스템이 주인이 되기 쉽다. 목표를 향해 달리다 보면 구성원은 지표가 되고, 관계는 절차가 된다. 그러나 진정한 거버넌스는 제도나 규정이 아니라 사람의 의사를 투명하게 연결하는 구조다. 즉 사람이 중심이 되어야 그 제도가 큰 의미를 가진다.

"사람이 모이면 일이 된다."

이 말은 단순한 협력의 원리가 아니다. 그것은 거버넌스의 출발점이다.

여러 사람이 모여 공통의 목적을 공유할 때 일은 업무를 넘어 조직의 방향성을 결정하는 과정이 된다. 그러나 여기서 더 중요한 것은 '마음이 모이는 것'이다. 마음이 모이지 않으면 일은 유지되더라도 신뢰는 사라진다. 신뢰 없는 조직은 효율적으로 움직이는 것 같지만, 지속 가능하지 않다. 거버넌스의 본질은 의사결정의 투명성과 참여의 공정성에 있다. 그러나 그것이 작동하려면 제도보다 문화가 먼저다.

조직의 리더가 권한을 나누고, 구성원의 의견이 존중되는 구조가 만들어질 때 거버넌스는 살아난다. 이것이 바로 '사람 중심의 거버넌스'다. ESG의 G는 단순히 지배구조가 아니라 '참여구조'로 해석되어야 한다. 구성원 각자가 책임 있는 의사결정의 주체로 서는 순간, 조직은 스스로 방향을 찾아간다.

예를 들어 어떤 공공기관이 ESG위원회를 운영한다고 하자. 형식적으로는 외부위원도 참여하고, 보고 체계도 훌륭하게 존재한다고 했을 때, 중요하게 진행해야 할 실제 회의가 상명하복식으로 돌아가고, 구성원의 의견이 반영되지 않는다면 그것은 진정한 거버넌스가 아니다. 시스템이 아무리 정교해도 '사람의 의지'가 반영되지 않으면 그 조직은 투명하지 않다.

거버넌스는 문서로 존재하는 것이 아니라 일상의 결정 속에 살아 있어야 한다. 조직에서 마음이 모인다는 것은 곧 '의사결정의 신뢰'가 확보된다는 의미다. 누가 결정을 내리든 그 과정이 공정하고 투명하다는 확신이 있다면, 구성원은 설령 그 결과가 불리하더라도 납득한다. 이것이 거버넌스의 가장 강력한 힘이다. 결과의 정당성보다 '과정의 신뢰성'을 중시하는 문화, 그것이 ESG가 지향하는 인간다운 조직의 모습이다.

또한 마음이 모인 조직은 위기에 강하다. 갈등이 생겨도 누가 옳은가보다 '무엇이 옳은가'를 중심으로 논의한다. 그 중심에는 윤리적 리더십이 있다. 리더는 모든 결정을 혼자 내리는 사람이 아니라 결정이 신뢰받을 수 있는 구조를 만드는 사람이다. 이를 위해 리더는 감정의 중심을 잡고, 정보의 비대칭을 줄이며, 구성원에게 '결정의 맥락'을 공유해야 한다. 이것이 ESG 거버넌스가 말하는 '투명한 인간 중심의 경영'이다.

사람이 모이면 일이 된다. 그러나 마음이 모여야 그 일이 '길'이 된다. 그 길은 단순히 매출이나 실적의 길이 아니라 신뢰와 존중이 축적되는 길이다. 조직이 지속 가능하다는 것은 결국 제도가 아니라 관계의 품질에 달려 있다. 그리고 그 관계의 품질을 설계하는 것이 바로 거버넌스다.

서로 다른 마음을 잇는 건 대화다

조직에서 가장 어려운 일은 일의 완성이 아니라 사람 사이의 마음을 다루는 것이다. 사람이 모인다는 것은 생각이 다르고, 이해의 폭과 속도가 다르며, 바라보는 방향이 다르다는 뜻이다. 이 다름은 때로 조직의 가능성이 되지만, 다루지 못하면 곧 갈등이 된다.

결국 조직이 유지되는 힘은 규칙이 아니라 관계이며, 그 관계를 이어주는 것이 바로 대화다. 대화는 단순히 말을 주고받는 것이 아니다. 그것은 마음과 마음 사이의 온도를 맞추는 일이며, 서로를 이해하기 위한 통로다.

리더가 말을 많이 할수록 구성원의 목소리는 작아진다. 대화가 살아 있는 조직은 말하는 조직이 아니라 듣는 조직이다. 듣는다는 것은 단순히 소리를 듣는 것이 아니라 그 말 뒤에 숨은 감정과 흐름, 즉 관계를 함께 읽는 일이다.

그런 리더 밑에서는 사람의 생각이 모이고, 마음이 움직인다. 조직은 흔히 보고로 돌아간다. 보고는 일을 정리하지만, 대화는 관계를 만든다.

보고는 일의 끝을 의미하지만, 대화는 다음을 여는 시작이다. 보고가 정확함을 강조한다면 대화는 진심을 전제로 한다.

조직이 무너질 때 가장 먼저 사라지는 것은 신뢰가 아니라 대화다. 말이 줄어들면 마음이 멀어지며, 마음이 멀어지면 조직은 멈춘다. 진정한 거버넌스는 제도나 규정이 아니라 대화의 구조에서 비롯된다. 누구나 두려움 없이 의견을 내고, 그 말이 존중받으며, 그 말이 다시 의사결정 일부가 되는 과정, 바로 그 과정이 작동할 때 조직은 투명해지고, 구성원은 신뢰를 느낀다. 투명성은 시스템이 아니라 관계의 산물이다.

리더는 말보다 귀로 조직을 이끈다. 두려움으로 세워진 질서는 오래가지 못하고, 침묵으로 유지되는 조직은 결국 스스로 무너진다. 사람은 명령으로 움직이지 않고, 이해로 움직인다. 서로의 다른 생각을 인정하고, 불편함을 견디며, 끝까지 대화하려는 노력 속에서 조직은 깊어진다.

거버넌스란 결국 '말의 질서'를 세우는 일이다. 결론이 달라도 상대의 의도를 이해하려는 마음, 그 마음이 쌓일 때 조직은 사람답게 움직인다. 서로 다른 마음을 잇는 건 대화다. 대화가 끊긴 조직은 벽이 되고, 대화가 흐르는 조직은 다리가 된다. 그 다리를 놓는 사람, 바로 리더다. 리더의 말이 아닌 귀가 조직을 사람답게 만든다.

조직은 규칙으로 굴러가지만 정으로 버틴다

조직을 이끌다 보면 규칙이 모든 걸 해결해 줄 것 같은 순간이 있다. 규칙은 질서를 세우고, 책임의 경계를 분명히 한다. 누가 옳은지, 무엇이 맞는지 판단할 때 꼭 필요하다. 하지만 시간이 지나면서 깨닫게 된다. 규칙이 조직을 굴리는 힘은 될 수 있어도 버티게 만드는 힘은 되지 못한다는 것을.

조직을 오래 지켜보면 결국 사람 사이의 관계가 남는다는 것을 알 수 있다. 그 관계를 잇는 건 계약이 아니라 마음이고, 그 마음이 쌓여 신뢰가 된다. 규칙은 일이 멈추지 않게 만드는 장치이지만, 정은 사람이 떠나지 않게 만드는 이유다.

신뢰와 관련된 이런 일이 있었다. 회사 내에서 있었던 일로 업무 지연으로 인한 책임 공방이 벌어졌고, 규칙대로라면 분명 누군가가 매뉴얼에 의한 징계를 받아야 하는 상황이었다. 그 일을 주도했던 직원은 누구보다 책임감 있게 움직였던 사람이었는데, 그는 상황을 감당하지 못하고 며칠을 고민하며 힘들어하는 모습이 역력했다. 나는 매뉴얼에 의한 징계 실행을 잠시 보류하고 그의 마음을 먼저 헤아린 후에 즉시 징계를 실행하지 않고 좀 더 직원의 입장으로 여러 갈래에서 꼼꼼히 살펴보았다. 그리고 조직에서 문제를 충분히 해결할 수 있다는 확신을 갖고 상호 간의 양보와 배려를 통해 마무리를 깔끔하게 할 수 있었다. 그 유연한 결정이 조직의 신뢰를 한층 높이게 되었다.

물론 규칙을 세우는 것은 리더의 역할이지만, 규칙을 유연하게 다루는 것도 리더의 책임이다. 리더는 냉정해야 한다. 하지만 냉정함이 사람을 무너뜨리면 그것은 리더십이 아니다.

규칙은 조직의 방향을 잡아주지만, 사람의 온도는 정이 지켜준다. 정은 감정이 아니라 태도다. 서로의 사정을 헤아리고 한 걸음 물러나 이해하려는 마음, 그 마음이 모일 때 조직은 서로를 믿기 시작한다. 정이 없는 조직은 빠르게 움직이지만 오래 버티지 못한다. 정이 있는 조직은 느릴 수는 있어도 단단하다.

정은 위기를 견디는 힘이다. 위기 속에서 사람을 지키는 조직만이 다시 일어선다. 나는 그 사실을 여러 번 보았다. 결국 위기 후에 남는 것은 실적이 아니라 함께 버텨준 사람들의 얼굴이었다. 규칙이 조직의 구조를 만들고, 정은 조직의 문화를 만든다.

구조는 설계로 가능하지만, 문화는 마음으로만 세워진다. 리더가 규칙만 말하면 구성원은 움직이지만, 리더가 상대방을 인정하고 따뜻한 마음을 보이면 구성원은 따라온다. 결국 조직을 움직이는 건 명령이 아니라 신뢰다. 나는 늘 이렇게 말한다.

"조직은 규칙으로 굴러가지만 정으로 버틴다."

규칙은 일의 기준이고, 정은 사람의 기준이다. 규칙이 사람을 잡으면 일은 돌아간다. 하지만 정이 사람을 붙잡을 때 조직은 살아남는다.

버틴다는 것은 단순히 생존하는 것이 아니라 사람이 사람을 지켜주는 일이다. 그 힘이 조직의 품격을 만든다고 나는 믿는다.

나는 어떤 옷을 입고 있을까?

사업가(본부장, 부서장)

각종 경험과 번뜩이는 아이디어를 제공하여 조직의 이익을 만들어내고, 손해를 이익으로 전환시키며, 조직원(구성원)들이 힘들어하는 것을 쉽게 할 수 있게 과정을 만들어주고 조직을 안정화시키면서 최소의 비용으로 최대의 효과를 만들어내는 사람

기업가

새로운 아이템과 먹거리를 생각하고 현실화시켜 회사의 미래를 개척하고, 현명한 투자를 통해 새로운 것들을 만들어내며, 내부로는 조직원들의 안전과 보호, 보장을 하고, 외부로는 주변, 즉 사회와 국가에 친화적으로 참여하며, 사회적 책임을 다하는 사람

늘 겸손함 속에 상호 존중과 존경을 바탕으로 이에 맞는 옷을 입자!

리더는 인간답게

앞에서 끌기보다 옆에서 함께 걷는다

처음 리더가 되면서 나는 앞에서 끌어야 한다고 늘 믿어왔다. 리더는 방향을 제시하고, 다른 사람보다 먼저 길을 열어야 한다고 생각했다. 속도와 목표를 책임지는 사람, 조직의 중심에서 이끄는 사람이 되어야 한다고 배웠다. 하지만 시간이 지나면서 깨달았다. 사람은 끌려오는 존재가 아니라 스스로 걸을 때 가장 멀리 간다는 사실을. 리더십은 단순히 앞에 서는 위치가 아니라 '함께 서는 거리'로 완성된다.

조직이 성장할수록 리더는 통제의 언어보다 신뢰의 언어를 배워야 한다. 앞에서 명령하는 리더는 조직을 움직이지만, 옆에서 함께 걷는 리더는 조직을 성장시킨다. 이 차이는 아주 작지만, 결과는 전혀 다르다. 하나는 성과를 남기고, 다른 하나는 사람을 남긴다.

'앞에서 이끈다'라는 리더십은 효율적이다. 결정을 빠르게 내릴 수 있고, 실행은 단순하다. 하지만 그 방식은 사람의 자율을 줄인다. 리더가 모든 판단을 대신하면 구성원은 따르되 생각하지 않는다. 조직의 활력이 떨어지는 이유는 게으름이 아니라 '참여할 기회가 없기 때문'이다. 리더가 옆으로 한 걸음 비켜설 때 사람들은 비로소 자신의 길을 걷기 시작한다는 것을 경험으로 배웠다.

- **리더가 앞에 있을 때 사람들은 '따른다.'**
- **리더가 옆에 있을 때 사람들은 '함께한다.'**
- **그리고 리더가 뒤에 있을 때 사람들은 '스스로 선다.'**

조직이 성숙해질수록 리더의 자리는 뒤로 이동해야 한다. 그것이 통제의 리더십에서 신뢰의 리더십으로 옮겨 가는 과정이다. 함께 걷는 리더는 말을 줄이는 대신 "지금 어디쯤인가요?"라고 묻는다. 그 질문이 대화의 시작이고, 그 대화 속에서 방향이 다시 정리된다.

옆에서 걷는 리더는 사람의 속도를 조율하고, 속도보다 호흡을 본다. 빠름이 능력이 아니라 함께 가는 리듬이 중요하다는 것을 안다. 리더십은 결국 시선의 문제다. 앞에 서 있으면 사람의 얼굴이 보이지 않는다. 옆에 서야 눈빛이 마주친다. 함께 걸을 때야 비로소 그 길이 어디로 향해야 하는지 감이 잡힌다.

리더가 혼자 앞서가면 조직은 방향을 잃고, 리더가 옆에서 걸으면 조직은 의미를 얻는다. 나는 이제 리더를 이끄는 사람이라 부르지 않는다. 리더는 '함께 걸으며 방향을 잃지 않게 해주는 사람'이다. 리더의 자리는 언제나 앞이 아니라 옆이다. 그 옆에서 들리는 숨소리, 걸음의 속도, 말하지 않아도 느껴지는 마음, 그것이 조직을 단단하게 만든다.

앞에서 끄는 리더는 길을 만든다. 그러나 옆에서 걷는 리더는 사람을 만든다. 길은 사라져도 사람은 남는다. 나는 옆에서 걷는 리더가 사람을 만드는 것임을 잊지 않으려고 늘 되뇌인다.

리더의 말보다 행동이 신뢰를 만든다

조직에서 리더의 말은 종종 방향을 제시한다. 그러나 방향을 진짜로 움직이는 것은 말이 아니라 행동이다. 말은 그때뿐으로 멈추고 사라지지만, 행동은 마음을 움직인다. 사람들은 리더의 목소리를 듣지만, 결국 그가 어떻게 행동하는지를 더 오래 기억한다. 말은 하루 만에 사라질 수 있지만, 행동은 오랜 시간 마음속에 남는다. 리더의 한 걸음, 결정 그리고 태도가 조직의 문화를 만들어간다.

리더의 신뢰는 약속을 지키는 단순한 습관에서 시작된다. 작은 약속 하나를 지키는 모습, 말하지 않아도 행동으로 책임을 감당하는 자세, 그 모든 것이 신뢰를 쌓아 올린다. 구성원은 그런 모습을 보며 마음속으로 "이 사람은 믿을 수 있다"라고 다짐한다. 그 다짐이 쌓여 조직의 공기가 바뀌고, 신뢰의 질서가 만들어진다. 신뢰는 소리 없이 생기지만 한 번 만들어지면 오래 버틴다.

어느 회의 자리에서 한 리더가 조용히 "제가 먼저 하겠습니다"라고 말했다. 그 말은 크지 않았지만, 그 자리에 있던 사람들은 그 목소리 뒤에 담긴 무게를 느꼈다. 그는 말보다 먼저 움직였고, 결과보다 과정을 선택했다. 구성원들은 그 행동에서 책임의 진심을 읽었다. 리더십은 결국 '행동의 언어'로 번역될 때 가장 강력해진다.

리더의 행동이 흔들리지 않으면 조직은 혼란 속에서도 중심을 잡는다. 위기 상황일수록 리더는 말을 줄이고 행동이 앞서야 한다. 혼란스러운 순간 리더가 흔들리지 않는 눈빛으로 사람들을 바라보면 그 시선만으로도 조직은 안심한다.

신뢰는 화려한 연설로 쌓이지 않는다. 침묵 속에서도 꾸준히 같은 자리를 지키는 리더의 태도에서 생겨난다.

사람들은 리더의 말은 잊어도 그가 어떤 행동을 했는지는 기억한다. 결정적인 순간에 그가 보여준 선택, 감정이 흔들리는 자리에서의 절제, 결과보다 사람을 먼저 생각했던 판단이 사람들의 마음속에 오래 남는다. 그것은 시간이 지나 조직의 기준이 되고, 그 기준은 다음 세대의 리더들에게 이어진다.

한 조직의 신뢰는 매뉴얼로 세워지지 않는다. 리더가 매일 보여주는 작은 행동, 구성원과의 약속, 실패 앞에서도 책임을 회피하지 않는 태도, 그 모든 것이 신뢰의 재료다. 말보다 행동이 먼저 움직이는 리더는 조직 안의 공기를 다르게 만든다. 그 공기는 따뜻하고, 사람들은 그 안에서 안정감을 느낀다.

말은 빠르게 전파되지만, 행동은 깊이 스며든다. 말이 사람을 모을 수는 있지만, 행동이 사람을 붙잡는다. 그래서 비록 신뢰는 느리지만 단단하게 자란다. 리더의 말이 조직을 움직인다면, 리더의 행동은 그 조직을 지탱하게 한다. 조직 구성원은 리더의 말을 따라가지만, 결국 그 행동을 믿고 따른다.

리더십은 완벽함에서 비롯되지 않는다. 오히려 실수를 인정하고, 부족함을 보이되 책임을 피하지 않는 진솔함에서 시작된다. 그런 리더 밑에서는 구성원이 안심하고 도전할 수 있다. 완벽한 리더가 아니라 함께 걸어가는 리더가 있을 때 조직은 살아 움직인다.

신뢰는 말의 끝이 아니라 행동의 연속에서 만들어진다. 리더가 자신이 한 말을 잊지 않고 그것을 실제로 행동으로 이어 갈 때 사람들은 그 행동 속에서 믿음을 배운다. 말보다 행동이 신뢰를 만든다는 것은 단순한 윤리의 문제가 아니다. 그것은 조직이 인간답게 존재하기 위한 가장 기본적인 약속이다.

사람을 남기는 리더, 겸손으로 스며드는 사람이다

리더는 흔히 무엇을 남기느냐로 평가받는다. 성과, 숫자, 시스템, 매뉴얼 그리고 이름. 하지만 시간이 흐를수록 나는 그보다 더 중요한 것을 생각하게 된다. '사람을 남기는 리더'가 되는 일이다. 조직은 결국 사람이 떠난 자리에 무엇이 남느냐로 증명된다.

좋은 리더는 결과를 남기고, 훌륭한 리더는 문화를 남기며, 진짜 리더는 사람을 남긴다. 이는 단순히 인재를 키우는 것뿐 아니라 그 사람의 마음속에 '함께 일했던 기억'을 남기는 일이다. 그 기억 속에서 리더의 태도, 말, 시선이 여전히 함께 숨을 쉬며 같이 있는 것, 그것이 리더십의 완성이었다.

어떤 리더는 떠나고 나면 조직이 공허해진다. 그는 강했지만 흔적이 남지 않는다. 그러나 어떤 리더는 떠난 뒤에도 여전히 사람들의 대화 속에 남아 있다. 그는 크지 않았지만 깊었다. 겸손은 바로 그런 리더를 만든다.

겸손한 리더는 말로만 자신을 낮추지 않는다. 대신 자리를 비워준다. 결정의 순간 스포트라이트가 자신에게 쏠릴 때 그는 한 발 뒤로 물러서서 구성원의 이름을 내세운다.

"이건 그가 혹은 그 구성원들이, 조직원들이 해낸 일입니다."

이러한 겸손하고 넉넉한 말이 조직과 구성원을 일으켜 세운다.

리더가 자리를 내어줄 때 사람은 자신의 책임과 자부심을 함께 느낀다. 그 경험이 쌓이면 조직은 스스로 굴러가기 시작한다. 겸손은 단순한 성품이 아니라 '조직이 성장할 수 있는 공간을 만들어주는 리더의 지혜'다.

겸손한 리더는 듣는 데 오래 머문다. 듣는다는 건 말하지 않는 것이 아니라 상대가 스스로 생각할 시간을 주는 일이다. 그 침묵이 사람을 자라게 한다.

리더가 모든 대답을 알고 있으면 구성원은 질문하지 않는다. 하지만 리더가 질문을 남기면, 구성원은 스스로 답을 찾아간다. 겸손은 바로 그 여백의 리더십이다.

나는 겸손함이 얼마나 큰 힘을 발휘하는지 경험으로 알게 되었다. 사람을 남기는 리더는 빠르게 기억되지 않는다. 그는 조용히 일하고, 자신의 공을 말하지 않는다. 하지만 시간이 흘러 어려운 순간이 찾아오면 사람들은 문득 그 리더의 "그때 그분이라면 이렇게 했을 것이다"라는 말을 떠올린다. 이 한 문장, 그 생각 하나가 조직을 다시 일어서게 한다.

겸손으로 스며든 리더는 존경이 아니라 신뢰로 기억된다. 리더의 존재는 흔적보다 영향으로 남는다. 리더가 남긴 사고방식은 자연스럽게 조직과 구성원들에게 스며들게 되며, 그 영향은 숫자나 제도로 측정되지 않는다.

사람을 남긴다는 건 리더 자신을 남기는 일과 같다. 리더가 자신의 이름을 지우고 다른 사람의 이름을 남길 때, 그 이름이 결국 리더의 진짜 유산이 된다.

나는 리더십을 이렇게 정의하고 싶다.

"리더란 자신의 자리를 높이는 사람이 아니라 다른 사람의 자리를 만들어주는 사람이다."

그 자리를 만들어줄 때 비로소 리더는 조직 속에 스며든다.

겸손은 사라지는 것이 아니라 사람 속에 스며드는 방식이다. 그렇게 스며든 리더는 떠나도 남는다. 결국 조직을 오래 지탱하는 건 권한이 아니라 조직원들에게 스며든 조용한 기억이고, 그 기억은 언제나 '사람'으로 남는다.

조직원(구성원)들이 사용하지 않고 있는
우수한 능력을 어떻게 해주면
부서와 회사 조직에 자연스럽게
쓰게 할 수 있을까?

투명경영의 길

공정함은 누가 보지 않아도 지켜야 할 약속이다

공정함은 타인에게 보여주기 위한 덕목이 아니다. 그건 결국 스스로와의 약속이다. 누군가가 지켜볼 때만 원칙을 지키는 것은 공정이 아니라 연기다. 진짜 공정함은 아무도 보지 않을 때조차 기준을 무너뜨리지 않는 태도에서 시작된다.

리더로 살다 보면 유혹이 많다. 성과가 급한 시기에는 결과가 과정을 덮어버리기도 하고, 누군가의 충성심이 실력보다 앞서 평가되기도 한다. 그럴 때마다 나는 스스로에게 묻는다.

"이 결정이 과연 모두에게 같은 기회를 주고 있는가?"

공정은 매 순간 자신이 세워둔 기준, 즉 몸에 배어 있는 습관으로 지켜지는 것이다. 나는 공정을 결과의 균형이 아니라 '기회의 균형'이라 믿는다. 모든 사람이 같은 출발선에 설 수 있도록 돕는 것이 진정한 리더의 역할이다.

성과는 개인의 몫이지만, 그 성과를 만들어낼 기회는 시스템이 만들어야 한다. 리더가 사람마다 다르게 기회를 주면, 조직은 조용히 균열이 생기고 신뢰는 금이 간다. 결국 공정은 누가 더 뛰어났는가의 문제가 아니라 모두가 납득할 수 있는 '기회의 조건'을 만드는 일이다.

공정은 제도나 절차만으로 완성되지 않는다. 리더의 사소한 시선과 말투 그리고 하나에도 공정의 결이 담긴다. 사람은 말보다 태도를 먼저 읽는다. 리더가 편애를 보이면 조직은 금세 눈치를 배우고, 그 눈치가 조직의 공기를 탁하게 만든다. 공기가 탁하면 아무리 훌륭한 제도도 작동하지 않는다.

리더의 공정은 정책이 아니라 분위기다. 그 분위기가 투명할 때 조직은 스스로 기준을 세운다. 가장 지키기 어려운 공정은 감정 앞에서 흔들리지 않는 일이다. 누군가 마음에 들어도, 또 누군가 미덥지 않아도 리더는 자신의 기준을 감정보다 앞세워야 한다.

감정이 판단을 앞서면 공정은 금세 무너진다. 나는 여러 번 그 경계를 넘을 뻔했다. 하지만 그때마다 한 가지 생각으로 멈췄다. "누군가 내 결정을 지켜보고 있다면 부끄럽지 않을 수 있을까?"라는 질문이 나를 붙잡았다.

공정함은 남들에게 인정받기 위한 미덕이 아니라 리더가 자신에게 묶어두는 윤리다. 누가 보든, 보지 않든 같은 결정을 내릴 수 있어야 한다. 그런 리더 밑에서는 사람들은 안심한다.

공정은 사람에게 '안전감'을 주고, 그 안전감이 조직의 도덕적 기준을 세운다. 나는 이제 공정을 이렇게 정의하고 싶다.

"공정이란 누가 보지 않아도 같은 선택을 할 수 있는 힘이다."

그 힘이 있을 때 리더는 흔들리지 않고, 그 리더 아래에서 사람은 두려워하지 않는다. 그 믿음이 쌓일 때 조직은 조용히 신뢰를 세워 간다.

서류보다 신뢰가 중요하다

기업을 운영하다 보면 수많은 문서가 쌓인다. 보고서, 계약서, 증빙자료, 확인서 등 이 모든 것이 필요하다. 하지만 시간이 지나면서 깨닫게 된다. 서류가 조직을 지켜주는 것은 잠시일 뿐, 결국 회사를 버티게 하는 건 사람 사이의 신뢰라는 사실을. 서류는 관계를 증명하기 위해 만들어지지만, 신뢰는 증명하지 않아도 느껴지는 것이다.

리더는 종종 "모든 걸 기록으로 남겨야 한다"라는 강박관념에 사로잡힌다. 물론 투명성은 기업 운영을 위해 매우 중요하다. 그러나 진정한 투명함은 문서가 아니라 마음의 명료함에서 비롯된다. 서류는 절차를 보호하지만, 신뢰는 사람을 보호한다. 문서는 진실을 담을 수 있지만, 진심은 담지 못한다.

나는 서류보다 신뢰를 믿기로 했다. 한 직원이 실수했을 때 그를 추궁하기보다 "다음엔 어떻게 하면 좋을까?"라고 물었다. 책상 위 액자에 직원들과 대화를 하기 위한 나 자신과의 약속을 넣어 두고 매번 읽고 또 읽는다. 그 한마디에 직원은 방어를 풀고 책임을 자발적으로 받아들였다. 그 때 느꼈다.

"신뢰는 통제보다 강하고, 문서보다 오래간다."

서류는 책임을 남기지만, 신뢰는 관계를 남긴다. 그 관계가 조직의 복원력을 만든다. 물론 신뢰는 제도보다 불안정해 보인다. 눈에 보이지 않고, 수치로도 관리되지 않는다. 서류는 순간을 묶지만, 신뢰는 시간을 잇는다. 신뢰가 쌓인 조직은 절차가 단순해지고, 감독보다 자율이 작동한다. 서류의 수가 줄어드는 만큼 사람의 말이 무게를 얻는다.

나는 회사를 경영하면서 "문서로 확인하는 일보다 먼저 사람의 말을 믿는 일에 더 치중을 해보자"라는 원칙을 우선으로 해왔다. 그렇게 믿음을 주면 언젠가는 그 믿음이 되돌아온다.

신뢰는 언제나 순환한다. 리더가 먼저 신뢰하면 구성원은 그 신뢰를 자신 안에 새긴다. 그 신뢰가 조직의 문화가 될 때 그 회사는 관리가 아니라 신념, 즉 모두가 주인으로서의 모습이 되어 운영된다.

"서류는 법을 지켜주지만, 신뢰는 사람을 지켜준다."

법이 회사를 유지시킨다면, 신뢰는 회사를 존속시킨다. 두려움으로 세운 절차는 언젠가 사람을 지치게 하지만, 신뢰로 세운 관계는 시간이 갈수록 단단해진다.

나는 여전히 각종 증빙자료를 첨부한 보고서를 받지만, 그보다 더 소중히 여기는 건 그 보고서를 쓴 사람의 눈빛이다. 그 눈빛 속에서 나는 책임,

성실 그리고 마음의 방향을 읽는다.

신뢰는 사인보다 깊고, 계약보다 오래간다. 리더는 서류를 정리하는 사람이 아니라 신뢰를 설계하는 사람이다.

AI 시대의 경영은 결국 인성이다

요즘 회의실의 대화 절반은 기술 이야기다. AI, 자동화, 효율, 알고리즘 등 그 단어들은 더 빠르고, 더 정확하고, 더 저렴하게 일하는 방법을 연구하고 찾으려 한다. 하지만 그 대화가 길어질수록 나는 오히려 한 가지를 더 확신하게 된다. 바로 경영의 본질은 여전히 '사람'에 있다는 것이다.

AI가 오류를 수정하듯, 사람은 실수를 통해 성장한다. 그러나 AI는 '의도'가 없고, '양심'도 없다. AI는 정직하지도, 불성실하지도 않다. 그저 입력된 대로 작동할 뿐이다. 그렇기 때문에 AI 시대의 리더십은 기술이 아니라 인성의 품격으로 구별된다. 모두가 AI의 기술을 활용한 동일한 자료를 생성할 때 최종 선택을 받는 것은 결국 인성으로 결론난다.

나는 경영을 하며 기술이 얼마나 유용한지 잘 안다. 문서를 자동으로 정리하고, 데이터를 분석하며, 보고서를 단숨에 만드는 도구들이 얼마나 효율적인지도 안다. 그러나 사람의 마음은 그런 방식으로 다뤄지지 않는다. 동료의 신뢰, 고객의 신뢰, 사회의 선택에 관한 신뢰는 여전히 사람의 태도, 즉 인성으로 만들어진다.

AI는 판단을 돕지만, 결정을 내리는 건 여전히 사람이다. 그 결정에는 윤리와 책임이 따른다. 리더가 인공지능의 판단을 맹신하기 시작하면 조직은 '정확성'은 얻되 '방향성'을 잃는다.

리더는 기술을 다루는 사람이 아니라 기술의 한계를 인식할 줄 아는 사람이어야 한다. 그 한계를 알고 나서야 비로소 기술이 사람을 위한 도구가 된다.

AI 시대의 경영은 결국 무엇을 만들 것인가보다 '어떻게 존재할 것인가'의 문제로 귀결된다. 사람을 잃은 효율은 결국 무의미하다. 정직, 신뢰, 공정이 모든 단어가 여전히 중요한 이유는 기술이 그 단어들을 대신할 수 없기 때문이다. AI가 숫자를 예측할 수는 있어도 사람의 진심은 계산할 수 없다. 그래서 리더는 기술보다 인간을, 속도보다 품격을, 성과보다 사람의 마음을 먼저 얻어야 한다.

나는 종종 젊은 직원들에게 이렇게 말한다.

"기술은 여러분의 손과 발, 시간을 절약하는 것을 돕겠지만, 마음은 결국 여러분이 책임져야 합니다."

그 마음이 바로 인성이다. 인성이 무너지면 신뢰가 무너지고, 신뢰가 무너지면 조직은 방향을 잃는다. AI가 아무리 똑똑해져도 결국 회사를 지탱하는 건 사람의 품격이다.

AI 시대에 있어서 경영은 가장 중요한 부분이며, 그 중심에는 리더의 인성이 있고, 그 리더의 인성이 조직의 미래를 결정한다. 기술은 회사를 키울 수 있지만 인성만이 그 회사를 우러러보게 만든다.

기술이 회사를 성장시킬 수는 있다. 그러나 회사를 존경받게 만드는 것은 사람의 품격이다. AI가 시대의 흐름은 바꾸겠지만 리더의 마음과 본질적인 세상을 움질일 수는 없다.

결국 AI 시대의 리더십은 역설적이게도 '가장 인간적인 것'으로 회귀한다. 기술이 발전할수록 사람다움의 가치는 더욱 선명해진다. 정직은 알고리즘으로 코딩할 수 없고, 신뢰는 데이터로 측정할 수 없으며, 공정은 프로그램으로 자동화할 수 없다. 이 모든 것은 리더의 선택이고, 그 선택의 연속이 조직의 문화가 된다.

나는 매일 아침 사무실에 들어서며 스스로에게 묻는다.

"오늘 나는 어떤 리더로 기억될 것인가?"

기술은 회사의 성과를 만들지만, 리더의 인성은 회사의 품격을 만든다. 그리고 그 품격이 결국 지속가능한 성장의 토대가 된다.

AI가 모든 것을 계산해내는 시대일수록 계산할 수 없는 가치, 즉 사람에 대한 진심이 더욱 빛을 발한다. 기술은 도구일 뿐, 그 도구를 어떻게 쓸 것인가는 결국 리더의 마음에 달려 있다.

지속 가능한 인간경영

기계는 일을 대신할 수 있어도 마음을 대신하지 못한다

기술의 발전은 시간이 지날수록 언제나 인간의 한계를 넘어서는 방향으로 나아간다. AI는 더 빠르고, 더 정확하고, 더 많은 데이터를 한순간에 처리한다. 로봇은 밤새 멈추지 않고 일하고, 시스템은 실수를 정리해주며, 그 완벽함을 바라보며 우리는 안도감을 느낀다.

하지만 동시에 마음 한편에서는 묘한 불안이 피어난다. "이제 사람의 자리는 어디에 있을까?"라는 질문은 요즘 대부분 리더가 피할 수 없는 근본적 고민이다. 현장에서 일하는 사람으로서 나는 그 답을 이미 여러 번 보았다. 기계가 아무리 정교해져도 사람의 '마음'이 빠진 조직은 단 한 발짝도 나아가지 못한다.

- 기계는 일을 대신할 수 있지만, 마음을 대신하지 못한다.

• 기계는 논리를 이해하지만, 이유를 이해하지 못한다.

• 기계는 계산할 수 있지만, 맥락을 해석하지 못한다.

결국 조직을 움직이는 것은 데이터가 아니라 의지이며, 회사를 살아 있게 만드는 것은 시스템이 아니라 사람의 온기다. 모든 보고서가 자동화되고, 모든 판단이 시스템을 통해 이루어지면 사람들은 더 이상 '생각할 이유'를 잃는다.

AI가 오류를 잡아내도 그 안에 깃든 '의미'까지는 보지 못한다. 업무는 돌아가는데 표정이 사라지고, 성과는 올라가는데 대화가 줄어든다. 기계가 완벽해질수록 조직의 공기가 식어 간다.

나는 그런 변화를 가까이서 경험했다. 몇 해 전 우리 회사는 새로운 자동화 시스템을 도입했다. 보고서 작성부터 결재, 사후관리까지 모든 것이 효율적으로 돌아갔다. 하지만 일의 성과는 오르고 있었지만, 기계가 사람 대신 일하는 동안 사람의 존재감은 줄어들고 있었다. 그때 나는 확실히 깨달았다. 조직의 성장은 기술로 가능하지만, 조직의 지속성은 마음으로만 가능하다는 것을.

기계는 실수를 '수정'하지만, 사람은 '이해'를 통해 변한다는 것을 알게 되었고, 조직은 결국 '이해받은 경험'을 자산으로 쌓는다. AI는 점점 더 똑똑해지고, 데이터는 끝없이 쌓인다. 그러나 회사의 성패를 가르는 것은 여전히 사람이다.

기계는 일을 '처리'하지만, 사람은 일을 '이해'한다. 기계는 명령을 수행하지만, 사람은 의미를 찾아 움직인다. 그 차이를 슬기롭고 유연하게 해결하는 것이 바로 회사의 경쟁력이고 조직의 품격이다.

- 기계는 속도를 높이지만, 사람은 방향을 잡는다.
- 기계는 정확하지만, 사람은 감성으로 유연하다.
- 기계는 효율을 만들지만, 사람은 관계를 만든다.

회사는 이러한 관계 위에 세워진 공동체다. 기술로 움직일 수는 있어도 마음으로 이어지지 않으면 오래가지 못한다. 기계가 업무를 대신하는 시대일수록 리더는 사람의 감정과 관계 온도를 더 세밀하게 살펴야 한다.

나는 가끔 회의실에서 이런 장면을 본다. AI가 실시간으로 데이터를 보여주고, 보고서는 자동으로 정리된다. 그런데 정작 사람들의 눈빛은 모니터를 보지 않는다. 그들은 숫자보다 서로의 얼굴을 살핀다. 그 안에 담긴 건 '이제 우리는 앞으로 어떻게 해야 하는가?'라는 묵언의 질문이다. 또 다른 시스템 구상이 아니라 구성원들에게 리더의 따뜻한 한마디 말이 필요하다.

기술이 아무리 진보해도 결국 사람은 '감정의 존재'다. 리더의 진심은 데이터로 전달되지 않으며, 정이 담긴 따뜻한 말 한마디로 AI가 대신할 수 없는 부분을 판단한다. 그 판단의 과정이 곧 회사의 문화가 된다. 그래서 나는 언제나 기술보다 마음을 먼저 앞세운다. 효율보다 신뢰를, 자동화보다 공감의 속도를 선택한다.

기계는 회사를 움직이게 할 수 있지만, 사람만이 회사를 '살게' 만든다. 기계는 도구이고, 사람은 이유다. 그리고 그 이유가 분명한 회사만이 지금까지 신뢰받으며 살아남는다는 사실을 난 잘 알고 있다.

함께 웃는 시간이 곧 성장이다

회사는 본질적으로 긴장 속에서 움직인다. 성과를 내야 하고, 경쟁해야 하며, 그 결과로 평가받기 때문이다. 그러나 이런 냉정한 구조 속에서도 조직이 무너지지 않게 하는 힘은 '함께 웃을 수 있는 여유'다. 나는 많은 회의 과정에서 그 사실을 배웠다. 긴장된 분위기의 보고가 끝나고 누군가의 짧은 농담에 웃음이 번질 때, 그 웃음이 조직의 분위기를 살리고 관계의 매듭을 풀어낸다는 것을.

웃음은 단순한 감정의 표현이 아니다. 그건 '신뢰의 신호'다. 서로를 믿지 않으면 웃을 수 없다. 함께 웃는다는 것은 마음의 경계를 허물고 있다는 뜻이다. 리더가 진심으로 웃을 수 있을 때 구성원은 '이곳은 안전하다'라는 신호를 받는다. 그 안전감이 쌓이면 사람들은 더 자유롭게 의견을 내고, 더 용기 있게 시도한다. 그 결과가 결국 성장이 된다.

나는 회사의 회의보다 회식에서, 성과 보고보다 짧은 대화 속에서 조직의 진짜 얼굴을 본다. 일의 효율보다 중요한 것은 '함께 일하는 감정의 리듬'이다. 그 리듬이 맞을 때 조직은 단단해진다. 서로 웃을 수 있는 조직은 위기에도 무너지지 않는다. 그 이유는 간단하다. 유머는 공감의 언어이자 관계의 방어막이기 때문이다.

예전에 한 팀이 큰 프로젝트에서 실패를 겪었다. 분위기는 침울했고, 모두가 고개를 숙였다. 나는 그 자리에서 일부러 가볍게 말했다. "이번에 우리가 배운 건 다음 번엔 더 잘 망하지 않는 법이겠지요"라고 말하는 순간 직원들의 얼굴에 미소가 피었다. 그 웃음이 다시 대화를 열었고, 대화가 다음 전략을 만들었다. 결국 그 프로젝트는 두 번째 도전에서 성공으로 이어졌다. 그때 나는 다시 확신했다. 함께 웃을 수 있는 조직은 다시 일어설 수 있는 조직이다.

리더의 웃음은 조직의 공기다. 리더가 긴장하면 사람들은 숨을 죽이고, 리더가 미소 지으면 조직은 숨을 쉰다. 그 작은 표정 하나가 신뢰의 온도를 바꾼다. 그래서 나는 회의실에서도, 현장에서도 늘 마음의 여유를 잃지 않으려고 한다. 웃음은 가벼운 게 아니다. 그건 책임감에서 비롯된 평정의 신호다.

어렸을 때 TV에서 본 '웃으면 복이 와요'라는 프로그램이 생각난다. 그래 맞다. 웃으면 복이 온다. 리더가 먼저 웃을 수 있을 때 조직은 버틸 수 있다. 회사는 결국 사람이 모인 곳이다. 사람이란 감정의 존재이고, 감정은 관계 속에서 성장한다. 서로를 존중하고, 함께 웃으며, 때로는 함께 울 수 있을 때 조직은 단순한 직장이 아니라 '공동체'가 된다. 그 공동체 안에서 사람은 배우고, 성숙해지며, 변한다.

나는 그 변화를 수치로 측정하지 않는다. 그건 성과표가 아니라 사람의 눈빛에서 읽히는 것이기 때문이다. 어떤 사람은 회사의 경쟁력을 기술이나 자본에서 찾지만, 나는 언제나 '관계의 온도'에서 찾는다. 그 온도가 유지되는 이유는 하나다. 함께 웃는 시간, 그 짧은 순간들이 조직의 신뢰를 회복시키기 때문이다. 웃음은 가장 기본적이지만 성장의 가장 인간적인 형태다. 결국 함께 웃을 수 있는 조직만이 함께 성장할 수 있다.

내가 조직원들과 함께 실천하고자 경영 방침으로 정한 '윗사람은 아랫사람을 존중하고, 아랫사람은 윗사람을 존경하는 문화', 즉 상하 존중이 배어 있고 실천할 때 최고의 조직으로 거듭날 수 있으며, 더 나은 회사로 자리매김할 수 있다.

사랑하며 일하기에도 인생은 짧다

우리는 하루 대부분을 '일하는 시간'으로 산다. 그만큼 일은 단순한 생계의 수단이 아니라 삶을 구성하는 가장 큰 조각이 된다. 그래서 늘 나 자신에게 "나는 지금 조직원들을 존경하며 존중하고, 그리고 사랑하며 일하고 있는가?" 묻는다.

일은 언제나 어렵다. 성과를 내야 하고, 문제는 끊임없이 생기며, 사람 사이의 이견에 의한 간격은 늘 존재한다. 그러나 그 속에서도 사람을 사랑하며 일할 수 있다면 그 조직은 이미 성장의 단계를 넘어 성숙의 길로 들어선 것이다. 사랑하며 일한다는 것은 감정적인 애착이 아니라 사람을 도구로 보지 않고 하나의 인격으로 존중하는 태도다.

나는 회사라는 공간을 '함께 성장하는 학교'라 부른다. 이곳에서는 직급이 교과서가 아니고 경험이 교사다. 누구나 실수할 수 있고, 그 실수를 통해 배우며, 서로의 다름을 인정하면서 일하는 법을 익힌다. 리더의 역할은 그 학습의 환경을 만드는 일이다. 사람이 실수했을 때 정죄하지 않고 다시 설 수 있게 돕는 일. 그 과정이 바로 사랑의 다른 이름이다.

사랑이 빠진 조직은 효율적일 수는 있어도 오래가지 못한다. 사람이 빠진 회사는 구조적으로는 멀쩡해 보여도 결국 내부에서부터 서서히 부식된다. 리더가 사람을 아끼지 않으면 사람도 회사를 지탱하지 않는다. 한 사람을 이해하려는 노력, 그 사람의 자리에서 세상을 바라보려는 마음이 조직을 움직이는 진짜 리더십이다.

나는 일을 하며 수많은 사람을 만났다. 그중에는 나보다 뛰어난 이도 많았고, 어떤 관계에서도 조용히 묵묵히 버텨주며 자리를 지켜주는 이도 있었다. 그들이 늘 함께했기에 지금의 조직이 있다.

그래서 나는 경영을 단순한 관리가 아니라 '관계의 예술'이라 생각한다. 사람이 모여 일하는 곳에서 가장 중요한 건 누가 더 옳은가가 아니라 '누가 더 함께하는가'다. 그 함께함이 조직의 온도가 되고, 그 온도가 회사의 품격이 된다. 사랑하며 일한다는 건 결국 사람에게 마음을 남긴다는 뜻이다.

성과는 숫자로 사라지지만, 마음은 기억으로 남는다. 리더로서 내가 바라는 마지막 모습은 단순하다. 사람들이 나를 떠올릴 때 "함께 일해서 좋았던 사람" 그 한마디면 충분하다.

나는 언젠가 이 회사를 떠날 것이다. 그때 남는 것이 건물도, 시스템도, 계약서도 아니라 서로의 기억 속에 남은 따뜻한 온정이 깃든 공기이길 바란다. 그 공기가 있었기에 어려운 시절을 버텼고, 그 온기가 있었기에 오늘의 회사가 존재한다.

사람을 아끼는 마음이 결국 회사를 지킨다. 그 마음이 결국 회사의 미래가 된다.

"사랑하며 일하기에도 인생은 짧다. 그러니 오늘 하루의 일과 속에서도 누군가를 이해하고, 감사를 전하며, 마음을 남기자."

이 글을 쓰는 동안 나는 다시 '사람'을 배웠다. 조직을 이야기하지만 결국 모든 이야기는 사람에게로 돌아왔다. 누군가의 말 한마디가 길이 되었고, 작은 손짓 하나가 하루를 견디게 했다.

이 글의 문장들은 혼자 쓴 것이 아니다. 같이 고민해 준 동료들의 생각, 조용히 묵묵히 일했던 사람들의 땀, 서로를 믿고 버텨준 마음들이 모여 만들어졌다. 이 글은 그들에게 바치는 고백이자 감사의 기록이다.

가끔은 쓰는 일이 외로웠다. 정답이 없는 질문 앞에서 오래 머물렀다. 그러나 그 시간 덕분에 더 깊이 들을 수 있었다. 사람의 목소리, 현장의 공기, 조직 안의 숨결. 그 모든 것이 문장 사이에 스며들었다.

나는 여전히 완벽한 답을 모른다. 다만 이 글이 누군가의 하루에 작은 쉼표가 되길 바란다. 리더로서의 고민이든, 동료로서의 상처든 잠시 멈춰 "사람이 먼저다"라는 문장을 떠올리게 한다면 그것으로 충분하다.

이 글은 끝이 아니라 시작이다. 더 따뜻한 조직, 더 인간다운 리더십을 향한 우리의 다음 걸음을 위한 약속이다. 함께 걸어준 모든 이들에게 조용히, 진심으로 고맙다는 감사 인사를 전한다.

나는 백곡 저수지의 끝자락에 있는 하얀 집의 창을 통해 윤슬을 바라보며, 함께하신 한 분 한 분 많은 사람을 떠올리며 글을 마무리한다.

CHAPTER **06**

함께하는 힘, 신뢰와 책임으로 세우는 투명한 거버넌스

류창현

한국ESG경영인증원 진천지회장

진천군 시니어클럽 운영위원장 / 진천 산수산업단지 관리소장

환경 회사를 설립해 설계·시공·관리 업무를 수행하며 스스로를 환경 전문가라 여겨왔다. 그러나 ESG 경영지도사 자격증 취득 과정에서 접한 'ESG'는 내가 알고 있던 환경의 범위를 훨씬 넘어서는 또 다른 세계였다.

그동안 지역에서 청주충북환경연합, 야생동물보호협회, 자연보호협회, 황금박쥐 보호감시단 활동 등을 통해 자연 환경보호에 힘써왔다면, ESG를 접한 이후의 환경 활동은 일상의 실천으로 확장되고 있다. 일회용품 줄이기, 음식물 쓰레기 감량, 대중교통 이용, 에너지 절약 등 생활 전반의 변화가 곧 지속가능성이라는 인식을 갖게 되었다.

이제는 '생거진천'이라는 이름에 걸맞은 ESG 공동체를 지역 안에서 실천으로 만들어가는 데 힘을 보태고자 한다.

우리라는 이름의 회복

우리가 흔히 말하는 '거버넌스'는 제도와 회의 체계, 조직 구조의 문제로 들리기 쉽다. 하지만 내가 진천에서 경험한 거버넌스는 조금 달랐다. 그것은 회의실에서 시작되지 않았고, 공문서에서 완성되지 않았다. 사람과 사람 사이의 관계, 그 관계에 흐르는 신뢰와 책임감 그리고 그것을 지켜내려는 조용한 결심 속에서 싹이 텄다.

나는 거버넌스를 말할 때 늘 '우리라는 이름의 회복'을 먼저 떠올린다. '나'의 이해 관계가 아니라 '우리'의 삶을 고민하는 순간, 비로소 거버넌스는 제도가 아니라 살아 있는 문화가 된다.

그래서 내가 이야기하고 싶은 것은 바로 '나'의 이해 관계가 아닌 '우리'를 다시 세우는 과정이다.

관계의 온도를 회복하다

인간은 관계 속에서 태어나고 관계 속에서 성장한다. 가족과 친구, 직장과 지역사회는 모두 다른 이름의 관계망이지만, 그 안에는 신뢰라는 동일한 언어가 흐른다.

나는 IMF 시절 모든 것이 흔들리던 1998년에 서울을 떠나 고향 진천으로 돌아왔다. 그곳에서 다시 만난 친구들은 40년 인연의 상조계로 묶여 있었다. 친구의 부모상이 나면 모두 달려가고, 상여를 메달라 하면 적극적으로 참여했다. 벌금보다 무서운 것은 '정'을 저버리는 일이었다.

이 전통적 관계의 힘은 나에게 사회적 신뢰의 본질을 일깨워주었다. 관계는 효율보다 의무로, 계산보다 마음으로 유지되는 것이었다. 40년 동안 한 번도 깨지지 않은 약속, 그 안에는 서로에 대한 깊은 신뢰가 있었다. 친구의 "창현아, 우리 이거 20년째야. 한 번도 안 깨졌어"라는 조용한 말 속에는 자부심이 담겨 있었다.

그 신뢰의 문화는 곧 지역사회로 확장되었다. 라이온스클럽에 가입하며 나는 봉사의 의미를 새롭게 배웠다. 깨진 창호를 신문지로 막으며 겨울을 나는 홀몸 어르신, 조부모 품에서 자라는 조손가정 아이들. 그들의 삶을 마주할 때마다 나는 공동체의 따뜻함이 무엇인지 다시 배웠다. 누군가의 외로움과 추위를 나의 일처럼 느낄 수 있을 때 비로소 우리는 진정한 공동체가 된다.

상조계의 약속은 특정한 조합의 규약이 아니라 지역사회 전체에 공유된 하나의 문화였다. 누군가 아플 때 서로 문병을 가고, 어려움이 생기면 "어떻게 도와줄까?"를 먼저 묻는 문화. 이 문화가 있었기에 진천의 사회적 신뢰는 단단하게 유지될 수 있었다.

이런 전통적 관계망은 오늘날 ESG가 말하는 '사회(S)'의 토대이기도 하다. 서류로 기록된 규범이 아니라 관계로 살아 있는 규범, 내가 진천에서 다시 배운 건 바로 이것이었다. 관계의 온도를 회복하는 일이 곧 지역 거버넌스의 출발이라는 사실이다.

마음을 나누는 리더십, 손잡듯이 말하기

산수산업단지 관리소장으로 첫 출근을 하던 날, 산업단지 진입로에 쌓인 쓰레기더미가 나를 맞이했다. 그날 이후 나는 매주 쓰레기를 치웠다. 사람들은 "왜 굳이?"라고 물었지만, 내게 그것은 단순한 청소가 아니라 '신뢰 회복의 행동'이었다.

쓰레기를 치운다는 것은 공간의 질서를 세우는 일일 뿐 아니라 사람들의 마음에 '함께 사는 감각'을 심는 일이었다. 처음에는 민망해하던 사람들이 하나둘씩 "저도 도와드릴게요"라면서 함께 쓰레기를 치우기 시작했다. 몇 주가 지나자 산업단지의 풍경이 달라졌고, 쓰레기를 버리는 사람이 줄어들었다. 이곳이 '우리의 공간'이라는 인식이 생겼기 때문이었다.

매년 열리는 '산단 근로자 노래자랑'도 마찬가지였다. 처음 시작할 때만 해도 "일하기도 바쁜데 무슨 노래냐"라는 반응이 많았다. 하지만 한 번, 두 번, 세 번 행사를 이어 가며 풍경은 달라졌다. 회사별로 팀을 꾸려 연습하고, 무대에 서기 전 서로 옷매무새를 다듬어주며, 응원 피켓을 들고 동료를 격려하는 모습이 자연스럽게 자리 잡았다.

서로 다른 회사, 서로 다른 출신의 사람들이 한 무대 위에서 노래를 부르고 박수를 주고받는 시간. 어느 회사 대표가 행사 후에 "처음에는 솔직히 번거롭다고만 생각했습니다. 그런데 지금은 일 년 중 가장 기다려지는 날입니다. 우리 산업단지가 진짜 '우리 일터' 같다는 느낌을 받게 되거든요"라고 나에게 말했다.

그 말을 듣는 순간 나는 깨달았다. "산수산업단지는 단순한 일터가 아니라 관계가 살아 있는 산업단지가 되어 가고 있구나" 손을 내밀어 함께 노래하고, 빗자루를 함께 잡는 리더십. 나는 그것을 '손잡듯이 말하는 리더십'이라 부르고 싶다. 이 리더십은 거창한 이론보다 더 강력한 거버넌스의 언어다.

서로를 돌보는 공동체, 집단심의 회복

복지라 하면 많은 사람이 '예산'과 '제도'를 먼저 떠올린다. 하지만 진천에서 내가 경험한 복지는 법령집보다 사람들의 표정과 회의장의 숨소리에 더 가까웠다. 진천읍주민자치위원회와 지역사회보장협의체 활동을 하면서 공동체의 진짜 복지란 '참여와 숙의의 과정'이라는 것을 깨달았다.

김치 보릿고개인 10월, 홀몸 어르신들을 위해 미리 지레김치를 담가 함께 나누던 날들을 잊지 못한다. 배추를 씻고 소금에 절이면서 양념을 만들었다. 김치를 한 분 한 분에게 직접 전해드릴 때 어떤 할머니는 눈물을 흘리셨다. 김치가 고마워서가 아니라 자신을 기억해주는 사람들이 있다는 것이 고마워서였다.

그건 단순한 나눔이 아니라 '우리 모두 같은 식탁에 앉는 일'이었다. 복지는 시혜가 아니라 공감의 정치이며, 집단심의의 회복은 공동체 거버넌스의 본질이다.

주민자치위원회 회의는 늘 뜨거웠다. 의견이 분분했지만, 모두가 참여해서 함께 결정하는 과정이 중요했다. 이 집단심의를 거치면 결정은 모두의 약속이 되고, 스스로 선택한 실천이 된다.

이러한 참여형 문화는 행정이 아닌 주민 스스로의 손에서 자란다. 그 안에서 갈등이 조정되고, 책임이 분담되며, 신뢰가 쌓인다. 나는 그것을 '생활 거버넌스(Living Governance)'라 부르고 싶다. 삶의 현장에서 시민이 직접 문제를 해결하는 진정한 의미의 ESG 사회 실천이기 때문이다.

주민들이 자신의 삶에 대한 의사결정 주체가 되는 순간 그 마을은 이미 거버넌스를 작동시키고 있는 것이다. 법보다 먼저 움직이는 민주주의, 나는 그것을 진천에서 보았다.

위기 속에서 다시 피어나는 연대

진천에서의 봉사와 환경 활동은 언제나 위기에서 시작되었다. 외로운 어르신의 겨울, 탈진하여 날지 못하는 수리부엉이의 생명. 그 모든 순간이 나에게 묻는다. "당신은 혼자가 아닌가?"

나는 위기 속에서 '연대의 철학'을 배웠다. 도움을 주는 일은 누가 옳은가의 문제가 아니라 누가 곁에 서 있는가의 문제였다. 한 탈북민 신부는 결혼식장에서 이렇게 말했다. "처음으로 제가 혼자가 아니라는 걸 느꼈습니다" 혼자가 아니라는 것, 이 단순한 사실이 사람을 살게 한다.

황금박쥐 보호 활동, 야생동물 구조, 산업단지의 쓰레기 수거와 불법 현수막 제거 등은 연대를 실천하기 위한 나의 몸부림이었다. 그 모든 실천은 사회적 책임의 다른 이름이었다.

수리부엉이를 치료해 다시 날려 보낼 때 한 아이가 "아저씨, 왜 새를 살려줘야 해요?"라고 물었다. 나는 대답했다.

"우리가 함께 사는 세상이니까. 우리가 그들을 지켜주지 않으면 결국 우리도 살 수 없어."

위기 속 연대는 결국 '회복의 기술'이며, 그 회복은 진천이라는 지역이 나에게 가르쳐준 가장 큰 선물이었다.

우리는 모두 위기를 겪는다. 그러나 우리는 함께 회복할 수 있다. 우리라는 이름의 회복, 그것은 가능하고 또 아름답다.

배움의 힘

거버넌스는 회의체의 규정만으로 작동하지 않는다. 사람이 어떻게 생각하고, 무엇을 중요하게 여기며, 어떤 기준으로 선택하는지에 따라 실제 모습이 달라진다.

그래서 나는 거버넌스를 이야기할 때 항상 '배움'을 함께 이야기하고 싶다. 배움은 지식을 쌓는 활동을 넘어 진천에서의 배움은 그런 의미에서 '거버넌스를 세우는 가장 근본적인 힘'이었다.

이해에서 성장으로 배우는 지역의 학습 생태계

나에게 배움은 곧 투명경영의 내면화 과정이었다. ESG경영전문지도사로서의 공부와 환경 활동은 단순한 자격 취득이 아니라 윤리적 의사결정(ethical decision-making)을 훈련하는 과정이었다.

처음 나는 자격증에 대한 권유를 받았을 때 내심 고민이 되었다. 이 나이에 무슨 자격증. 그러나 주변에서 공부하고 학습을 통해 조직은 자신을 점검하고, 사람은 자신을 통제한다는 사실을 알고 바로 응모하였다. 이는 지식 기반의 거버넌스(Knowledge-based Governance)로, 감시가 아니라 이해를 통한 통제(Understanding Control)를 가능하게 한다. 배움이 쌓인 조직은 규율보다 윤리로 움직인다.

진천의 학습 문화는 바로 그 투명경영의 인적 자산이었다. 진천군이 지방자치단체 중 처음으로 'ESG 선도도시'를 선언하던 2023년, 많은 이들이 ESG라는 단어를 낯설게 여겼다. 하지만 그 낯섦 속에 나는 가능성을 보았다.

"ESG는 행정의 언어가 아니라 삶의 언어로 번역되어야 한다."

그 믿음으로 나는 ESG경영전문지도사 자격증을 취득했다.

시험 공부보다 중요한 것은 그 철학을 현실에 옮기는 일이었다. "교과서에 나온 이론들을 진천의 현장에 어떻게 적용할 것인가? 산업단지의 환경 문제를, 지역 복지를, 주민 참여를 ESG의 틀로 어떻게 재구성할 것인가?" 이 질문들이 나를 밤낮으로 사로잡았다.

환경(E)은 단순한 친환경이 아니라 존중의 기술이고, 사회(S)는 나눔의 시스템이며, 지배구조(G)는 신뢰의 구조이다. 이 세 가지는 분리된 것이 아니라 하나로 연결되어 있다. 환경을 존중하는 마음이 이웃을 돌보는 마음으로 이어지고, 그것이 다시 투명한 의사결정 구조로 완성되는 것이다.

배움은 머리로 이해하는 것이 아니라 몸과 마음으로 체화되는 과정이다. 진천의 행정과 기업, 주민이 함께 ESG를 이야기하기 시작하면서 나는 배움이 곧 지역의 거버넌스를 세우는 힘이라는 사실을 실감했다.

한 기업 대표는 "처음에는 ESG가 또 하나의 행정 부담인 줄 알았어요. 그런데 알고 보니 우리가 이미 하고 있던 일이더라고요. 직원들을 배려하고, 지역사회와 소통하며, 환경을 생각하는 것. 다만 그게 ESG라는 이름으로 체계화된 거죠"라고 말했다.

그것은 한 사람이 배우는 변화가 아니라 '지역 전체가 함께 배우는 성장'이었다. 공무원, 기업인, 주민이 함께 세미나에 참석하고, 함께 토론하며, 함께 실천 방안을 모색했다. 그 과정에서 진천만의 ESG 모델이 조금씩 만들어져 갔다. 이는 한 사람의 배움이 아니라 '지역 전체가 함께 배우는 성장'이었다. 공무원, 기업인 그리고 주민이 함께 세미나에 참석하고, 함께 토론하며, 함께 실천 방안을 모색했다. 그 과정에서 '진천형 ESG 모델'이 조용히, 그러나 분명하게 모습을 갖춰 갔다.

참여와 실천으로 배우는 지속가능성

진천에서의 배움은 늘 '행동'을 전제로 했다. 지식이 아니라 실천, 강의가 아니라 현장이었다. 야생동물보호협회 회원으로 활동하며 로드킬을 당한 고라니를 구조하고, 황금박쥐 보호를 위해 주민감시단을 조직했으며, 황금박쥐가 서식하는 폐광을 김치 저장고로 쓰려던 마을사업을 멈추게 했던 일들이 나의 뇌리를 스쳐간다. 그 모든 과정이 나에게는 살아 있는 교과서였다.

지속가능성이란 먼 미래의 계획이 아니라 오늘 눈앞의 생명을 지키는 일이라는 것을 깨달았다. 새벽에 로드킬 신고를 받고 현장에 달려갔을 때 아직 숨이 붙어 있는 고라니를 보며 나는 생각했다. '이 생명 하나가 곧 지속가능성의 시작이구나'

구조된 고라니가 치료를 받고 다시 자연으로 돌아가는 모습을 볼 때마다 나는 우리가 하는 일의 의미를 확인할 수 있었다.

탈진한 수리부엉이를 살려 다시 날려 보낼 때 나는 '환경'이라는 말의 진짜 의미를 배웠다. 그것은 자연을 보호하는 것이 아니라 인간이 자연과 다시 대화하는 일이었다. 우리가 놓은 쥐약이 쥐를 죽이고, 그 쥐를 먹은 수리부엉이가 쓰러진다. 이것이 바로 생태계의 연결고리다. 우리의 행동 하나하나가 어떻게 자연에 영향을 미치는지 그 인과관계를 직접 보는 경험이었다.

진천 하천에 멸종위기종인 '미호종개'를 방생하던 날, 나는 느꼈다. 그러나 확실히 배웠다. '지속가능성은 기술이 아니라 태도'라는 것을. 지역 주민과 공무원, 봉사자, 학생이 함께 하천의 생명을 돌려보냈던 그날의 공기 속에는 배움이 아닌 '공감의 거버넌스'가 있었다.

한 초등학생이 물고기를 놓으며 "선생님, 이 물고기가 여기서 잘 살 수 있을까요?"라고 물었다. 나는 "우리가 강을 깨끗하게 지키면 살 수 있어. 그러니까 우리가 쓰레기를 버리지 않아야 하는 거야"라고 대답했다.

아이는 고개를 끄덕이며 조심스럽게 물고기를 물에 놓았다. 그 순간 나는 진정한 환경 교육이 무엇인지 알았다. 그것은 말이 아니라 경험이고, 이론이 아니라 실천이었다.

느림의 교육, 감속의 철학

나는 늘 '느림' 속에서 배웠다. 배움은 속도를 자랑하는 일이 아니라 깊이를 확인하는 여정이라고 믿는다. 환경 관련 회사를 설립하고 경영하면서 수질환경기사 공부를 할 때도, 복지행정과 야간 대학을 다니며 사회복지사 자격을 취득할 때도 그 모든 과정은 나 자신을 재활용하고 재조립하는 시간이었다.

배움은 결국 나를 이기기 위한 싸움이었다. 낮에는 일하고 밤에는 공부하는 삶이 쉽지 않았다. 가족과 보내는 시간도 줄어들었고, 친구들과 만나는 시간도 희생해야 했다. 그러나 나는 멈출 수 없었다. 더 알고 싶었고, 더 배우고 싶었다. 무엇보다 지역을 위해 제대로 일하려면 제대로 배워야 한다고 생각했다.

퇴근 후 저녁 강의실에서 만난 사람들은 모두 각자의 자리에서 다시 배우는 사람들이었다. 50대 공무원, 40대 자영업자, 30대 직장인. 나이도 직업도 달랐지만, 우리는 같은 목표를 향해 걸어가고 있었다. 쉬는 시간에 나누는 대화 속에서 우리는 서로를 격려했다. "오늘도 오셨네요", "힘들지만 끝까지 해봅시다"라는 말들이 큰 힘이 되었다.

그들과 함께 공부하며 나는 '공동체적 학습'이 얼마나 큰 에너지를 만들어내는지 알았다. 혼자 공부할 때는 외롭고 지루했지만, 함께할 때는 달랐다. 누군가는 어려운 개념을 쉽게 설명해주었고, 누군가는 실무 경험을 나눠주었다. 우리는 서로의 선생님이자 학생이었다.

우석대학교 최고경영자 과정에서는 교수와 명사들의 강의를 들으며 '생각의 속도'를 늦추는 법을 배웠다.

"빠르게 답을 찾으려 하지 마세요. 천천히 질문을 음미하세요. 질문을 제대로 이해하면 답은 저절로 나옵니다."

한 교수가 전해준 이 말이 내 삶의 전환점이 되었다.

느림 속에서 새로운 관계가 태어나고, 사람과 사람 사이에 신뢰가 싹튼다. 빠른 성장보다 중요한 것은 지속 가능한 성찰이다. 나는 그것을 '감속의 철학'이라 부른다. 속도를 줄이면 비로소 보이는 것이 있다. 사람의 마음, 지역의 온도, 관계의 결이다.

현대 사회는 빠름을 강요한다. 빨리 배우고, 빨리 성과를 내며, 빨리 성공하라고 말한다. 그러나 진정한 배움은 느림 속에서 일어난다. 천천히 읽고, 천천히 생각하며, 천천히 실천할 때 비로소 배움은 삶의 일부가 된다.

진천이라는 한 지역을 배우는 일은 세상을 다시 배우는 일과 다르지 않았다. 이 작은 지역의 역사, 문화, 사람들을 알아가는 과정에서 나는 세상을 보는 눈이 달라졌다.

큰 것만이 중요한 게 아니었다. 작은 것 속에 큰 진리가 담겨 있었다. 배움의 끝은 결국 '이해로부터 출발한 성장 그리고 성찰로 완성되는 거버넌스'였다.

책임의 리더십

리더십이라는 단어는 흔히 '앞에서 이끄는 사람'을 떠올리게 한다. 하지만 진천에서 내가 배운 리더십은 앞에 선 사람보다 옆에서 걸어주는 사람, 통제하는 사람보다 '함께 책임지는 사람'에 가까웠다.

그래서 내가 여기서 말하려는 리더십을 '책임의 리더십'이라고 부르고 싶다. 책임의 리더십은 성과보다 과정을 먼저 보고, 지시보다 협력을 먼저 떠올리며, 자리를 지키는 것보다 사람을 지키는 것을 고민하는 리더십을 의미한다.

협력과 돌봄으로 조직을 세우다

진천이라는 지역은 나에게 늘 '함께 세우는 사회'였다. 내가 맡은 일 중 가장 자랑스러운 것은 누군가를 관리한 일이 아니라 누군가와 함께 문제를 해결한 일이다. 관리와 해결, 이 두 단어는 비슷해 보이지만 전혀 다른 의미를 담고 있다. 관리는 위에서 아래로 향하지만, 해결은 함께 손을 맞잡는 일이다.

진천읍 주민자치위원회 회장을 맡았을 때 나는 행정의 효율보다 사람의 마음을 먼저 배웠다. 반찬 나누기, 지레김치 봉사, 조손가정 아이 돌봄 등 이 모든 사업은 누군가의 지시로 시작된 것이 아니었다. 작은 의견이 모여서 하나의 실천이 되었고, 그 실천이 다시 제도적 장치로 자리 잡았다.

첫 회의를 열었을 때가 생각난다. 이십 명의 위원들이 둘러앉아 각자의 생각을 나눴다. "우리 동네에 혼자 사시는 어르신들이 너무 많아요", "아이들이 방과 후에 갈 곳이 없어요", "겨울에 난방비 걱정하는 집이 많습니다" 하나하나가 모두 절실한 문제였다.

"그럼 우리가 할 수 있는 일이 뭘까요?" 나의 이러한 물음과 함께 그렇게 대화는 시작되었다.

이것이 바로 '참여형 거버넌스'의 시작이었다. 누군가의 필요를 듣고, 그 마음을 다른 이에게 전달하며, 모두가 함께 결정을 내리는 과정. 그 속에서 나는 리더십이란 이끄는 것이 아니라 공감의 순환을 설계하는 일임을 깨달았다. 회장인 내가 결정하는 게 아니라 우리가 함께 결정하는 것. 그 차이가 모든 것을 바꿨다.

행정의 틀을 넘어선 협력의 언어, 그것이 진천이 가진 사회적 자산이었다. 공무원과 주민이 동등한 파트너로 만나고, 문제를 함께 고민하며, 해결책을 공동으로 모색하는 문화. 이것이 바로 진정한 지역 거버넌스의 모습이었다.

조력자와 협력자의 재정의

사람들은 종종 리더를 중심에 세운다. 그러나 나는 언제나 '조력자'를 중심에 두고자 했다. 리더는 앞에서 이끌지만, 조력자는 옆에서 함께 걷는다. 그 차이가 중요하다.

그라운드 골프를 처음 맡았을 때도 마찬가지였다. 처음에는 생소한 종목이었지만, 회원들과 함께 규칙을 정하고, 연습 프로그램을 만들며, 서로를 격려하는 과정을 통해 진천은 전국에서 가장 강한 팀으로 성장했다. 문화체육부장관기 7회 우승, 도민체전 5회 종합우승. 이 화려한 성적보다 더 값진 것은 '우리가 함께 이뤄냈다'라는 자긍심이었다.

우승컵을 들어 올릴 때마다 나는 혼자가 아니었다. 회원들이 함께 있었다. 그들의 땀과 노력, 서로에 대한 격려와 응원이 있었기에 가능한 일이었다. 한 회원은 "선수들만의 우승이 아니라 진천군의 승리입니다"라고 말했다.

그 말이 맞았다. 승리는 한 사람의 것이 아니라 팀 전체의 것이었다. 감독으로서 내가 한 일은 지시가 아니라 조율, 훈련이 아니라 신뢰였다. 그리고 경영 성과의 결과물이었다. 각자의 장점을 발견하고, 그것을 팀 전체의 강점으로 만드는 일. 누군가는 정확성이 뛰어나고, 누군가는 멀리 치는 힘이 있으며, 누군가는 침착함으로 팀을 안정시킨다. 이 다양한 재능을 하나로 엮는 것이 내 역할이었다.

스포츠 현장은 조직의 축소판이다. 팀이 성장하기 위해선 통제보다 신뢰, 성과보다 과정, 개인보다 공동체가 앞서야 한다. 그라운드 골프를 통해 배운 협력의 철학은 산업단지와 지역행정, 봉사조직 운영에도 그대로 이어졌다. 나는 리더가 아니라 '조력자'의 자리에서 조직의 균형을 지켜내는 법을 배웠다.

리더십의 본질은 지시가 아니라 관계의 설계다. 리더십의 핵심은 통제의 투명성이 아니라 '이해의 투명성(Transparency of Understanding)'이다.

나는 관리소장과 주민대표, 봉사단체장으로서 모든 의사결정을 공정한 절차(Fair Process) 위에 세우고자 했다. 누구의 의견도 배제하지 않고, 이해관계자 간 갈등을 협력의 구조로 바꾸는 과정은 곧 참여형 거버넌스(Participatory Governance)의 실험이었다. 때로는 의견이 충돌했다. 서로 다른 입장에서 서로 다른 주장을 했다. 그럴 때마다 나는 중재자가 되었다.

"두 분 말씀 모두 일리가 있습니다. 그럼 어떻게 하면 두 가지를 다 만족시킬 수 있을까요?" 이렇게 질문하면 사람들은 스스로 해결책을 찾아냈다.

이러한 리더십의 투명성은 회의록보다 더 강력한 신뢰의 기록으로 남는다. 즉 진천의 리더십은 제도가 아니라 공감으로 작동하는 윤리경영이다.

신뢰와 투명성, 지속가능성의 기반

진천의 거버넌스는 통제의 투명성이 아니라 '이해의 투명성'을 지향한다. 모든 사람의 시선을 통제할 수는 없지만, 모든 마음의 이해를 구할 수는 있다. 나는 이것이 진천이 앞으로 지켜야 할 리더십의 원칙이라 믿는다.

산업단지 관리소장으로 근무하며 매일 순찰을 돌던 40만 평의 땅 위에서 나는 수많은 문제를 보았다. 쓰레기, 불법 현수막, 불법 주차, 안전 사각지대 등 이 모든 것은 통제의 부재가 아니라 '이해의 단절'에서 비롯된 것이었다.

불법 현수막이 대표적인 예였다. 기업들은 자사 제품을 홍보하고 싶고, 채용 공고를 알리고 싶어 했다. 그래서 곳곳에 현수막을 걸었다. 그러나 무분별한 현수막은 산업단지의 미관을 해치고, 안전 문제도 일으켰다. 단속을 강화하면 일시적으로는 줄어들지만 근본적인 해결책은 아니었다.

그래서 나는 규제 대신 '공감'을 택했다. 근로자와 주민, 구성원들에게 끊임없이 몸으로 보여줬다. 불법 현수막 대신 공동 현수막 게시대를 이용하도록 유도했다. 각 기업이 공평하게 사용할 수 있는 공식 게시 공간을 마련한 것이다. 홍보도 하고 질서도 지키는 윈윈 전략이었다.

처음에는 번거롭다는 반응도 있었다. 그러나 시간이 지나자 기업들도 만족했다. 체계적으로 관리되는 게시대가 무질서한 현수막보다 홍보 효과가 좋았기 때문이다. 한 기업 대표는 "이제 우리 회사 홍보물이 제대로 보이네요. 전에는 다른 현수막에 가려져서 잘 안 보였거든요"라고 말했다.

누구도 배제되지 않는 구조, 이해의 투명성이 만들어낸 자율의 시스템이었다. 규제로 억누르는 것이 아니라 함께 규칙을 만들고 함께 지키는 것. 이것이 진정한 거버넌스다.

리더십의 투명성은 보고서나 규정으로 담을 수 없다. 그것은 결국 사람이 쌓아 올리는 신뢰의 결과다. 신뢰는 하루아침에 만들어지지 않는다. 작은 약속을 지키고, 공정한 절차를 유지하며, 모두의 목소리에 귀 기울일 때 조금씩 쌓여간다.

이해의 투명성을 기반으로 한 리더십은 '지속 가능한 사회적 신뢰'를 낳는다. 그 신뢰가 곧 ESG의 G, 즉 Governance의 핵심 가치다. 좋은 거버넌스는 통제 시스템이 아니라 신뢰 시스템이다. 사람들이 스스로 옳은 일을 하도록 만드는 것이야말로 진정한 거버넌스의 진짜 힘이다.

지속 가능한 삶

지속가능성을 이야기할 때 우리는 종종 탄소 중립, 재생에너지, 순환경제 등 거대한 단어들을 떠올린다. 물론 중요한 개념들이다. 그러나 진천에서 내가 체감한 지속가능성은 훨씬 더 생활에 가까운 얼굴을 하고 있었다.

나 스스로 갈등의 현장에서 어떻게 서로의 시선을 바꾸는지, 한 지역의 기억을 어떻게 다음 세대에게 전할 것인지에 대한 질문들을 답해 나가는 일 자체가 나에게는 지속 가능한 삶을 디자인하는 과정이었다.

서로의 시선으로 연결되다

공동체의 지속가능성은 제도나 기술이 아니라 관계의 온도에서 자란다. 나는 여러 갈등의 현장을 겪으며 그것을 배웠다. 파크골프장 부지 선정 문제 등 이해관계가 얽힌 지역의 현장은 언제나 뜨겁고 복잡했다.

주민들은 "시끄럽고 교통이 막힌다"라고 말했고, 체육인들은 "건강과 활력의 공간이 필요하다"라고 외쳤다. 누구의 손을 들어줄 수 없는 자리, 그 자리에서 배운 것은 단 하나였다.

"공감 없는 결정은 오래가지 않는다."

주민 대표들과 체육 관계자들이 한자리에 모였다. 한쪽에서는 "우리 마을 앞에 골프장이 생기면 조용한 생활이 깨집니다"라고 했고, 다른 쪽에서는 "어르신들이 건강하게 운동할 수 있는 공간이 절실합니다"라고 했다. 양쪽 모두 틀린 말이 아니었다. 그래서 더 어려웠다.

진천의 거버넌스는 협의와 대화의 문화 속에서 살아 있어야 했다. 나는 주민 한 사람, 체육인 한 사람으로 그들의 이야기를 들었다. 주민들을 만났을 때는 그들의 우려를 온전히 이해하려 했다.

"어떤 점이 가장 걱정되세요?" 체육인들을 만났을 때는 그들의 필요를 깊이 들었다. "지금 어떤 어려움이 있으세요?"

이해는 설득의 결과가 아니라 경청의 결과였다.

"처음에는 무조건 반대했는데, 이렇게 찾아와서 우리 이야기를 들어주시니 마음이 조금 누그러지네요. 그럼 소음은 어떻게 관리할 건가요?"

한 주민의 이 말로 그렇게 대화는 시작되었다.

서로의 시선으로 세상을 보는 일, 그것이 진정한 사회적 연결이었다. 결국 우리는 타협점을 찾았다. 누구도 100% 만족하지는 못했지만, 모두가 수용할 수 있는 결론이었다.

결국 지속가능성의 첫 번째 조건은 문제 해결보다 '관계 복원'이다. 좋은 결정보다 중요한 것은 함께 만든 결정이고, 완벽한 해답보다 중요한 것은 모두가 참여한 과정이다.

감동이 주는 회복의 힘

공동체는 감동을 먹고 자란다. 그 감동은 거창한 축제보다 서로를 향한 작은 배려 속에서 피어난다.

산업단지 근로자 노래자랑은 어느새 '노사가 함께하는 음악회'로 발전했다. 들꽃밴드, 팬플룻 윈드앙상블, 현악 5중주 비브라토앙상블, 벨라보체 중창단 등 이름만 들어도 미소가 지어지는 그 무대는 진천이 가진 또 하나의 문화적 ESG였다.

무대 위의 사람들은 근로자였고, 무대 아래의 관객은 동료이자 친구였다. 그 순간 음악은 직장을 넘어선 관계의 언어가 되었다. 평소에는 작업복을 입고 기계를 다루던 손이 그날만큼은 악기를 들고 아름다운 선율을 만들어냈다. 사무실에서 서류를 다루던 목소리가 무대에서는 노래가 되어 사람들의 마음을 울렸다.

행사의 백미는 세계적인 소프라노 임경애 교수의 깜짝 출연이었다. 근로자들을 위해 기꺼이 무대에 서주셨다. 그 한 곡이 끝나자 사람들의 눈가가 젖었다. 한 근로자는 "소장님, 저는 평생 클래식 공연장에 가본 적이 없어요. 그런데 오늘 이 자리에서 세계적인 성악가의 노래를 들었어요. 이게 꿈인가 싶어요"라고 내게 말했다.

노래는 단순한 예술이 아니라 서로의 마음을 연결하는 공동체의 회복 기술(Recovery Governance)이었다. 음악은 말로 표현할 수 없는 것을 전달한다. 위로와 격려, 연대와 희망. 그날 밤 산업단지는 하나의 큰 가족이 되었다.

감동이 주는 회복력은 조직과 사회의 갈등을 녹이는 가장 인간적인 리더십이다. 규칙과 제도로는 할 수 없는 일이 있다. 바로 사람의 마음을 움직이는 일. 그것은 오직 진심과 감동으로만 가능하다.

음악회 이후 산업단지의 분위기가 확연히 달라졌다는 것을 느낄 수 있었다. 사람들이 서로에게 더 친절해졌고, 협력이 자연스러워졌다.

기억으로 남는 마을, 살아 있는 진천

진천의 역사는 오래되었지만, 그 기억은 여전히 '현재진행형'이다. 농다리, 미르309출렁다리, 종박물관, 보탑사 통일대탑 등등. 이 모든 공간은 과거와 현재를 잇는 기억의 거버넌스(Memory Governance)의 상징이다.

농다리는 고려시대 임연 장군이 쌓았다는 28칸의 붉은 돌다리다. 홍수가 나도 무너지지 않는 그 다리처럼 진천 사람들의 삶도 쉽게 흔들리지 않는다. 나는 가끔 농다리를 걸으며 생각한다. 천년이 넘는 세월 동안 얼마나 많은 사람이 이 다리를 건넜을까. 장터로 가는 상인, 과거를 보러 가는 선비, 친정에 가는 새댁. 그 모든 발걸음이 이 돌 위에 새겨져 있다.

그 다리를 건너 언덕을 넘으면 초평호를 가로지르는 '미르309출렁다리'가 있다. 하루에도 수천 명이 건너는 그 길 위에서 사람들은 "진천이 달라졌다"라고 말한다. 오래된 농다리와 새로운 출렁다리, 이 두 다리가 상징하는 것은 무엇일까? 그것은 전통과 혁신의 공존이다. 과거를 잊지 않으면서도 미래로 나아가는 진천의 모습이다.

전통과 혁신이 맞닿는 그 풍경이 내게는 곧 '살아 있는 지속가능성'의 모습이다. 어느 날 출렁다리에서 만난 한 할아버지의 "젊어서는 저 농다리를 매일 건넜지. 이제는 나이 들어 이 새 다리를 건너네"라는 말 속에 진천의 세월이 담겨 있었다.

또한 진천 종박물관의 에밀레종 모형 앞에 서면 나는 늘 생각한다. 이 종소리는 과거의 울림이 아니라 미래를 깨우는 신호일지도 모른다고. 우리의 기억은 단지 추억이 아니다. 그것은 다음 세대가 이 땅을 이해하게 하는 집단적 학습의 기록이며, 진천 공동체의 정체성을 증명하는 문화적 자본이다.

진천의 역사와 주민의 이야기를 기록하고 전승하는 일, 그것이 내가 남기고 싶은 마지막 사명이다. 세대가 교차하는 마을 아카이브, 주민이 만드는 마을신문 그리고 지역의 이야기를 담은 구술 기록들. 한 지역의 역사는 공식 문서에만 있지 않다. 그것은 주민들의 기억 속에, 이야기 속에 살아 있다. 한 할머니의 일제강점기 이야기, 한 할아버지의 한국전쟁 경험, 한 어머니의 보릿고개 기억 등 이 모든 것이 진천의 진짜 역사다.

이 모든 것이 '살아 있는 기록'으로 남을 때 진천의 거버넌스는 진정으로 완성된다. 진천의 문화와 역사를 기록하고 전승하는 일은 단순한 지역 홍보가 아니라 거버넌스의 투명성(Transparency of Memory)을 구축하는 일이다. 기록은 책임의 흔적이며, 세대 간 아카이브는 공동체의 윤리적 유전자이다.

음악회, 봉사활동 그리고 농다리의 역사까지 이 모든 '기억의 관리'는 윤리경영의 문화적 자산(Ethical Capital)으로 축적된다. 지속 가능한 사회란 제도적 안정이 아니라 신뢰의 기억이 끊임없이 갱신되는 사회이다. 그

것이 내가 믿고 추구하는 윤리적 지속가능성(Ethical Sustainability)의 완성이다.

진천에서의 모든 경험은 내게 하나의 진리를 가르쳐주었다. 지속가능성은 미래의 계획이 아니라 오늘의 실천이다. 그것은 제도가 아니라 관계다. 기술이 아니라 마음이다.

"우리가 서로를 어떻게 대하는가, 우리가 역사를 어떻게 기억하는가, 우리가 다음 세대에게 무엇을 물려줄 것인가?"

이 질문에 답해 나가는 매일의 선택이 곧 지속가능성이다.

CHAPTER **07**

브랜드 신뢰, 투명한 커뮤니케이션과 마케팅 거버넌스

안혜경

(주)서현커뮤니케이션 광고대행사 대표 / 대덕문화관광재단 비상임이사

대전광역시 씨름협회 부회장 / 소상공인진흥공단 컨설턴트 / 한국ESG경영인증원 수석전문위원

한밭대학교 창업학과 석사, 대전대학교 융합컨설팅학과 박사 과정 중이다. 창업 및 중소기업 경영을 연구하며, 이론적 탐구와 실무 경험을 겸비한 전문가다. 25년간 온라인 마케팅 실질적인 운영과 경험을 토대로 일자리경제진흥원 코칭, 예비창업패키지 전담멘토로 활동하고 있다.

수출혁신바우처 수행기관이자 여성기업으로 한국디자인진흥원 디자인전문회사로 인증한 전문회사 (주)서현커뮤니케이션을 운영 중이다.

왜 지금 '신뢰 거버넌스'인가?

ESG의 G, 신뢰의 토대

당신이 아침에 눈을 뜬 그 순간부터 신뢰는 작동하기 시작한다. 알람을 끄기 위해 스마트폰을 집어 든다. 그 기기를 만든 브랜드를 당신은 얼마나 신뢰하고 있는가? 세면대로 가서 양치질을 한다. 그 칫솔, 그 치약을 당신은 왜 택했는가? 아침밥을 먹으면서 커피를 마신다. 그 커피를 마시며 당신이 말 없이 전달하고 있는 신뢰의 메시지는 무엇인가? 그리고 옷을 골라 입고 집을 나선다. 하나하나가 선택이고, 그 선택 뒤에는 모두 신뢰가 숨어 있다.

우리는 하루에도 수십 아니 수백 번 다양한 브랜드와 만난다. 브랜드를 의식하지 못한 채로. 퇴근하고 집에 오면 택배 상자가 나를 반긴다. 내가 신뢰하고 있는 자주 활용하는 앱을 켠다. SNS를 스크롤한다. 이 모든 순간 우리는 무언의 대화를 나누고 있다. 그 대화의 기본 바탕이 신뢰다. 하지만 여기서 놀라운 질문이 생긴다. 신뢰는 언제, 어디서, 어떻게 만들어지는가?

광고는 보여주는 기술이 아니라 '신뢰를 바탕으로 믿게 하는 언어'다. 투명한 브랜드는 단순히 잘 만든 제품이 아니라 거짓이 섞이지 않은 진심이 전달되어지는 대화의 결과물이다.

ESG의 시대, 소비자는 더 이상 좋은 상품을 찾지 않는다. 그들은 '좋은 의도를 가진 진심이 전달되는 브랜드'를 찾는다. 광고와 마케팅의 본질이 매출에서 '신뢰'로 이동하고 있는 지금, 마케팅 거버넌스는 단순한 홍보 시스템이 아니라 기업의 윤리적 심장으로 작동한다.

나는 수많은 크고 작은 기업들의 브랜드를 만나왔다. 어떤 브랜드는 완벽한 디자인을 가졌지만 한 문장의 진정성이 부족했고, 어떤 기업은 투박한 로고 안에서 오히려 인간적인 신뢰를 품고 있었다. 결국 브랜드 신뢰는 디자인과 언어 그리고 행동의 일관성, 즉 '보여지는 것과 존재하는 것의 간극'을 얼마나 좁히느냐에 달려 있다.

신뢰가 만들어지는 장소는 광고판이 아니다. 설령 그 광고가 전 국민이 보는 황금 시간대에 나간다 해도 신뢰는 거기서 오지 않는다. 신뢰가 완성되는 곳은 아름답게 디자인된 로고에서도 아니다. 완벽하게 다듬어진 슬로건도 마찬가지다. 신뢰는 보이지 않는 곳에서 만들어진다.

신뢰는 약속이 아니라 일관성이고, 말이 아니라 행동이며, 감각이 아니라 태도다.

"브랜드가 소비자에게 정직하게 말하는가? 브랜드가 어떤 원칙으로 의사결정을 내리는가? 브랜드가 실수했을 때 어떤 태도를 보이는가?"

이 질문들의 답이 신뢰를 결정한다. 우리가 브랜드를 신뢰한다는 것은 그 브랜드가 "하루 이틀이 아니라 매일, 어떤 상황에서도 같은 원칙을 지킨다"라고 믿는 것이다. 서비스가 불편할 때도, 자기 이익과 배치될 때도, 아무도 감시하지 않을 때도 그 브랜드는 같은 태도를 유지하는가? 여기에 신뢰가 유지되는 것이다.

신뢰가 부실한 브랜드들을 자세히 관찰해보면 패턴이 보인다. 제조 회사가 제품 결함을 알고도 숨긴다. 스타트업이 투자자 앞에서는 한 가지 수익모델을 이야기하고, 투자를 받은 후에는 전혀 다른 방향으로 간다. 패션 브랜드가 '지속가능성'을 외치지만, 공장에서는 근로자를 착취한다. 음식 브랜드가 '건강한 식재료'라고 광고하지만, 실제로는 값싼 대체재로 몰래 바꾼다.

이런 일들이 드러났을 때 무슨 일이 벌어지는가? 브랜드의 이미지는 한 순간에 무너진다. 아무리 좋은 디자인도, 아무리 효과적인 광고도 그 신뢰를 되살릴 수 없다. 왜냐하면 신뢰가 깨진 것이기 때문이다. 그리고 깨진 신뢰는 돈으로 사고팔 수 없다.

신뢰의 패러다임 전환

지난 수십 년간 마케팅의 세계는 보이는 것에 집중했다. 로고 디자인, 광고 영상, 패키지 디자인, 인테리어 디자인 등등. 아름다움을 경쟁력으로 생각했다. 분명히 이 모든 것이 중요하다. 아름다운 디자인은 시선을 끈다. 감정을 동요시키고 구매 욕구를 자극한다.

하지만 거기서 끝난다. 아무리 아름다운 로고를 가진 회사도 그 회사의 서비스가 불친절하면 신뢰를 잃는다. 아무리 세련된 광고를 하는 회사도 제품의 품질이 광고의 약속과 맞지 않으면 신뢰를 잃는다. 아무리 멋진 인테리어의 매장을 가진 회사도 고객센터가 불성실하면 신뢰를 잃는다.

보이는 디자인은 첫인상을 만든다. 하지만 신뢰는 만들지 못한다. 신뢰는 두 번째 만남, 세 번째 만남 그리고 그 이후의 일관된 경험에서 만들어진다.

이제 세상이 변하고 있다. 특히 다음 세대의 소비자들을 보면 그것이 명확하다. MZ 세대의 소비자들은 기업을 다르게 판단한다. 그들은 기업이 무엇을 파느냐보다 '무엇을 믿는가'를 중시한다. 그들은 아름다운 디자인보다 정직한 태도를 선호한다. 그들은 효과적인 광고보다 진정한 의도를 감지한다. 이것이 바로 '보이지 않는 디자인의 시대'이다. 그것은 로고의 정교함이 아니라 회사의 가치관이다. 광고 문구의 완벽함이 아니라 행동의 일관성이다. 매장의 세련됨이 아니라 고객 대응의 성실함이다.

그렇다면 "보이지 않는 디자인은 무엇인가?" 이에 대한 대답은 다시 다음 질문으로 이어진다. 소비자 문의에 얼마나 빨리 응답하는가? 그 응답의 톤이 성실한가? 제품에 결함이 있을 때 기업이 어떻게 대응하는가? 기업의 의사결정 과정이 공개적인가? 기업이 사회 문제에 대해 명확한 입장을 가지고 있는가? 기업의 입장과 행동이 일치하는가? 이런 것들을 설계하는 것, 그것이 보이지 않는 디자인이다. 그리고 이 디자인이 신뢰의 진정한 토대가 된다.

브랜드는 과거에 '이미지'였다. 로고, 슬로건, 색상, 패턴 등 시각적 요소의 조합으로 정의되었다. 그다음으로 브랜드는 '경험'이 되었다. 소비자가 제품을 구매하고 사용하는 일련의 순간들이 균일하고 기쁨으로 가득 차야 한다고 생각했다. 고급 백화점의 우아한 쇼핑 경험, 커피숍의 세심한 서비스, 온라인 쇼핑몰의 매끄러운 인터페이스 등이 그 예다.

이제 브랜드는 더 깊은 차원의 무언가가 되어 가고 있다. 그것은 '신뢰의 구조'이다. 신뢰의 구조란 무엇인가? 그것은 기업이 소비자와 어떤 계약을 맺고, 그 계약이 얼마나 성실하게 이행되는가를 의미한다. 그것은 기업의 투명한 커뮤니케이션이고, 명확한 가치관이며, 일관된 행동이다. 이 구조를 설계하는 일은 로고를 그리는 것보다 훨씬 어렵다. 하지만 훨씬 가치가 있다.

2010년대 중반까지만 해도 브랜드 마케팅의 핵심은 멋진 광고를 만드는 것이었다. 유명 배우를 모델로 기용하고, 감동적인 스토리를 담은 CF를 제작하며, SNS에서 화제가 되는 캠페인을 기획하는 것. 이런 것들이 브랜드 가치를 높이는 가장 확실한 방법으로 여겨졌다.

하지만 지금은 다르다. 아무리 감동적인 광고를 만들어도 실제 행동이 뒷받침되지 않으면 소비자들은 곧바로 눈치챈다. 환경보호를 외치는 광고를 내보내면서 정작 공장에서는 환경을 오염시키고 있다면? 노동자 권리를 강조하면서 하청 공장의 열악한 환경은 모른 척한다면? 이런 이중성은 SNS 시대에 빠르게 폭로되고 브랜드에 치명타를 입힌다.

소비자들은 이제 광고 속 말이 아니라 기업의 실제 행동을 본다. 얼마나 투명하게 정보를 공개하는가? 문제가 생겼을 때 어떻게 대응하는가? 약속을 지키는가? 이런 것들이 진짜 브랜드 가치를 결정한다. 멋진 슬로건보다 지루해 보이는 지속가능성 보고서가, 화려한 이벤트보다 꾸준한 실천이 더 큰 신뢰를 만든다. 파타고니아의 창업자 이본 쉬나드가 한 말이 이를 잘 보여준다.

"우리는 광고에 돈을 쓰지 않습니다. 대신 제품을 잘 만들고, 환경을 보호하는 데 투자합니다. 그러면 고객들이 우리의 이야기를 대신 전해줍니다."

실제로 파타고니아는 전통적인 마케팅 예산이 거의 없지만, 입소문과 진정성으로 충성 고객들을 확보했고, 지속적으로 성장하고 있다. 이것이 ESG 시대의 새로운 마케팅이다. 말이 아니라 행동으로 증명하는 것, 포장이 아니라 본질로 승부하는 것, 단기적 주목이 아니라 장기적 신뢰를 쌓는 것. 이런 변화는 오히려 반가운 일이다. 자본과 인맥이 많은 기업만이 유리했던 과거와 달리, 이제는 진정성과 일관성을 가진 작은 브랜드도 충분히 경쟁할 수 있게 되었기 때문이다.

신뢰는 매일의 행동으로 증명되는 관계이다. 신뢰를 은행 계좌에 비유해보면, 먼저 신뢰라는 계좌에는 한 번에 큰 금액을 넣을 수 없다. 매일 조금씩 꾸준히 입금해야 잔고가 쌓인다. 약속을 지킬 때마다, 투명하게 소통할 때마다, 옳은 선택을 할 때마다 조금씩 잔고가 늘어난다. 하지만 한 번의 거짓말, 한 번의 배신으로 그 계좌는 순식간에 바닥날 수 있다. 이것이 바로 신뢰의 특성이다.

신뢰를 쌓기는 어렵지만 무너지기는 쉽다. 10년 동안 쌓은 신뢰가 하루 만에 사라질 수 있다. 그래서 기업들은 항상 긴장해야 하고 매 순간 신중해야 한다. 신뢰는 한 번 얻으면 끝나는 것이 아니라 매일 유지하고 갱신해야 하는 살아 있는 관계인 것이다.

그렇다면 우리는 무엇을 해야 하는가? 신뢰를 구축하는 첫걸음은 자신의 브랜드가 '무엇을 약속하고 있는지' 정확히 아는 것이다. 많은 기업이 자신이 소비자에게 어떤 약속을 하고 있는지조차 명확히 인지하지 못한 채 마케팅을 진행한다. 광고에서는 '최고의 품질'을 말하지만, 실제 제품은 그저 평범하다. 웹사이트에서는 '고객 중심'을 외치지만, 고객센터는 연결조차 되지 않는다.

진정한 마케팅 거버넌스는 약속과 실천 사이의 간극을 없애는 시스템이다. 말한 것을 실천하고, 실천할 수 없는 것은 말하지 않는 원칙. 이것이 신뢰의 출발점이다. 그리고 이 원칙을 지키기 위해서는 조직 전체가 하나의 일관된 가치 아래 움직여야 한다. 마케팅팀만의 문제가 아니라 경영진, 생산팀, 고객서비스팀 등 모든 구성원이 같은 방향을 바라봐야 한다.

신뢰는 거창한 선언이 아니라 작은 성실함의 축적이다.

"오늘 당신의 브랜드는 어떤 약속을 지켰는가? 내일은 또 어떤 신뢰를 쌓아갈 것인가?"

이 질문에 답하는 매일의 선택이 결국 당신의 브랜드를 정의한다.

진심을 증명하는 방법

행동으로 말하기

2020년대 들어 ESG(Environment, Social, Governance)라는 세 글자는 기업들의 필수 어휘가 되었다. 투자자들은 ESG 점수를 보고, 소비자들은 ESG 실천 여부를 따지며, 언론은 ESG 순위를 매긴다. 그러자 마치 약속이라도 한 듯 모든 브랜드가 일제히 "우리도 ESG를 실천하고 있습니다!"라고 외치기 시작했다.

홈페이지 메인 화면에는 푸른 지구 이미지가 떠 있고, 연차보고서에는 'Sustainability'라는 단어가 수십 번 등장한다. 광고에는 아이들이 맑은 숲에서 뛰어노는 장면이 나오고, CEO는 기자회견에서 '환경을 생각하는 기업'임을 강조한다. 그런데 이상하다. 말은 그럴싸한데, 뭔가 공허하다. 포스터는 아름다운데, 실제로는 변한 게 없다. 소비자들은 점점 더 예민하게 이 괴리를 감지한다.

그린워싱(Greenwashing)이란 '친환경인 척'을 하는 마케팅을 말한다. 녹색(Green)으로 하얗게 세탁(Whitewashing)한다는 의미다. 이것은 단순한 과장 광고가 아니다. 더 교묘하고, 더 기만적이며, 더 위험하다. 왜냐하면 그린워싱은 소비자의 선의를 악용하기 때문이다. 환경을 걱정하는 소비자의 마음을 이용해 돈을 벌면서 정작 환경에는 아무런 기여도 하지 않는 것이다.

그린워싱에는 전형적인 패턴들이 있다. 한 대형 패션 브랜드가 '재활용 폴리에스터 20% 사용'을 대대적으로 광고했다. 포스터에는 큰 글씨로 'ECO COLLECTION'이라고 쓰여 있고, 모델은 흰옷을 입고 녹색 들판에 서 있다. 하지만 실상은 어떨까? 전체 생산량의 5%도 안 되는 소량 생산 라인에만 재활용 소재를 적용했다. 나머지 95%는 여전히 환경 파괴적인 방식으로 생산된다. 작은 선행으로 큰 악행을 가리는 것이다.

어떤 자동차 회사는 광고에서 전기차가 푸른 숲길을 달리는 장면을 보여준다. '제로 에미션(Zero Emission)'이라는 문구가 떠오른다. 시청자는 무의식적으로 '친환경 자동차'라고 인식한다. 하지만 전기는 어디서 올까? 만약 그 전기가 석탄 화력발전소에서 생산된 것이라면? 배터리를 만들 때 희귀 광물을 채굴하며 환경을 파괴했다면? 차가 달릴 때만 배출가스가 없을 뿐, 전체 생애주기로 보면 오히려 더 해로울 수 있다.

어떤 기업이 'ISO 친환경 인증'을 받았다고 홍보한다. 하지만 그 인증은 사무실 한 곳의 재활용 분리수거를 잘한다는 인증이다. 정작 제품을 만드는 공장에서는 폐수를 무단 방류하고 있는데도 말이다. 또 다른 기업은 'ESG 우수 기업'으로 선정되었다고 자랑한다. 알고 보니 그 시상은 돈을 내면 받을 수 있는 민간단체의 행사였다.

한 글로벌 음료 기업은 '플라스틱 재활용 캠페인'을 대대적으로 벌였다.

소비자들에게 빈 병을 모아서 재활용하라고 독려했다. 광고에는 아이들이 플라스틱 병을 주워 분리수거함에 넣는 귀여운 장면이 나온다. 하지만 정작 그 기업은 매년 수백만 톤의 플라스틱 병을 생산한다. 재활용이 가능한 포장재로 바꿀 기술과 자본이 있음에도 하지 않는다. 왜? 비용이 더 들기 때문이다. 결국 기업은 계속 플라스틱을 만들고, 소비자는 죄책감을 느끼며 재활용을 하는 구조다. 책임의 주체가 뒤바뀐 것이다.

소비자는 더 이상 속지 않는다. 2023년 어느 설문조사에 따르면, MZ세대 소비자의 73%가 "기업의 ESG 메시지를 믿지 않는다"라고 답했다. 그들은 말한다.

"말은 누구나 할 수 있어요. 진짜로 뭘 하는지 보여주세요."

소비자들은 이제 영리하다. 포스터 뒤의 공장을 상상하고, 광고 문구의 허점을 찾아낸다. SNS에는 그린워싱을 고발하는 게시물이 바이럴되고, 유튜브에는 "○○기업의 ESG는 가짜다"라는 제목의 영상이 올라온다.

한 유명 커피 체인은 "플라스틱 빨대 사용 중단"을 선언하며 환경보호를 자랑했다. 하지만 소비자들은 곧 알아차렸다. 빨대는 없앴지만 뚜껑은 여전히 플라스틱이고, 오히려 더 두껍고 무거워졌다는 것을. 사실상 플라스틱 사용량이 증가한 것이다. 결과는? 소셜미디어에서 조롱거리가 되었고, 브랜드 이미지는 타격을 입었다. 환경을 생각하는 척하다가 오히려 더 큰 역풍을 맞은 것이다.

그렇다면 그린워싱과 진정성의 차이는 무엇일까? 그 답은 간단하다. 진정성은 비용을 치른다. 진짜 변화는 돈이 들고 시간이 걸린다. 단기 이익을 포기해야 하고 불편함을 감수해야 한다. 그래서 대부분의 기업은 말만 하고 행동하지 않는다. 하지만 진심으로 변화하려는 브랜드는 다르다. 그들은 조용히, 그러나 꾸준히 행동한다. 화려한 광고보다 묵묵한 실천으로 말한다.

2011년 블랙 프라이데이, 미국 최대의 쇼핑 시즌에 모든 브랜드가 "50% 할인! 지금 사세요!"라고 외칠 때, 파타고니아는 정반대의 광고를 냈다. 뉴욕타임스 전면 광고에 자사의 베스트셀러 재킷 사진을 크게 실었다. 그 위에 큰 글씨로 이렇게 썼다. "DON'T BUY THIS JACKET" (이 재킷을 사지 마세요) 광고는 계속된다.

"이 재킷을 만드는 데 135리터의 물이 필요합니다", "운송 과정에서 20파운드의 이산화탄소가 배출됩니다", "정말 필요하지 않다면 사지 마세요.", "이미 가지고 있다면 오래 입으세요", "망가지면 우리가 고쳐드립니다"

이것은 역설적 메시지다. 제품을 파는 회사가 소비를 줄이라고 말한다. 더 사라고 부추기는 대신 덜 사라고 권한다. 미쳤나? 경영학 교과서에 나오는 모든 원칙을 거스르는 행동이다. 매출은 어떻게 하려고? 성장은? 주주들은 뭐라고 할까? 하지만 파타고니아의 철학은 단순명쾌했다. "우리는 지구를 구하기 위해 사업을 합니다" 창립자 이본 쉬나드는 말한다.

"좋은 제품을 만들고, 오래 쓰게 하고, 고쳐 쓰게 하고, 결국 재활용하는 것. 그것이 환경을 지키는 유일한 방법입니다. 소비를 부추기는 것은 환경을 파괴하는 행위입니다."

그들은 말만 한 게 아니다. 실제로 수선 서비스(Worn Wear)를 운영한다. 낡은 파타고니아 제품을 가져오면 무료로 고쳐준다. 고칠 수 없으면 중고로 되사서 재판매한다. 아예 쓸 수 없으면 원료로 재활용한다.

놀랍게도 'Don't Buy' 캠페인 이후 파타고니아의 매출은 오히려 30% 증가했다. 브랜드 충성도는 치솟았고, 팬들은 자발적으로 홍보했다. 왜? 소비자들은 진심을 알아봤기 때문이다. "이 브랜드는 진짜구나. 돈보다 철학을 택하는구나"라는 믿음이 오히려 더 강한 구매 동기가 되었다.

스위스의 가방 브랜드 프라이탁(FREITAG)은 중고 트럭 덮개로 가방을 만든다. 트럭의 화물을 덮던 방수천, 자전거 타이어 튜브, 자동차 안전벨트 같은 폐자재가 원료다. 처음 듣는 사람은 의아해한다. "쓰레기로 만든 가방이라고? 그럼 싸겠네?" 아니다. 프라이탁 가방은 한 개에 30만 원에서 100만 원이 넘는다. 명품 가방 가격이다. 왜? 철학 때문이다.

프라이탁 형제는 1993년 자전거 메신저로 일하면서 생각했다. "비에 젖지 않는 튼튼한 가방이 필요한데, 새로 만들 필요가 있을까? 버려지는 걸 활용하면 되지 않을까?" 그들은 버려진 트럭 덮개를 구했다. 빗물과 먼지에 씻기고, 햇볕에 바래고, 찢어지고 때 묻은 천이었다. 보통 사람이라면 쓰레기로 봤을 것이다. 하지만 그들은 보물을 발견했다. 이미 수년간 혹독한 환경을 견뎌낸 최고로 튼튼한 소재를. 게다가 하나하나 색과 무늬가 다른 세상에 단 하나뿐인 원단을.

프라이탁은 '업사이클링(Upcycling)'을 실천한다. 단순히 재활용(Recycling)하는 게 아니라 버려진 것을 더 가치 있게 만드는 것이다. 그들의 공장은 취리히에 있다. 굳이 인건비가 싼 나라로 생산기지를 옮기지 않는다. 왜? 운송 과정에서 발생하는 탄소를 줄이기 위해서다.

결과는? 현재 프라이탁은 전 세계 500개 이상의 매장에서 판매되면서 연 매출 1천억 원이 넘는 글로벌 브랜드가 되었다. 친환경을 핑계로 조잡한 제품을 만드는 게 아니라 친환경이기 때문에 더 가치 있는 제품을 만든 것이다.

네덜란드의 초콜릿 브랜드 토니스 초코론리(Tony's Chocolonely)는 2005년 한 기자의 분노에서 시작되었다. 테온 판 리엠스덴크는 서아프리카 카카오 농장에서 아동 노예 노동이 자행되고 있다는 사실을 알았다. 그는 초콜릿 회사들을 고발했지만 아무도 책임지지 않았다. 그래서 그는 스스로 범법자가 되기로 했다. 초콜릿 17개를 먹고 "저는 아동 노예 노동의 공범입니다. 체포해주세요"라며 자신을 경찰에 고발했다.

그의 행동은 사회적 논쟁을 일으켰고, "불평만 해선 안 된다. 직접 바꿔야 한다"라며 직접 초콜릿 회사를 차렸다. 목표는 단 하나, '노예 없는 초콜릿'을 만드는 것.

토니스는 농부에게 정당한 가격을 지불한다. 시장가보다 훨씬 높은 프리미엄을 주고 장기 계약을 맺는다. 공급망을 완전히 추적하고 투명하게 공개한다. 혼자 하지 않고 다른 초콜릿 회사들에게 공급망 정보를 무료로 공유한다. 결과는? 토니스 초코론리는 네덜란드 초콜릿 시장 점유율 1위가 되었고, 이제 유럽 전역으로 확장 중이다.

진정성의 원칙은 명확하다. 말보다 행동이 먼저며, 단기 이익을 포기하고 투명하게 공개한다. 소비자를 똑똑하게 만들고, 혼자 독점하지 않으며, 행동의 언어로 말한다.

결국 ESG는 보고서의 숫자가 아니다. ESG는 선택의 결과다. 말의 언어가 아니라 행동의 언어로. 그것이 그린워싱을 넘어선 진정성의 브랜딩이다.

위기에서 드러나는 진짜 신뢰

2015년 전 세계를 충격에 빠뜨린 사건이 있었다. 독일의 자동차 기업 폭스바겐이 디젤 차량의 배출가스 수치를 조작했다는 사실이 드러난 것이다. 환경을 생각하며 클린 디젤을 표방하던 브랜드가 실제로는 배출가스 테스트를 통과하기 위해 소프트웨어를 조작했다는 진실 앞에서 소비자들은 배신감을 느꼈다. 폭스바겐은 수조 원의 벌금과 함께 브랜드 이미지에 치명타를 입었고, 회복하는 데 수년이 걸렸다.

반대로 같은 시기에 파타고니아는 자사 제품의 환경 영향을 솔직하게 공개하며 "우리 제품을 사지 마세요"라는 파격적인 캠페인을 펼쳤다. 불필요한 소비를 줄이자는 메시지였다. 이 정직한 태도는 오히려 소비자들의 신뢰를 얻었고, 파타고니아는 지속가능성을 대표하는 브랜드로 자리잡았다.

이 두 사례가 우리에게 던지는 질문은 명확하다.

"위기 상황에서 브랜드는 어떤 태도를 취해야 할까? 그리고 그 태도는 왜 브랜드의 미래를 결정하는 결정적 순간이 될까?"

위기가 발생했을 때 브랜드가 취할 수 있는 선택지는 크게 세 가지이다. 첫째, 침묵하고 시간이 지나기를 기다리는 것. 둘째, 변명하거나 책임을 회피하는 것. 셋째, 솔직하게 인정하고 해결책을 제시하는 것. 세 번째 선택만이 신뢰를 회복할 수 있는 유일한 길이다.

과거에는 기업이 문제를 숨기거나 최소화하는 것이 가능했다. 정보가 느리게 전달되던 시절이었기 때문이다. 하지만 지금은 다르다. SNS 시대의 소비자는 실시간으로 정보를 공유하고, 의견을 모으며, 집단행동을 조직한다. 한 명의 불만이 수천 명의 공감을 얻는 데는 몇 시간이면 충분하다. 브랜드가 침묵하거나 거짓말을 하면 그 사실은 더 빠르게 확산하고 더 오래 기억된다.

투명 커뮤니케이션이란 단순히 정보를 공개하는 것 이상의 의미를 담고 있다. 그것은 브랜드가 자신의 실수를 인정하고, 책임을 지며, 개선을 약속하는 태도 그 자체이다. 소비자들이 원하는 것은 완벽한 브랜드가 아니다. 실수했을 때 정직하게 대응하는 브랜드이다.

1990년대 후반 나이키는 개발도상국 공장의 열악한 노동 환경 문제로 거센 비판을 받았다. 아동노동, 저임금, 위험한 작업 환경 등이 언론을 통해 폭로되면서 불매운동이 일어났다. 처음에는 방어적인 태도를 보이던 나이키였지만 곧 전략을 바꿨다. 외부 감사기관을 통해 전 세계 협력 공장을 조사했고, 그 결과를 있는 그대로 공개했다. 좋은 내용만이 아니라 문제점까지 투명하게 드러냈다. 그리고 윤리적 생산 기준을 만들어 모든 협력 공장에 적용했다. 나아가 매년 지속가능성 보고서를 발간하며 진행 상황을 공유했다.

이러한 노력은 즉각적인 효과를 가져오지는 않았다. 하지만 시간이 지나면서 소비자들은 나이키의 변화를 인정하기 시작했고, 오늘날 나이키는 윤리적 생산을 실천하는 대표 브랜드 중 하나로 평가받고 있다. 위기가 오히려 브랜드를 한 단계 성장시킨 계기가 된 것이다.

스타벅스의 사례도 주목할 만하다. 2018년 미국 필라델피아의 한 스타벅스 매장에서 아프리카계 미국인 두 명이 아무 이유 없이 경찰에 신고되는 인종차별 사건이 발생했다. 영상이 SNS에 퍼지면서 스타벅스는 심각한 비난에 직면했다. 이때 스타벅스의 대응은 신속하고 과감했다. CEO가 직접 사과 성명을 발표했고, 사건이 발생한 매장을 방문해 당사자들을 만났다.

그리고 단순한 사과로 끝내지 않았다. 미국 전역의 8,000개 매장을 하루 동안 전부 문을 닫고 17만 5천 명의 직원을 대상으로 인종 편견 방지 교육을 실시했다. 매출 손실을 감수하면서까지 문제의 근본 원인을 해결하려 했던 것이다.

이 결정은 많은 논란을 불러일으켰다. 일부에서는 과한 대응이라는 비판도 있었지만, 소비자들의 반응은 긍정적이었다. 스타벅스가 단순히 이미지 관리를 넘어 진정으로 변화하려 한다는 것을 보여줬기 때문이다. 위기 대응의 핵심은 속도와 진정성 그리고 구체적 행동이라는 것을 스타벅스는 증명했다.

반면 위기를 제대로 관리하지 못해 몰락한 브랜드도 많다. 앞서 언급했듯이 폭스바겐 배출가스 조작 사건이 대표적이다. 초기에 투명하게 대응했다면 피해를 최소화할 수 있었는데 숨기려는 태도가 오히려 더 큰 재앙을 불렀다.

위기 대응에서 중요한 것은 첫 번째로 속도가 빨라야 한다는 것이다. 문제가 발생하면 24시간 내에 첫 반응을 보여야 한다. 침묵은 무관심이나 은폐로 해석된다. 완벽한 답을 준비하느라 시간을 끌기보다는 "우리는 이 문제를 심각하게 받아들이고 있으며, 현재 조사 중입니다. 추가 정보는 곧 공유하겠습니다"라는 메시지만이라도 빠르게 전달하는 것이 중요하다.

두 번째는 책임의 주체를 명확히 하는 것이다. '시스템 오류', '불가항력' 같은 모호한 표현은 책임 회피로 들린다. 최고경영자가 직접 나서서 "우리의 실수입니다. 책임지겠습니다"라고 말하는 것이 훨씬 강력하다.

세 번째는 구체적 행동 계획이다. "죄송합니다"로 끝나는 사과는 공허하다. '무엇이 잘못됐고, 왜 발생했으며, 앞으로 어떻게 막을 것인지'를 구체적으로 제시해야 한다. 그리고 그 약속을 반드시 지켜야 한다. 지키지 못한 약속은 신뢰를 더 빠르게 무너뜨린다.

침묵은 소비자의 상상력을 자극한다. 그리고 상상 속의 기업은 항상 현실의 기업보다 더 나쁘다. '왜 말하지 않을까? 뭔가 숨기고 있는 거 아닐까?' 투명하게 설명하기보다 침묵하는 기업, 그것은 신뢰를 포기하는 것이다.

진정성은 완벽함이 아니라 태도에서 완성된다. 많은 기업이 위기 상황을 어려워하는 이유는 완벽하지 못한 모습을 보이는 것이 두렵기 때문이다. 하지만 소비자들은 이미 알고 있다. 완벽한 기업은 없다는 것을. 중요한 것은 실수하지 않는 것이 아니라 실수했을 때 어떻게 대응하느냐이다.

소비자와 함께 만드는 신뢰

당신은 최근에 무언가를 살 때 어떤 기준으로 선택했나? 아마도 5년 전이라면 대부분 "가격이 합리적인지, 품질이 좋은지, 배송이 빠른지 본다"라고 대답했을 것이다. 더 싸고, 더 좋고, 더 빠르면 그걸로 충분했다.

그러나 지금은 조금 다를 것이다. 마트에서 샴푸를 고르다가 문득 뒷면의 성분표를 꼼꼼히 읽게 되고, 커피를 주문하면서 '이 원두가 어디서 왔을까?' 하는 생각이 들기도 한다. 옷을 사기 전에 스마트폰을 꺼내 '이 브랜드 노동 착취 논란'을 검색해보는 자신을 발견하기도 한다.

우리는 지금 구매 결정의 기준이 근본적으로 바뀌는 시대를 살고 있다. 더 이상 가격과 품질만으로는 충분하지 않다. 그 제품이 어떻게 만들어졌는지, 그 과정에서 누군가 피해를 입지는 않았는지, 지구에 해를 끼치진 않았는지까지 궁금해한다. 단순한 구매자에서 '윤리적 소비자'로 진화하고 있는 것이다.

무엇이 우리를 바꾸었을까? 이런 변화가 갑자기 생긴 건 아니다. 여러 요인이 복합적으로 작용했는데, 그중 가장 큰 것은 정보에 대한 접근성이 달라졌다는 점이다.

과거에는 기업이 말해주는 것만 알 수 있었다. 광고에서 보여주는 깨끗한 공장, 행복한 직원들, 푸른 자연이 전부였다. 하지만 이제는 스마트폰 하나면 전 세계의 정보를 확인할 수 있다. 어느 기업이 개발도상국에서 아동노동을 착취한다는 뉴스가 나오면 몇 시간 만에 전 세계로 퍼진다. 유튜버들이 직접 공장을 방문해 현장을 취재하고, 전직 직원들이 익명 게시판에 내부 실태를 고발한다. 정보는 더 이상 기업만의 것이 아니라 우리 모두의 것이 되었다.

2024년 한 글로벌 소비자 조사 결과를 보면, MZ 세대의 68%가 "가격이 더 비싸도 친환경 제품을 선택한다"라고 답했다. 또 73%는 "윤리적 문제가 있는 브랜드는 아예 사지 않는다"라고 했다. 단순한 설문 수치가 아니다. 실제 매출 데이터가 이를 뒷받침하고 있다.

예를 들어 비건 화장품 시장은 최근 몇 년간 연 30% 이상의 성장률을 보이고 있다. 동물 실험을 하지 않고, 동물성 원료를 쓰지 않는다는 이유만으로 일반 제품보다 20~30% 비싼 가격에도 불구하고 날개 돋친 듯 팔리고 있다. 공정무역 커피도 마찬가지이다. "이 커피를 사면 그 돈이 제3세계 농부의 아이를 학교에 보내는 데 쓰인다"라는 걸 알기 때문에 사람들은 기꺼이 더 높은 가격을 지불한다.

브랜드들의 진심 어린 응답도 주목할 만한다. 소비자가 변하자 브랜드들도 변해야 했다. 물론 어떤 기업은 진심으로 변했고, 어떤 기업은 변하는 척만 했다. 다행히 소비자들은 그 차이를 정확히 구분할 줄 안다.

아모레퍼시픽은 2021년부터 공병 수거 제도를 대대적으로 개편했다. 자사 제품뿐 아니라 타사 화장품 공병도 받고, 용기당 포인트를 10원에서 50~100원으로 올렸으며, 택배로도 보낼 수 있게 편의성을 높였다. 2023년 한 해 동안 수거한 공병이 1,200만 개에 달했다고 하니 작은 실천이 모여 큰 변화를 만든 셈이다.

롯데칠성음료는 2022년 모든 음료 페트병을 투명 페트병으로로 전환했다. "그냥 색만 뺀 거 아니냐"라고 생각할 수 있는데, 사실은 그게 아니다. 유색 페트는 재활용이 어려워서 대부분 소각되거나 매립되는 반면, 투명 페트는 재활용이 쉽고 다시 병으로 만들 수 있다. 문제는 투명 페트가 15~20% 더 비싸다는 점이다. 색소로 불순물을 감출 수 없어서 더 순도 높은 원료를 써야 하기 때문이다. 롯데는 연간 수십억 원의 추가 비용을 감수하고 이 전환을 밀고 나갔고, 소비자들은 "롯데가 변하고 있다"며 긍정적으로 반응했다.

배달의민족도 주목할 만하다. 2019년 배민은 일회용품 제공 방식의 기본값을 바꿨다. 과거에는 자동으로 수저와 포크가 포함되었지만, 이제는 기본적으로 포함되지 않고 필요한 경우에만 선택하도록 했다. 초기에는 "수저가 안 왔어요"라는 불만이 쏟아졌지만 서서히 소비자들이 적응했고,

오히려 "집에 수저가 있는데 왜 또 받아요?"라며 적극 호응했다. 2023년 통계에 따르면, 배민 주문의 70% 이상이 일회용품을 선택하지 않는다고 하니 연간 2억 개가 넘는 일회용 수저와 포크가 절감된 셈이다.

소비자의 적극적인 참여도 놀랍다. 요즘 사람들은 구매 전에 적극적으로 정보를 찾아본다. 브랜드 이름에 'ESG', '논란', '불매' 같은 키워드를 붙여서 검색한다. 한 MZ 세대 소비자는 "옷 하나 사도 리서치를 해요. 이 브랜드가 아동노동을 쓰진 않는지, 동물 실험을 하진 않는지 네이버에 검색하고, 유튜브에서 리뷰 보고, 인스타그램에서 해시태그 찾아봅니다. 문제가 있으면 아무리 예뻐도 안 사요"라고 말했다.

좋은 브랜드는 소비자가 자발적으로 홍보한다. "여기 진짜 착한 브랜드예요. 수익금의 10%를 환경 단체에 기부한대요", "이 회사는 직원 복지가 진짜 좋아요. 주 4일 근무하고, 육아휴직 100% 보장이래요" 같은 게시물은 어떤 광고보다 강력하다. 진심에서 우러난 추천이기 때문이다.

반대로 문제가 있는 브랜드는 순식간에 불매운동 대상이 된다. 2023년 한 설문조사에 따르면, 20~30대의 58%가 "최근 1년 내 특정 브랜드를 의도적으로 사지 않은 적이 있다"라고 답했다. 이유로는 윤리적 문제(47%), 환경 문제(31%), 노동 착취(18%) 등을 꼽았다. 불매는 더 이상 극단적인 선택이 아니라 일상적인 소비 판단이 된 것이다.

흥미로운 건 '프리미엄'의 의미가 바뀌었다는 점이다. 과거에는 비싼 제품을 사는 이유가 명품 로고나 과시였다면, 이제는 윤리적 가치와 자부심이다. 한 MZ 세대 소비자는 "저는 명품 가방보다 공정무역 가방이 더 자랑스러워요. 루이비통을 들고 다니면 '돈 많나 보다' 소리 듣지만, 프라이탁을 메면 '가치관이 뚜렷하다'라는 평가를 받거든요. 저한테는 그게 더 중요해요"라고 말했다.

소비자들의 이런 행동은 단순한 개인의 선택이 아니다. 모이고 모이면 시장 전체를 움직이는 강력한 신호가 된다. ESG 우수 기업의 주가는 상승하고, 논란이 있는 기업의 제품은 매출이 떨어지며, 투명한 기업은 인재를 유치하기 쉬워지고, 신뢰받는 브랜드는 위기에도 견딘다. 결국 신뢰는 소비자와 브랜드가 함께 만드는 관계의 결과물이다.

브랜드는 진심을 행동으로 보여주고, 투명하게 공개하며, 책임을 회피하지 않고, 장기적 가치를 추구한다. 소비자는 정보를 찾아보고, 신중하게 선택하며, 좋은 브랜드를 지지하고, 나쁜 브랜드를 외면한다. 이 두 역할이 만나면 신뢰가 쌓인다.

당신의 지갑을 여는 순간, 당신은 투표를 하는 것이다. 어떤 세상을 원하는지, 어떤 기업을 응원하는지, 어떤 미래를 만들고 싶은지에 대한 투표. 그 한 표 한 표가 모여 시장을 바꾸고, 기업을 변화시키며, 결국 우리가 살아갈 세상을 만든다.

당신의 선택이 만드는 신뢰 사회

신뢰는 매일의 행동으로 쌓인다

신뢰는 일방적으로 만들어지지 않는다. 기업이 투명하게 말하는 것만큼 소비자가 책임 있게 듣는 것도 중요하다. 기업의 노력을 인정하고, 개선의 과정을 지지하며, 건설적인 피드백을 제공하는 것. 이런 소비자의 태도가 기업의 변화를 이끌어낸다.

코스트코의 사례가 이를 잘 보여준다. 코스트코는 자사 브랜드 제품 '커클랜드'에 문제가 발생하면 즉시 무조건 환불해준다. 심지어 구매한 지 몇 년이 지난 제품도 마찬가지이다. 영수증이 없어도 회원 정보로 확인해 환불해준다. 이런 정책은 단기적으로 손해처럼 보인다. 하지만 장기적으로는 엄청난 신뢰를 만들어낸다. 고객들은 "코스트코에서 산 제품은 믿을 수 있다"라고 생각하게 되고, 이는 지속적인 재구매와 신규 고객 유입으로 이어진다.

신뢰는 한번 형성되면 놀라운 선순환을 만들어낸다. 신뢰받는 브랜드는 고객 충성도가 높아지고, 마케팅 비용이 줄어들며, 위기 상황에서도 빠르게 회복한다. 직원들도 자부심을 느끼며 일하고, 우수한 인재가 모여든다. 투자자들은 장기적 가치를 인정하며 안정적인 투자를 유지한다.

반대로 신뢰를 잃은 브랜드는 악순환에 빠진다. 고객이 떠나가고, 그것을 막기 위해 단기적 프로모션에 의존하며, 직원들의 사기는 떨어지고, 언론의 부정적 보도가 이어진다. 신뢰를 회복하기 위해서는 잃을 때보다 몇 배의 시간과 노력이 필요하다.

코로나19 팬데믹은 이러한 신뢰의 힘을 극명하게 보여줬다. 위기 속에서 직원과 고객을 먼저 생각한 기업들은 더 강한 신뢰를 얻었고, 팬데믹 이후 빠르게 회복했다. 반면 위기를 이용해 부당한 이익을 취하거나 직원을 쉽게 해고한 기업들은 오랫동안 비난받았고, 회복에 어려움을 겪었다.

던킨도너츠의 한국 법인은 팬데믹 초기 모든 직원에게 마스크와 손소독제를 무료로 제공하고, 확진자가 나온 매장은 즉시 폐쇄해 방역했다. 단기적으로는 비용과 손실이 발생했지만, 고객들은 이런 조치를 높이 평가했고, 오히려 매출이 증가했다. 신뢰는 이렇게 위기의 순간에 그 진가를 발휘한다.

신뢰는 경제적으로도 합리적이다. 거래 비용을 줄여주고, 충성도를 만든다. 또한 위기를 견디게 하고, 가격 경쟁에서 자유롭게 해준다. 무엇보다 신뢰는 지속 가능하다. 단기적인 마케팅 속임수는 한두 번은 통할지 몰라도 오래가지 못하지만, 진심으로 쌓은 신뢰는 수십 년을 간다.

지금 일어나는 변화는 단순한 소비 트렌드가 아니라 경제 시스템의 근본적인 전환이다. 과거의 경제가 '더 많이, 더 빨리, 더 싸게'를 추구했다면, 새로운 경제는 '더 책임감 있게, 더 투명하게, 더 오래'를 추구한다. 단기 이익보다 장기 가치를, 양적 성장보다 질적 성장을 중요하게 여긴다.

그리고 이 전환의 중심에 바로 우리, 소비자가 있다. 우리가 무엇을 사고 무엇을 사지 않는가, 어떤 브랜드를 지지하고 어떤 브랜드를 외면하는가가 모여서 미래를 만든다. 우리는 지갑으로 투표하고 소비로 세상을 바꾼다.

신뢰는 천천히 쌓이지만 빠르게 무너진다. 한 번의 거짓말, 한 번의 은폐가 수년간 쌓은 신뢰를 순식간에 무너뜨릴 수 있다. 그래서 처음부터 정직한 것이 가장 쉬운 길이다. 복잡한 변명과 이미지 관리에 쏟을 에너지를 진짜 문제를 해결하는 데 쓰는 것이 훨씬 효율적이다.

소비자와 브랜드, 함께 쓰는 미래

요즘 많은 브랜드가 고객과의 양방향 소통을 강화하고 있다. SNS를 통해 고객의 의견을 직접 듣고, 제품 개발에 반영하며, 문제가 생기면 즉시 대응한다.

덴마크의 블록 장난감 회사 레고는 고객들의 아이디어를 받아 실제 제품으로 만드는 '레고 아이디어' 플랫폼을 운영한다. 충분한 지지를 받은 아이디어는 실제 상품화되고, 제안자는 로열티를 받는다. 이런 협업 모델은 고객을 단순한 소비자가 아니라 브랜드를 함께 만들어가는 파트너로 대우한다.

이러한 변화는 기업과 소비자 사이의 권력 관계를 재설정한다. 과거에는 기업이 일방적으로 제품을 만들고 판매했다면, 이제는 소비자의 목소리가 기업의 의사결정에 직접적인 영향을 미친다. SNS의 한 줄이 기업의 정책을 바꾸기도 하고, 불매운동이 경영진의 사퇴로 이어지기도 한다.

이런 힘의 이동은 양날의 검이다. 긍정적으로 작용하면 기업이 더 책임감 있게 행동하도록 만들지만, 부정적으로 작용하면 과도한 비난과 취소문화로 이어질 수 있다. 작은 실수나 오해가 증폭되어 브랜드에 돌이킬 수 없는 타격을 주기도 한다.

따라서 소비자의 성숙한 태도가 필요하다. 비판할 때는 명확한 근거를 가지는 것, 인정할 때는 아낌없이 지지하는 것, 완벽함을 요구하기보다는 진정성과 개선 의지를 평가하는 것, 일회성 분노보다는 지속적인 관심을 가지는 것. 이런 태도가 기업이 더 투명하고 정직하게 소통할 수 있는 환경을 만든다.

과거에 브랜드의 역할은 명확했다. 좋은 제품을 만들고, 합리적인 가격에 판매하며, 고객에게 만족을 주는 것으로 충분했다. 기업의 사회적 책임이라고 해봐야 기부나 자선 정도였고, 환경 문제는 정부나 환경단체의 몫으로 여겼다.

하지만 21세기 들어 상황이 완전히 바뀌었다. 기후위기가 가속화되고, 사회적 불평등이 심화되며, 개인의 삶과 지구의 미래가 밀접하게 연결되어 있다는 인식이 확산되면서 사람들은 기업에게 새로운 역할을 요구하기 시작했다. 단순히 제품을 파는 존재를 넘어 사회 문제 해결에 적극적으로 참여하는 주체가 되어달라는 것이다.

실제로 많은 글로벌 기업이 이러한 변화에 부응하고 있다. 마이크로소프트는 2030년까지 탄소 네거티브 기업이 되겠다고 선언했다. 창립 이래

배출한 모든 탄소를 제거하겠다는 야심찬 목표까지 세웠다. 애플은 2030년까지 제품 전체의 탄소 중립을 달성하겠다고 약속했고, 공급망 전체를 재생에너지로 전환하는 프로젝트를 진행 중이다.

이들의 행동은 단순한 마케팅이나 이미지 관리가 아니다. 수조 원의 투자를 필요로 하는 사업 모델 전체의 전환이다. 왜 이런 어려운 결정을 내릴까? 그것이 옳은 일이기도 하지만, 동시에 그래야만 살아남을 수 있기 때문이다. MZ 세대를 중심으로 한 새로운 소비자들은 브랜드에게 명확한 신호를 보내고 있다.

"당신들이 어떤 가치를 추구하는지 보여주세요. 그래야 우리가 선택하겠습니다."

이제 브랜드는 제품을 파는 존재를 넘어 공공의 가치를 함께 설계하고 사회적 약속을 실천하는 행위자가 되었다. 기업의 CEO들은 더 이상 주주들에게만 책임을 지지 않는다. 직원, 소비자, 지역사회 그리고 미래 세대에게까지 책임의 범위가 확장되었다. 이것이 바로 ESG 시대의 새로운 기업상이다.

결국 어떤 브랜드가 살아남고 성장하는지는 우리의 선택에 달려 있다. 우리가 투명하고 정직한 브랜드를 선택하면, 시장은 그 방향으로 움직인다. 우리가 그린워싱을 하는 브랜드를 외면하면, 기업들은 진짜 변화를 시도한다. 우리가 단기적 할인보다 장기적 가치를 중시하면, 기업들도 지속 가능한 전략을 세운다.

소비자는 더 이상 약자가 아니다. 정보를 가지고 목소리를 내며, 집단행동을 조직할 수 있는 강력한 주체이다. 당신이 오늘 어떤 브랜드를 선택하고 어떤 행동을 지지하느냐가 내일의 시장을 만든다. 이것이 바로 ESG 시대의 소비자 주권이다.

오늘부터 시작하는 신뢰 디자인

신뢰는 말이 아니라 기업의 행동으로, 그리고 우리의 선택으로 디자인된다. 완벽한 브랜드는 없다. 하지만 계속해서 더 나아지려 노력하는 브랜드, 실수를 인정하고 개선하는 브랜드, 소비자와 진심으로 소통하는 브랜드는 있다. 그리고 바로 그런 브랜드들이 우리가 함께 만들어가야 할 미래이다.

이제 우리는 잘 만든 브랜드를 넘어 '진심을 전하는 브랜드'를 원한다. 화려한 광고보다 투명한 보고서를, 순간적인 감동보다 지속적인 실천을, 말보다 행동을 원한다. 그리고 그런 브랜드들을 우리의 소비로, 우리의 관심으로, 우리의 지지로 키워나갈 책임이 있다.

신뢰는 브랜드의 자산이지만, 동시에 우리 사회의 문화이다. 서로를 믿을 수 있는 사회, 기업이 정직하게 말하고 소비자가 책임 있게 듣는 사회, 단기적 이익보다 장기적 가치를 추구하는 사회를 만드는 것은 거창한 정책이나 제도만으로 되지 않는다. 매일의 작은 선택, 하나하나의 소비, 순간순간의 태도가 모여 만들어진다.

거창한 이야기를 많이 했지만, 실천은 아주 작은 것에서 시작할 수 있다. 무언가를 사기로 결정했다면 결제 버튼을 누르기 전에 딱 5분만 시간을 내어 그 브랜드에 대해 검색해보자. '○○ ESG', '○○ 환경', '○○ 논란'

정도만 검색해도 충분하다. 만약 심각한 문제가 발견된다면 대안을 찾아보고, 특별한 문제가 없다면 안심하고 구매하면 된다. 이런 작은 습관이 쌓이면 당신은 어느새 더 현명한 소비자가 되어 있을 것이고, 그 선택들이 모여 시장을 조금씩 바꿔갈 것이다.

이번 달에 내가 쓰는 브랜드 중 ESG 보고서를 공개한 곳이 있는지 찾아본다. 대부분의 글로벌 기업은 자사 홈페이지에 지속가능성 보고서나 ESG 보고서를 공개하고 있다. 그 브랜드가 어떤 환경적 노력을 하고 있는지, 사회적 책임을 어떻게 실천하고 있는지 확인해본다. 단 5분의 관심이지만, 그 행동은 기업에 '우리는 보고 있다'라는 메시지를 전한다.

진정성 있는 브랜드에는 응원의 메시지를 보낸다. 투명하게 정보를 공개하는 브랜드에는 SNS나 이메일로 짧은 응원의 메시지를 보내본다. "투명하게 정보를 공유해주셔서 감사합니다. 계속 응원하겠습니다"라는 한 줄의 메시지가 그 브랜드가 투명성을 유지하는 데 큰 힘이 된다.

소비자의 관심과 지지가 곧 변화의 동력이다. 완벽할 필요는 없다. 한 번에 모든 걸 바꿀 수도 없다. 하지만 작은 관심과 선택이 모이면 그것이 결국 큰 변화를 만든다. 우리의 소비가 더 나은 세상을 만드는 힘이 될 수 있다는 것을 잊지 말자.

신뢰는 말이 아니라 행동으로 증명되는 관계이다. 신뢰는 완벽함에서 오지 않는다. 실수 이후의 태도에서 완성된다. 이 단순한 진리를 기억하는 브랜드 그리고 이를 인정하고 지지하는 소비자가 많아질 때 우리는 더 투명하고 더 신뢰할 수 있는 세상을 만들어갈 수 있다.

결국 브랜드 신뢰는 다섯 가지로 요약된다.

첫째, 신뢰는 디자인이 아닌 진심의 구조에서 만들어진다. 화려한 마케팅보다 일관된 행동이 진짜 신뢰를 쌓는다.

둘째, 말보다 행동이 앞서는 브랜드가 신뢰를 얻는다. 약속을 지키고, 투명하게 소통하며, 실수를 인정하는 태도가 핵심이다.

셋째, 소비자는 이제 진심을 구매하는 시대에 살고 있다. 제품의 품질을 넘어 브랜드의 가치관과 사회적 태도를 평가한다.

넷째, 위기 속의 투명 커뮤니케이션이 진짜 신뢰를 완성한다. 문제가 생겼을 때의 대응이 브랜드의 본질을 드러낸다.

다섯째, 오늘 당신의 소비로 신뢰의 문화를 디자인하자. 우리의 선택이 시장을 바꾸고, 더 나은 미래를 만들 수 있다.

신뢰는 하루아침에 쌓이지 않는다. 하지만 매일의 작은 선택이 모여 큰 변화를 만든다. 브랜드는 진심을 행동으로 보여주고, 우리는 그런 브랜드를 선택으로 응원한다. 이 관계가 지속될 때 신뢰라는 보이지 않는 자산이 우리 모두의 미래가 될 것이다.

CHAPTER **08**

함께 성장하는 거버넌스 _ 협력의 언어를 다시 쓰다

이상섭

㈜ SVT 대표 / 한국벤처혁신학회 산학협력이사

남서울대학교 경영학 박사 / 숭실대학교 경영학 겸임교수

반도체 산업 현장에서 ㈜SVT 대표로 15년을 버티고, 버티는 동안 배우고, 배우는 동안 성장했다. 협력사이자 경영자로서 '협력'이라는 단어가 어떻게 때로는 힘이 되고, 어떨 때는 벽이 되는지를 누구보다 가까이에서 보아 왔다. 그 과정에서 한 가지 사실을 확신하게 되었다. 진짜 거버넌스는 제도가 아니라 '태도'라는 것. 관계를 바라보는 태도, 함께 성장하려는 태도 그리고 상생을 선택하는 태도에서 모든 변화가 시작된다.

이 글은 지난 시간을 통해 얻은 경험과 연구의 결론이다. 한국 기술산업이 서로를 약화시키지 않고, 모두가 지속 성장할 수 있는 길을 찾기 위한 작은 제안이다. 이제 우리는 형식이 아니라 진짜 협력, 구호가 아니라 실천으로서의 거버넌스를 시작해야 한다.

진짜와 가짜의 경계

혁신이 멈춘 협력의 시대

기술은 세상을 더 나은 방향으로 바꾸기 위한 수단이었다. 혁신은 새로운 기술의 발명이 아니라 더 나은 관계를 만드는 과정이었다. 지식과 경험을 나누고, 실패를 함께 배우는 협력이 혁신의 토양이었다.

그러나 이제 산업 현장에서 그 혁신이 사라지고 있다. 기술은 발전하지만 관계의 구조는 경직됐다. 협력은 더 이상 신뢰의 약속이 아니라 책임 분리와 위험 회피의 장치가 되었다.

오늘날 협력은 공동 성장이 아닌 '효율적 분업'을 뜻한다. 혁신의 정신이 공유와 신뢰였다면 지금은 성과와 이익이 그 자리를 차지했다. 서로의 기술보다 손익 계산에 더 많은 시간을 쏟는다. 이익은 남지만 관계는 남지 않고, 성과는 쌓이지만 신뢰는 쌓이지 않는다. 이런 구조에서는 새로운 아이디어가 자라기 어렵다. 혁신은 관계의 문제이기 때문이다.

협력의 본질은 함께 문제를 푸는 데 있다. 그런데 우리는 언제부턴가 '누가 더 많이 가져가느냐'를 고민한다. 협력은 경쟁의 다른 이름이 되고, 파트너십은 하청의 문법에 갇혔다. 그 속에서 진짜 혁신은 숨을 잃는다.

혁신이 사라진 자리에 남는 것은 이해관계로 얽힌 계약서뿐이다. 기술은 발전하지만 함께 일하는 방식은 제자리에 멈춰 있다.

진짜 협력은 계약이 아니라 관계의 온도에서 시작되며, 그 온도를 잃은 산업은 아무리 첨단 기술을 품어도 미래를 잃게 된다.

보여주기식 거버넌스의 시대와 진짜 윤리의 부재

혁신이 신뢰를 잃은 자리에 기업은 '보여주기식 거버넌스'를 세웠다. 겉으로는 윤리와 투명성을 외치지만 그 언어는 진심이 아닌 절차의 언어다. 윤리 헌장, ESG 보고서, 상생 협약이 넘쳐나도 그 '책임'과 '투명성'은 형식에 머문다.

'투명하게 보이는 것'과 '진짜로 투명한 것'은 다르다. 전자는 이미지 관리이고, 후자는 관계의 진정성이다. 그러나 우리는 그 차이를 혼동한다. 공시는 진심의 증거가 되고, 보고서는 신뢰의 대체물이 된다. 회의실에서 책임은 자주 언급되지만 실천할 얼굴은 보이지 않는다. 제도는 남았지만 인간의 윤리는 사라졌다.

보여주기식 거버넌스의 문제는 바로 언어의 왜곡이다. 협력은 통제로, 투명성은 감시로, 신뢰는 관리로 바뀌었다. 진실의 언어는 힘을 잃는다.

기업은 투명함을 증명하기 위해 더 많은 규정과 보고서를 만든다. 그러나 그 과정에서 오히려 '관계의 신뢰'는 사라진다. 투명하게 보이려는 노력은 넘치지만 투명하게 존재하려는 용기는 부족하다. '가짜 거버넌스'의 세계는 완벽한 표면을 지녔지만, 그 아래에는 불신과 침묵이 자리한다. 신뢰는 문장 속에만 있고 진심은 발표문 뒤에 숨는다.

보여주기식 투명성은 결국 자기 감시로 돌아온다. 기업은 '어떻게 보일 것인가'에 몰두하고, '무엇을 지향해야 하는가'를 잃는다. 진짜 거버넌스는 보이는 체계가 아니라 보이지 않는 신뢰를 세우는 일이다. 그러나 지금 우리의 산업은 신뢰를 설계하기보다 감시를 제도화하는 데 더 익숙하다.

우리는 묻지 않을 수 없다.

"우리는 왜 투명하게 보이려 애쓰면서 정작 투명하게 살아가려는 용기는 잃었는가?"

협력의 의미를 다시 묻다

보여주기식 거버넌스가 진실의 언어를 지운 지금, 우리는 "협력이란 무엇인가? 우리는 무엇을 함께하고 있는가?"를 다시 생각해야 한다.

오늘의 협력은 함께보다 '성과'에, 신뢰보다 '계약'에 기울어 있다. 과정이 아닌 목적이 되었고, 사람의 언어가 아닌 시스템의 언어로 바뀌었다. 많은 조직이 협력을 '공동의 이익을 위한 합리적 관계'로 포장하지만, 그 합리성은 늘 강자의 논리에 기댄다. "함께 성장한다"라는 구호 속에서도 누군가는 늘 제외된다.

협력의 본질은 결과가 아니라 책임을 나누는 일이다. 성공보다 실패의 부담을 함께 감당할 때 신뢰가 자란다. 그러나 우리는 실패를 두려워하며 책임을 나눌 용기를 잃었다. 그래서 협력은 점점 비인간적이 된다. 효율의 언어 속에서 사람의 표정이 사라지고, 성과의 숫자 속에서 관계의 온기가 증발한다. 이익 중심의 협력은 서로를 보호하지 않고 관리하게 만든다.

진짜 협력은 공유와 신뢰의 문화에서 자란다. 이익을 계산하기보다 어려움을 이해하고 실패의 원인을 함께 분석할 때 혁신이 시작된다.

"무엇을 함께하고 있는가?"라는 물음은 일의 목표가 아니라 왜 함께하는가를 묻는 윤리적 질문이다. 그 이유가 사라진 협력은 오래가지 못한다. 건강한 조직은 서로의 목소리가 존중받는 곳이며, 진짜 거버넌스는 감시가 아니라 관계의 존중에서 나온다.

이 질문을 잃지 않는 사회에서 진짜 협력의 가능성은 다시 피어난다. 협력은 기술이 아니라 태도이며, 성과가 아니라 사람의 관계에서 만들어진다. 그것이 '가짜 거버넌스'의 시대에 우리가 지켜야 할 진심이다.

보이는 투명성의 함정

보고서가 덮은 진실, 신뢰가 잃은 자리

'투명성'은 한때 신뢰의 뿌리였지만 이제 피로한 단어가 되었다. 너무 자주 사용되고, 너무 가볍게 약속되었다. 모든 조직이 투명경영과 ESG 보고서를 말하지만, 그 문서들은 변화를 기록하기보다 존재를 증명하는 절차에 가깝다.

나는 ESG 보고서를 읽을 때 기업의 의지보다 불안을 본다. "투명해 보이지 않으면 신뢰받을 수 없다"라는 강박이 오히려 진짜 투명성을 가리고 있기 때문이다. 보여주기 위한 투명성은 결국 본질을 잃는다.

보고서는 정제되고 수치는 완벽하지만 그 어디에도 사람의 흔적은 없다. 노동의 긴장, 협력의 마찰, 실패의 책임 같은 진실은 보고서의 디자인 속에서 지워진다. 투명성은 현실의 고통을 덮는 장식이 되고, 진실은 숫자 속에 갇힌다.

ESG의 G는 Governance가 아니라 Glossy, 즉 '윤이 나는 외피'로 바뀌었다. 지속가능성은 표지에서 빛나지만 기업의 내면은 여전히 불투명하다. 이것이 형식적 진실의 역설이다.

이제 우리는 다시 물어야 한다.

"이 많은 보고서와 현장은 과연 무엇을 위해 존재하는가?"

만약 그것이 신뢰를 증명하기 위한 도구라면 그건 이미 신뢰가 사라졌다는 증거다. 보여주기식 투명성은 언젠가 그 스스로의 무게에 눌려 붕괴한다.

진짜 투명성은 말로 완성되지 않는다. 그것은 관계와 태도의 누적, 즉 보이지 않는 진심의 축적에서 비롯된다.

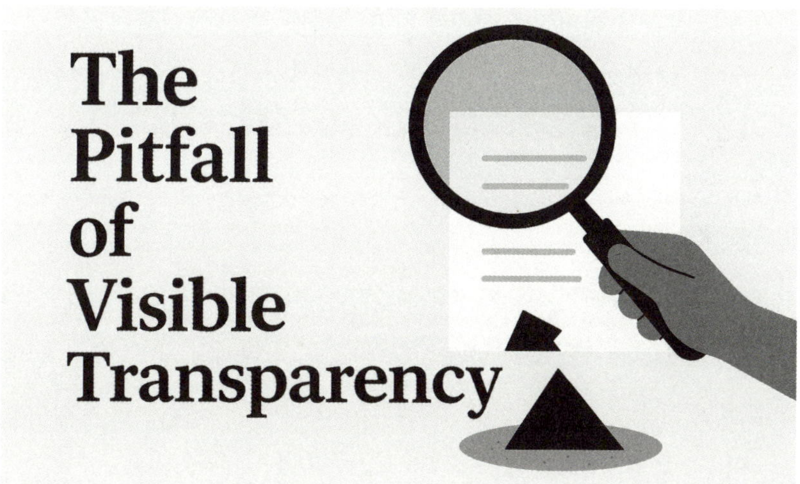

감시의 거버넌스에서 존중의 거버넌스로

기업은 신뢰를 말하지만 관계를 설계하기보다 대신 통제를 세운다. '책임 경영', '투명한 절차', '공정한 검증'은 신뢰의 언어처럼 들리지만, 그 속엔 감시와 통제의 논리가 숨어 있다. 신뢰는 선언되고, 통제는 실현된다. 조직이 신뢰를 제도화하는 순간 본질은 사라진다.

신뢰는 위임에서 피어나지만 제도 속에서는 승인과 검증으로 바뀐다. 조직의 부서는 신뢰받기 위해 더 많은 보고서를 제출하고, 결정을 위해 더 많은 결재 단계를 거친다. 이 구조에는 신뢰가 아니라 확인의 반복만 남는다. 거버넌스는 처음에는 불안을 줄이려는 장치였지만 이제는 불안을 생산하는 시스템이 되었다.

모든 절차가 감시를 전제로 작동하고, 모든 감시는 '투명성'의 이름으로 정당화된다. 결국 조직은 사람보다 시스템을 신뢰하게 된다.

통제는 효율을 높이지만 신뢰를 자라게 하진 않는다. 신뢰는 불확실성을 감내할 때 생기지만, 통제는 그것을 제거하려 한다. 통제가 강해질수록 신뢰는 멀어진다. 이 구조의 안정은 관계가 아닌 두려움이 만든 균형이다.

진짜 신뢰는 관리가 아니라 존중의 결과다. 불완전함을 받아들이고, 결과보다 과정을 중시할 때 신뢰가 자란다. 그러나 현재의 거버넌스는 실패를 위험으로 분류하고 도전을 제거한다. 그 속에서 조직은 점점 신뢰를 잃는다.

통제가 완벽해질수록 판단은 줄고, 관계는 감시의 표로 환원된다. 모든 것이 기록되지만 아무도 믿지 않는다. 신뢰를 회복하려면 감시의 언어를 줄이고, 조율과 존중의 언어를 되살려야 한다.

거버넌스는 완벽함의 제도가 아니라 불완전함을 감당하는 태도의 구조여야 한다. 통제는 시스템이 만들지만, 신뢰는 사람만이 만든다. 그 단순한 사실을 잊을 때 거버넌스는 존재 이유를 잃는다.

진짜를 지탱하는 불완전함의 힘

가짜는 종종 진짜보다 완벽해 보인다. 흠 없고 매끄러우며 질서정연하다. 기업의 보고서와 윤리 규정 속에서도 이런 완벽함을 쉽게 찾을 수 있다. 정제된 문장과 도표 속에는 혼란도, 갈등도, 실패도 없다.

그러나 그 결함 없는 질서가 진짜를 가린다. 완벽함은 안정감을 주지만 동시에 가능성을 닫는다. 그 안에서는 질문이 불필요해지고, 비판은 방해가 되며, 실수는 허용되지 않는다. 조직은 매뉴얼을 신뢰하고, 사람은 체계에 적응한다. 결국 기업은 살아 있는 존재가 아니라 정지된 시스템처럼 움직인다.

결국 신뢰는 관계의 결과가 아니라 체계의 관리 항목으로 전락한다. 보이는 투명성은 착시에 불과하다. 모든 것이 공개된 듯 보이지만, 그 공개는 진실을 가리기 위한 연출이다. 보고서는 완벽하지만 인간의 흔적은 사라지고, 실패와 의심은 지워진다.

진짜는 불완전하다. 그 불완전함 속에 성장과 변화의 여지가 있다. 반면 가짜는 완벽해야 하기에 변하지 못하고, 진실을 제거하며, 완벽을 유지한다. 그 결과 조직의 자율성과 창의성은 사라진다.

모두가 옳은 방향으로 가는 듯하지만 아무도 스스로 선택하지 않는다. 통제된 신뢰와 연출된 투명성 속에서 거버넌스는 살아 있는 질서가 아닌 자기모순의 틀로 남는다.

진짜 거버넌스는 균열과 결함을 인정하는 데서 시작된다. 다른 생각과 속도를 허용하고 불완전한 결과를 함께 감당할 때 관계가 형성된다. 불완전함을 감추지 않고 그 안에서 배움과 변화를 찾는 태도, 그것이 진짜를 지탱하는 힘이다.

가짜는 완벽하지만 오래가지 않고, 진짜는 불안하고 불완전하지만 결국 남는다. 지속의 힘은 완벽함이 아니라 진실을 감당할 용기에서 비롯된다.

협력의 언어를 다시 쓰다

성과의 함정, 협력의 회복

현대의 협력 구조는 효율과 성과 중심으로 설계되어 있다. 기업은 협력의 가치를 말하지만, 그 협력은 언제나 수치로 평가된다. 납기, 단가, 생산성, 품질 같은 지표가 관계의 척도가 되고, 협력은 경쟁의 또 다른 형태로 변한다.

성과 중심의 구조에서는 함께 일하는 과정보다 '누가 더 효율적인가'가 중요해진다. 협력업체는 파트너가 아닌 외주 기능 단위로 취급되고, 대기업은 시스템으로 협력을 관리하며, 중소기업은 그 시스템에 맞추기 위해 효율을 증명해야 한다. 결국 협력은 상생의 언어로 포장되지만, 현실은 단가 경쟁과 납기 압박으로 이어진다.

협력이 경제적 성과에 종속될 때 가장 먼저 사라지는 것이 신뢰다. 신뢰는 성과가 아니라 함께한 시간과 상호 존중의 경험에서 생긴다. 그러나 이런 관계적 시간은 효율 중심의 구조에서 불필요한 비용으로 여겨진다.

사람의 신뢰보다 계약 조항이, 관계의 지속성보다 즉각적 결과가 우선된다. 이 구조는 단기 효율은 높이지만 장기 혁신을 약화시킨다. 새로운 기술과 아이디어는 실패를 감수할 수 있는 관계 속에서 자라지만, 성과 중심의 시스템은 실패를 리스크로 규정하며 도전을 막는다. 그 결과 협력은 혁신의 공간이 아니라 안전한 이익 분배 체계로 머무른다.

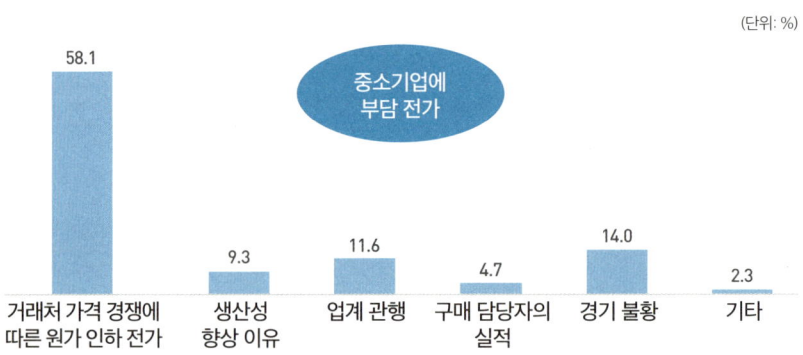

<거래처 부당 납품단가 결정 이유>

(단위: %)

중소기업에 부담 전가

58.1
거래처 가격 경쟁에 따른 원가 인하 전가

9.3
생산성 향상 이유

11.6
업계 관행

4.7
구매 담당자의 실적

14.0
경기 불황

2.3
기타

출처: 중소기업중앙회

<중소기업 지속 경영을 위한 필요 정책>

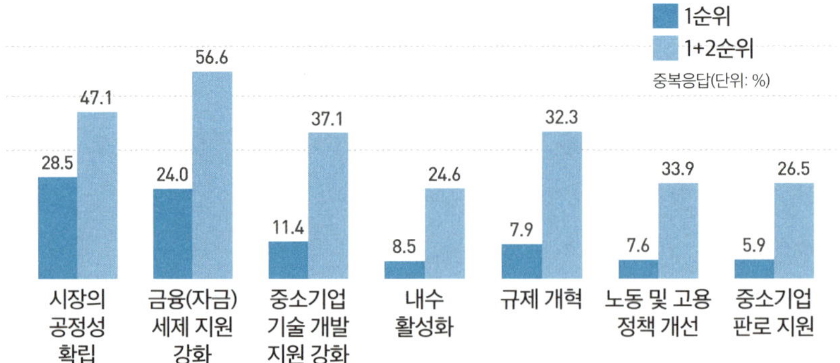

출처: 중소기업중앙회

협력의 본질은 성과의 분배가 아니라 가치의 공유다. 성과는 순간의 결과지만, 가치는 그 과정을 함께하며 만들어진다. 함께 기획하고 실패하며 성장할 때 협력은 산업의 경쟁력이 된다. 그러나 많은 기업은 여전히 협력을 효율의 언어로만 이해한다. 이로써 협력은 인간의 관계가 아닌 시스템의 명령으로 작동한다.

협력의 언어를 다시 쓰려면 '성과'의 의미부터 새로 정의해야 한다. 효율의 극대화가 아니며, 또한 관계의 질과 성과의 총량이 아니라 공동 성장의 과정을 평가해야 한다. 성과를 나누는 것이 아니라 가치를 함께 만들어갈 때 협력은 지속 가능한 공동체로 발전한다.

오늘의 산업 과제는 생산성이 아니라 사람 중심의 협력 구조를 회복하는 일이다. 그 회복 없이는 어떤 기술 혁신도 지속 가능한 성장을 이끌 수 없다.

경쟁이 된 협력, 사라진 함께의 가치

협력은 본래 함께 성장하기 위한 과정이었다. 그러나 오늘의 산업 현장에서는 협력이 경쟁의 또 다른 이름이 되고 있다.

기업은 '상생'을 말하지만, 그 안에서는 더 많은 몫을 차지하기 위한 보이지 않는 경쟁이 벌어진다. 공동의 이익보다 효율과 속도가 우선되고, 협력은 관계의 구축이 아닌 서열의 재편이 된다.

성과 중심의 구조는 항상 누군가의 우위를 필요로 한다. 성과가 수치로 평가되는 순간 비교가 시작되고 순위가 만들어진다. 기업들은 서로를 파트너라 부르지만 계약 구조 속에서는 명백히 상하 관계로 작동한다. 대기업은 주도권을 갖고, 중소기업은 조건을 따른다. 이 불균형 속에서 협력은 신뢰가 아닌 관리, 존중이 아닌 효율의 논리로 운영된다.

공동 수행은 공동 성장이 아니라 역할 분담으로, 파트너십은 자율이 아닌 계약의 이행으로 바뀐다. 그 결과 협력의 공간은 배움과 성장을 위한 장이 아니라 경쟁의 무대로 변한다.

이런 경쟁형 협력은 관계의 피로를 낳는다. 모두가 최선을 다하지만 누구도 만족하지 못한다. 단기적 성과는 보이지만 장기적으로는 신뢰가 약화된다. 불신이 쌓이면 새로운 시도는 줄고, 공동의 목표는 개인의 이익으로 쪼개진다. 협력은 살아 있는 관계가 아닌 형식적 절차로 반복된다.

진정한 협력은 경쟁의 대체물이 아니다. 경쟁이 속도를 높인다면 협력은 방향을 만든다. 그 차이를 구분하지 못할 때 조직은 빠르게 움직이지만 목적을 잃는다. 속도는 남지만 의미는 사라지는 것이다.

협력의 회복은 경쟁을 부정하는 데서 시작되지 않는다. 경쟁을 넘어서는 새로운 관계의 감각, '함께의 가치'를 다시 배우는 데서 시작된다. 누가 더 이익을 얻는가가 아니라 무엇을 함께 만들어가는가에 초점을 맞출 때 협력은 다시 생명력을 얻는다. 그때 협력은 효율의 도구가 아니라 공동 성장의 문화적 언어로 돌아온다.

가치 공유의 온도

협력은 본래 인간의 본능에 가까운 행위다. 서로의 부족함을 채우며 존재의 의미를 만들어가는 과정 속에서 공동체를 세웠다. 그러나 현대 산업의 협력은 효율의 장치로 변했고, 공동체는 계산된 관계의 집합이 되었다.

이제 협력의 회복은 제도 개선이 아니라 가치와 윤리의 회복에서 시작되어야 한다. '가치 공유'는 결과를 나누는 것이 아니라 서로의 과정과 의도를 이해하고 존중하는 일이다. 이해관계가 달라도 진심을 보려는 태도가 협력의 온도를 결정한다.

기술이 아무리 발달해도 관계의 온도는 사람의 언어로만 전달된다. 회의의 효율보다 대화의 진정성, 성과의 숫자보다 관계의 지속성이 중요할 때 협력은 다시 인간적인 의미를 되찾는다.

기업의 윤리는 지침서가 아니라 일상의 태도에서 드러난다. 상대의 말을 경청하는 순간 실패한 동료를 탓하지 않는 침묵, 협력사의 노력을 비용이 아닌 신뢰로 바라보는 시선 속에 윤리는 작동한다. 이 감각이 조직에 스며들 때 거버넌스는 통제가 아닌 조율의 문화로 자리 잡는다.

가치 공유가 회복된 협력은 따뜻하다. 그 따뜻함은 감정이 아니라 구조의 문제다. 희생이 아닌 존중, 분배가 아닌 동반, 평가지표가 아닌 지속성을 중심에 둘 때 신뢰는 계산이 아닌 자연스러운 결과가 된다. 이는 조직이 인간의 윤리를 다시 중심에 둘 때만 가능하다.

협력의 윤리는 이상이 아니라 현실의 힘이다. 차가운 효율만으로는 조직이 오래가지 못한다. 협력의 온기가 유지될 때 사람은 노동에 의미를, 조직은 생명력을 얻는다.

가치는 선언이 아니라 함께한 시간 속에서 확인된다. 서로를 믿고 그 믿음을 습관으로 만들 때 '가치 공유'는 문장이 아닌 문화로 남는다. 그 문화가 자라날 때 거버넌스는 감시의 체계가 아니라 신뢰의 질서로 변한다.

신뢰의 태도, 오래 남는 것은 진짜

진짜 거버넌스는 제도가 아니라 '태도'

거버넌스는 흔히 제도의 구조로 정의된다. 보고 체계, 의사결정 절차, 투명성의 기준 같은 장치들이 신뢰의 근간이라 여겨진다. 그러나 아무리 정교한 제도도 그것을 운용하는 사람의 태도를 대신할 수 없다. 제도는 형태를 세우지만, 태도는 방향을 만든다. 거버넌스의 힘은 문서가 아니라 그것을 대하는 마음에 있다.

신뢰는 제도 속에서가 아니라 서로를 향한 태도 속에서 자란다. 조직이 신뢰를 쌓는 이유는 규정이 완벽해서가 아니라 서로를 믿으려는 노력을 멈추지 않기 때문이다. 불완전한 제도라도 태도가 성숙하면 관계는 유지되지만, 완벽한 제도라도 태도가 왜곡되면 신뢰는 무너진다.

규정은 정답을 제시하지만 현실은 예외와 맥락으로 가득하다. 그럴 때 필요한 것은 매뉴얼이 아니라 판단의 성숙 그리고 사람의 윤리적 감각이다. 진짜 거버넌스는 규정을 지키는 조직이 아니라 그 정신을 이해하고 관계 속에서 조율할 줄 아는 조직이다.

신뢰의 태도는 완벽함을 지향하지 않는다. 불확실함을 감당하고, 상대의 의도를 믿어주는 느린 과정이다. 감시의 시선이 아닌 존중의 시선으로, 의심의 절차가 아닌 공감의 대화로 관계를 유지하는 태도, 이것이 진짜 거버넌스의 출발점이다.

진짜를 만드는 태도는 조용하다. 보고서 한 줄을 정직하게 쓰는 마음, 다른 의견을 경청하는 습관, 실패의 책임을 함께 지는 자세가 쌓여 조직의 신뢰를 만든다. 이러한 태도의 축적이 거버넌스의 지속가능성을 결정한다.

신뢰를 태도로 가진 조직은 위기 속에서도 흔들리지 않는다. 그들은 규정보다 관계를, 절차보다 인간을 신뢰한다. 진짜 거버넌스는 제도가 아니라 태도다. 제도는 외형을 세우고, 태도는 그 외형에 생명을 불어넣는다.

태도가 사라진 제도는 껍데기에 불과하지만, 태도가 살아 있는 제도는 스스로 변하며 성장한다. 그 차이는 기술이 아니라 인간을 신뢰할 수 있는가의 문제다. 결국 오래 남는 것은 제도가 아니라 사람이다.

제도는 시대에 따라 바뀌지만, 사람의 태도는 신뢰를 통해 다음 세대로 이어진다. 이것이 진짜 거버넌스가 남기는 가장 오래된 흔적이자 가장 새로운 가치다.

사람을 중심에 둔 거버넌스의 용기

기술은 인간의 손끝에서 태어났지만, 이제는 인간을 대신해 판단하고 효율을 기준으로 작동한다. 그러나 기술이 아무리 정교해도 마지막 결정을 내리는 것은 사람의 마음이다. 기술이 질서를 만들 수는 있지만, 그 질서에 온도를 부여하는 것은 사람이다.

산업의 발전은 효율로 이뤄졌지만 속도는 늘 방향보다 앞서가고, 효율은 인간을 소외시킨다. 성과 중심의 경쟁 시스템은 협력의 여지를 좁히고 관계의 감정을 약화시킨다. 그 속에서 신뢰는 비용으로 계산되고, 사람은 교체 가능한 자원으로 남는다.

기술의 시대일수록 사람을 다시 중심에 세워야 한다. 사람의 판단은 느리고 감정은 불완전하지만, 그 불완전함 속에 진짜 신뢰가 있다. 신뢰는 효율을 떨어뜨릴 수 있지만, 그것이 없으면 조직은 오래가지 못한다. 기술이 완벽함을 약속할 때 신뢰는 불확실함을 감내하는 용기를 요구한다. 그 용기가 바로 진짜 거버넌스의 출발점이다.

경쟁은 속도를 높이지만, 신뢰는 방향을 만든다. 경쟁이 승자를 남긴다면, 신뢰는 공동체를 남긴다. 진짜 강함은 속도가 아니라 지속의 품격에서 드러난다. 신뢰를 믿는 일은 위험을 감수하는 긴 호흡의 결단이며, 그 결단을 내릴 수 있는 조직만이 위기 속에서도 흔들리지 않는다.

기술은 상황을 통제하지만, 신뢰는 관계를 붙든다. 사람을 중심에 둔 기업은 효율보다 의미를 추구한다. 그 의미는 단기 결과가 아니라 서로를 지탱하는 관계의 축적 속에서 완성된다. 기술이 아무리 발전해도 신뢰로 연결되지 않으면 조직은 방향을 잃는다. 반대로 신뢰가 구조 속에 살아 있다면 기술은 인간의 가치를 확장하는 도구가 된다.

신뢰를 믿는 용기는 이상이 아니라 선택이다. 조금 더 빠른 길 대신 함께 가는 길을 택하고, 불완전한 사람을 믿으면서 완벽하지 않은 결과를 감내하는 선택들, 그것이 문화를 만들고 위기 속에서 조직의 중심을 지킨다.

기술은 진화하지만, 신뢰는 인간만이 만들어낼 수 있는 가치다. 경쟁이 체계를 세운다면 신뢰는 그 체계에 생명을 불어넣는다. 기술보다 사람을, 속도보다 방향을, 형식보다 태도를 믿는 그런 조직만이 진짜 지속가능성을 말할 자격이 있다.

형식은 사라지고 진심은 남는다

가짜는 언제나 진짜보다 먼저 완성된다. 빠르고 매끄럽지만 그 속에는 생명이 없다. 표면의 질서가 안정될수록 내부의 공허는 깊어진다. 형식이 모든 것을 대신할 때 관계는 기능으로, 신뢰는 문장으로 축소된다.

기업과 사회의 시스템은 이 완벽한 형식의 안도감 속에 머무르려 한다. 보고서가 계획대로 채워지면 안정이 유지된다고 믿지만, 그 안정은 움직임이 없는 정체다. 변화가 사라진 질서 속에서 혁신은 멈추고 신뢰는 희미해진다.

진짜는 완벽하지 않다. 흔들리고 불안하지만 그 불완전함 속에 성장의 여지가 있다. 진짜는 관계를 이어 가며 시간 속에서 스스로를 갱신한다. 느리지만 그 느림이 지속의 힘이 되는 것이다.

형식의 완벽함은 순간의 안정만을 준다. 신뢰와 진정성은 시간 속에서 검증된다. 가짜는 빠르게 시작하지만 오래가지 못하고, 진짜는 더디지만 사라지지 않는다. 기업의 역사나 공동체의 문화, 개인의 태도 모두 이 원리를 따른다.

형식이 단단할수록 유연함은 줄고, 그 유연함이 사라질수록 신뢰는 식는다. 진짜는 결함을 인정하며 조율 속에서 단단해진다. 그 과정이 바로 지속가능성의 본질이다.

가짜의 완벽함은 유행으로 남지만, 진짜는 시간이 흘러도 기억된다. 사람들은 무엇이 옳았는가보다 누가 진심이었는가를 기억한다. 그 기억이야말로 거버넌스가 남길 수 있는 인간적인 유산이다.

기술 산업의 그늘, 우리의 일상으로 번지다

가짜 거버넌스가 우리의 식탁으로

기술 산업의 어두운 그림자는 단순히 공장이나 기업 간 거래의 문제가 아니다. 그것은 협력사의 재정적 어려움으로 시작해 임금, 고용, 소비 그리고 우리의 일상으로 파급된다. 기술이 아닌 단가 중심의 협력이 이어지면 협력사는 수익이 줄어들고, 고용은 불안정해진다. 소비자는 점차 지갑을 닫고, 외식과 여가 산업은 활력을 잃는다.

결국 산업의 불균형은 경제 전반의 위축으로 이어지며, 이는 다시 기업의 매출과 투자 축소로 되돌아온다. 이렇게 가짜 거버넌스의 그림자는 산업계를 넘어 우리 삶 깊숙이 스며들어 있다.

우리가 마주하는 변화는 생각보다 가까이 있다. 요즘 사람들은 “치킨이 작아졌다”, “가격은 올랐는데 맛은 예전 같지 않다”라고 말한다. 농담처럼 들리지만 그 말 속에는 무리한 원가 절감의 그림자가 숨어 있다. 가맹

본부는 수익을 유지하기 위해 재료비를 줄이고, 협력사는 마진을 맞추기 위해 낮은 품질의 원재료를 선택한다. 위생 관리나 설비 교체는 뒷전으로 밀리고, 결국 소비자는 품질 저하의 대가를 치른다.

최근 한 프랜차이즈 치킨 매장에서 낡은 조리기구로 인한 이물질 사고가 발생했다. 매장 측은 "교체 비용이 부담돼 미뤘다"라고 답했다. 본사는 안전 지침을 강조하지만 실제 현장에서는 생존이 더 큰 문제다. 이렇게 단가 중심의 구조는 협력사와 소비자 모두를 피로하게 만든다.

이런 압박은 외식업 전반을 무너뜨리고 있다. SNS에서 맛집이라 불리던 가게들조차 인건비와 재료비 상승을 버티지 못하고 문을 닫고 있다. 그 자리에 붙은 '임대 문의' 종이는 단순한 폐업 안내가 아니라 한 시대의 기억이 사라진 징표다. 기술과 신뢰가 빠진 산업 구조가 결국 지역의 다양성을 지워버리고 있는 것이다.

이 문제는 거대 산업의 이야기로만 볼 수 없다. 그것은 우리가 매일 밥을 먹고, 물건을 사며, 서비스를 이용하는 순간마다 반복되는 우리의 선택의 결과이기도 하다. 단가만을 기준으로 삼는 사회에서는 품질이 사라지고 신뢰가 줄어든다. 싸게 사는 대신 더 자주 고치고 불편함을 감내해야 하는 시대가 된 것이다.

그래서 "이 제품이 이렇게 싸게 팔릴 수 있는 이유는 무엇일까?", "이 가게는 어떤 가치를 지키며 운영되고 있을까?" 같은 질문은 단순하지만 근본적이다.

우리가 진짜 협력을 원한다면 값이 아닌 '가치'를 기준으로 소비해야 한다. 가까운 가게를 지키고, 정직한 기업을 응원하는 행동은 거대한 구조를 바꾸는 작지만 강한 힘이 된다.

우리가 선택을 바꿀 때 산업도 변하기 시작한다.

서비스 없는 서비스, 신뢰의 붕괴

요즘은 제품을 사는 일보다 서비스를 받는 일이 더 어렵다. 클릭 한 번이면 몇 시간 안에 상품이 도착하지만, 막상 반품이나 교환을 하려면 며칠이 걸린다. 고객센터는 자동응답만 반복되고, 상담원 연결은 하늘의 별 따기다. 문제를 해결하려다 오히려 더 큰 피로를 느끼는 상황, 이것이 오늘날 '서비스 없는 서비스'의 현실이다.

이 불편은 단순한 시스템 문제가 아니다. 그 이면에는 극단적인 원가 절감과 인력 축소가 자리한다. 고객센터는 외주화되고, 정규직 대신 단기 인력이 투입되며, 교육은 최소화된다. 기업은 효율을 말하지만, 소비자는 신뢰를 잃는다. 결국 빠른 배송만 남고, 인간적인 응대는 사라진다.

한 소비자가 산 새 전자제품이 한 달 만에 화면 불량이 생겼다. 교환을 요청했지만 상담이 연결되지 않아 며칠을 기다렸다. 간신히 상담을 받아도 "검수 후 판단"이라는 말만 되풀이되었다. 그는 결국 한 달 가까이 기기를 사용하지 못한 채 기다려야 했다. 기업은 비용을 아꼈지만, 소비자는 시간과 신뢰를 잃었다.

서비스 품질 저하는 제조 현장에서도 반복된다. 단가 압박 속에서 기업은 저렴한 대체 부품을 사용하고, 생산 납기를 앞당기기 위해 공정을 줄인다. 불량률이 높아지고, 소비자는 자주 고장 나는 제품을 받는다. 수리 과정이 늦어지면 소비자의 감정적 스트레스까지 더해진다. 결국 저가 경쟁은 기업의 비용을 줄였을지 몰라도 사회 전체의 '신뢰 비용'을 늘린 셈이다.

문제는 여기서 멈추지 않는다. 이런 구조 속에서 숙련된 인력이 떠난다. 단기 효율을 위해 인건비를 줄이면서 서비스의 품격은 낮아지고, 현장의 경험은 사라진다. 그 결과 소비자 불만이 늘고, 브랜드 이미지는 떨어지며, 결국 기업 자신이 손해를 본다. 가짜 효율은 단기 성과만 남길 뿐, 장기 경쟁력은 잃게 되는 것이다.

'서비스 없는 서비스' 시대에 필요한 것은 새로운 기술이 아니라 진짜 사람의 태도와 관계의 회복이다. 소비자의 불편을 줄이려는 진심, 현장의 의견을 존중하는 구조 그리고 신뢰를 중심에 둔 거버넌스가 그 출발점이다.

다시 일상의 협력을 생각하다

가짜 거버넌스의 문제는 산업의 기술적 결함이 아니라 인간적인 결핍에서 비롯된다. 서로를 신뢰하지 못하는 구조, 단기 이익만을 좇는 문화 그리고 효율만을 계산하는 관계 속에서 우리는 함께 성장할 기회를 잃었다. 그 결과는 이미 우리의 식탁, 우리의 제품, 우리의 일상 속에서 드러나고 있다.

그러나 변화의 실마리는 멀리 있지 않다. 좋은 재료로 정직하게 음식을 만드는 가게를 찾아가고, 고객의 불편에 귀 기울이는 기업을 응원하며, 내 소비의 방향을 스스로 결정하는 일, 그것이 거버넌스를 회복하는 첫걸음이다.

진짜 협력은 큰 시스템이 아니라 '작은 신뢰의 회복'에서 시작된다. 우리가 다시 묻자.

"이 선택은 어떤 가치를 지지하는가?"

그 대답이 곧 우리가 만들어갈 진짜 거버넌스의 방향이 될 것이다.

CHAPTER **09**

디지털 시대, 윤리적 홍보와 AI 콘텐츠의 투명성 거버넌스

이은경

앤드앤컴퍼니 대표 / (사)한국ESG경영연구회 이사

소상공인시장진흥공단 전문컨설턴트 / 디지털전환·온라인마케팅 전문가

20여 년간 중소기업과 소상공인을 대상으로 경영·마케팅·컨설팅과 강의를 이어온 전문가로, 한밭대학교에서 창업학 석사, 대전대학교에서 융합경영컨설팅학 박사 학위를 취득했다.
웹프로그래머이자 IT 강사로서 온라인 플랫폼과 쇼핑몰 개발 및 다양한 정부지원사업과 지역경제 활성화 프로젝트에서 컨설턴트와 평가위원으로 활동하고 있다.
디지털 전환, 온라인 마케팅, ESG 경영을 융합한 전략으로 현장 기업의 지속 성장을 지원하며, 농업·사회적경제·여성기업 등 폭넓은 분야에서 실무 경험을 축적해왔다.

기업 홍보가 다시 정의되다

디지털 기술이 기업의 커뮤니케이션 방식을 근본적으로 바꾸는 시대, '투명성'은 더 이상 선택이 아닌 생존 조건이 되었다. 특히 AI가 홍보 메시지의 기획·제작·배포 전 과정에 깊이 개입하면서 소비자는 기업이 무엇을 말했는지보다 '어떤 태도로 어떤 과정을 거쳐 말하는지'를 먼저 살핀다.

정보 생산과 전달이 자동화된 오늘, 기업은 스스로 어떤 기준과 원칙으로 메시지를 만들고 공개하는지를 설명해야 한다. 투명성이 곧 신뢰이고, 신뢰가 곧 지속가능성이라는 공식이 작동하는 것이다. 그만큼 기업 홍보의 역할은 단순한 정보 전달을 넘어 '책임 있는 소통 구조'를 설계하는 일로 확장되고 있다.

AI로 생성된 콘텐츠는 사실 여부와 편향 가능성, 데이터 출처 등을 검증해야 하며, 기업은 이를 소비자에게 명확히 고지해야 한다. 디지털 환경에 익숙한 소비자는 이미 이런 기준을 요구하고 있고, 기업은 이에 부응하는 방식으로 홍보를 재설계해야 한다.

결국 투명한 홍보는 기술 문제가 아니라 거버넌스와 윤리의 문제이며, 기업의 선택이 비즈니스 지속성을 결정하는 핵심 축이 되고 있다. 이 배경을 바탕으로 디지털 시대의 홍보 원칙을 다시 점검할 필요가 있다.

AI 기반 홍보의 일상화와 '투명성'의 새로운 기준

AI 기술이 광고와 홍보의 일상적인 도구가 되면서 기업이 소비자와 만나는 방식은 근본적인 변화를 맞았다. 과거에는 사람이 직접 작성한 문장과 기획된 이미지가 기업 메시지의 중심이었지만, 이제는 알고리즘이 자동 생성한 콘텐츠가 다양한 채널에서 소비자와 조우한다. 이는 단순한 편의 향상이 아니라 정보 생산 구조 자체가 달라졌음을 의미한다.

생성형 AI가 보편화된 지금, 소비자는 콘텐츠의 내용뿐 아니라 "어떻게, 무엇을 기반으로 만들어졌는지"까지 묻고 있다. 실제 한 글로벌 패션 기업은 AI로 생성한 이미지를 SNS 광고에 사용했다가 '비현실적 미적 기준 조장'이라는 비판에 직면했다. 소비자는 이미지가 AI 제작이라는 사실을 알게 되면서 브랜드의 진정성을 의심했다.

반면 또 다른 소비재 기업은 AI 생성 콘텐츠 사용 시 이를 명확히 표기하고, 편집 여부와 데이터 출처까지 공개했다. 이 기업은 책임 있는 기술 활용 사례로 평가받으며 오히려 신뢰를 쌓았다. 차이는 기술 활용 여부가 아니라 그 사용을 얼마나 투명하게 설명했는가에 있었다.

AI 기반 홍보는 맞춤형 메시지를 빠르고 정교하게 제공할 수 있게 해준다. 그러나 효율성이 높아질수록 소비자는 메시지의 출처와 의도에 더 민감해진다. 디지털 세대는 기업이 활용하는 기술과 그 안에 담긴 구조적 편향을 스스로 가늠하려 한다. 이때 투명성은 단순한 이미지 관리가 아니라 소비자 권리를 보장하는 기준이 된다. 기업은 콘텐츠를 어떤 윤리적 기준과 절차로 생산·배포했는지 설명해야 한다.

문제는 AI 결과물이 늘어날수록 '누가 책임을 져야 하는지'가 흐려진다는 점이다. 알고리즘의 판단 오류, 불명확한 데이터 출처, 특정 집단에 대한 편향은 기업의 평판을 위협한다. AI 사용 사실을 숨기거나 모호하게 처리할 경우 소비자 기만으로 해석될 위험도 크다. 기술 도입의 편의성이 높을수록 이를 통제할 거버넌스 부재가 더 큰 리스크로 돌아올 수 있다.

AI가 생성하는 콘텐츠 양이 폭발적으로 늘면서 정보 과잉과 진정성 약화 문제도 나타난다. 소비자는 AI 문구와 인간의 메시지를 구분하기 어려워 피로감을 느끼면서 전반적인 기업 메시지에 회의감을 품기 시작한다. 편리함만을 이유로 AI 사용을 확대하면 브랜드 고유의 목소리와 정체성이 흐려질 수 있다. 홍보가 '기계적 생산'으로 보이는 순간 기업은 의미 있는 관계 형성을 잃게 된다.

이 때문에 많은 기업이 AI 활용에 대한 '투명성 거버넌스'를 구축하고 있다. AI 생성 콘텐츠임을 명확히 표기하고, 데이터 출처·편집 여부·검증 방식 등을 공개하는 절차를 만드는 것이다. 일부 기업은 내부 윤리위원회를 통해 AI 기반 홍보를 사전 검토하고, 오류 발생 시 신속히 수정하는 프로세스를 운영한다. 이는 규정 정비를 넘어 투명성을 브랜드 자산으로 보는 전략적 선택이다.

결국 AI 기반 홍보의 확산 속에서 기업이 지켜야 할 최우선 가치는 '정직한 설명'이다. 기술 사용 여부를 숨기지 않고, 그 과정에서 발생할 수 있는 문제를 사전에 관리하려는 의지는 신뢰를 형성하는 핵심 조건이다.

소비자는 더 이상 수동적 수신자가 아니라 콘텐츠 생성 과정을 감시하는 적극적 참여자이다. AI 기반 홍보의 일상화는 투명성을 기준으로 기업의 미래를 나누는 분기점이 되고 있다.

<홍보 방식 변화 유형>

구분	과거 홍보	AI 기반 홍보
콘텐츠 생성	담당자 직접 제작	알고리즘 자동 생성
검증 방식	사내 검토, 미공개	데이터 출처·검증 방식 공개
투명성 요소	최소한의 정보 제공	AI·출처· 편집 여부 표기 필수
위험 요소	인적 실수 중심	알고리즘 편향, 책임 불분명

디지털 소비자 행동 변화와 윤리적 홍보의 필요성

디지털 환경이 일상이 되면서 소비자 행동은 질적으로 달라졌다. 정보 탐색은 능동적이고 비교 중심으로 바뀌었고, 기업 메시지에 대한 신뢰 판단 기준도 다양해졌다.

AI 기반 콘텐츠가 홍보 전반에 쓰이면서 소비자는 알려주는 정보보다 '숨겨진 의도'를 살피려 한다. 기업 메시지는 진정성·투명성·공정성의 잣대로 평가되며, 홍보에 대한 윤리 요구 수위도 높아졌다. 윤리적 홍보는 더 이상 부가 요소가 아니라 생존 전략이다.

한 글로벌 뷰티 브랜드는 'AI가 추천하는 맞춤 제품'이라는 캠페인을 펼쳤지만, 알고리즘의 기준과 데이터 사용 방식이 불투명해 고객 불만이 급

증했다. 반면 한 생활용품 기업은 추천 알고리즘의 작동 기준과 수집 정보 범위를 명확히 안내했다. 소비자는 후자의 투명성에 긍정적으로 반응했고, 브랜드 신뢰와 선호도가 함께 상승했다. 기술 사용 여부가 아니라 소비자에게 제공된 설명의 진정성이 결과를 갈랐다.

디지털 소비자는 검색과 리뷰, 커뮤니티를 통해 기업을 스스로 검증한다. 기업이 말하는 사실보다 소비자가 찾아낸 '증거'를 더 신뢰하며, AI·빅데이터 기반 홍보가 확대될수록 기술 개입과 공정성 정도를 함께 판단한다. 이 변화는 윤리적 홍보가 기업 경쟁력의 핵심임을 다시 확인시킨다.

그럼에도 많은 기업은 여전히 기술 효율성에만 집중한다. 빠른 제작, 자동 타깃팅, 성과 지표는 매력적이지만, 그 과정에서 정보 왜곡과 편향 가능성이 간과되기 쉽다. AI 문구 하나가 특정 집단을 배제하거나 실제 상황과 맞지 않는 메시지를 전달하면 신뢰 위기와 연결된다. 디지털 소비자는 이를 민감하게 감지하며, 한번 흔들린 신뢰는 쉽게 회복되지 않는다.

소비자는 자신이 왜 특정 광고를 보는지, 어떤 데이터가 활용되는지 묻기 시작했다. 이는 기술이 일상 깊숙이 개입한다는 사실에 대한 자연스러운 반응이다. 기업이 이 질문에 답하지 못하거나 회피할 경우 소비자는 거리감을 느끼고 브랜드를 외면할 가능성이 커진다. 윤리적 홍보는 정보 비대칭을 완화하고, 메시지의 근거를 설명하는 과정에서 비로소 실현된다.

문제는 기업 내부 체계가 이런 변화를 충분히 따라가지 못한다는 점이다. 디지털 소비자 행태는 이해하면서도 홍보 전략에 윤리 기준을 구조적으로 반영하지 못하는 경우가 많다. AI 콘텐츠 검증 체계가 없거나, 데이터 활용 방침이 정리되어 있지 않거나, 홍보 부서가 기술 도구의 원리를 충분히 이해하지 못하는 상황도 빈번하다. 내부 준비 부족이 소비자 불신으로 이어지는 구조다.

그러나 이 변화를 기업은 기회로 삼을 수 있다. 투명하고 성실하게 설명하는 기업은 장기적으로 더 높은 신뢰와 지지를 얻는다. 단기 성과보다 신뢰 자산이 중요한 시대, 윤리적 홍보는 브랜드 전략의 핵심이 된다. 기술은 도구일 뿐, 그 도구를 어떤 가치 위에서 사용하는지가 기업을 구분 짓는다.

결국 디지털 소비자 행동 변화는 기업에 새로운 책임과 기준을 제시한다. AI 기반 홍보가 확대될수록 기업은 메시지의 기술적 제작 과정과 가치 기준을 함께 공개해야 한다.

윤리적 홍보는 소비자 요구에 대응하는 수단이자 기업 스스로 지켜야 할 지속가능성의 조건이다. 소비자는 홍보의 수신자를 넘어 윤리 기준을 함께 만드는 공동 주체가 되어 가고 있다.

윤리적 홍보가 기업 가치에 미치는 정량·정성 효과

윤리적 홍보는 이미지를 좋게 만드는 부가 활동이 아니라 기업 성장과 신뢰 구축을 좌우하는 전략적 요소다. 디지털·AI 기반 홍보 환경에서 윤리 기준을 지킨다는 것은 시장에서 지속 가능한 자리를 확보하는 핵심 요인이다. 정량적으로는 매출·재구매율·고객 유지율·투자 유치 가능성 등에 영향을 미치고, 정성적으로는 브랜드 신뢰·평판 자본·조직 윤리 문화 등 무형 가치를 강화한다.

한 글로벌 친환경 브랜드는 모든 광고에 'AI 생성 이미지 사용 여부'와 '데이터 기반 추천 기준'을 공개했다. 그 결과 고객 신뢰도 조사에서 긍정

응답이 상승했고, 온라인 재구매율도 눈에 띄게 높아졌다. 반대로 소비자 리뷰를 조작한 IT 기업은 사실이 드러난 뒤 주가 하락과 불만 폭증을 겪으며 신뢰 회복에 막대한 비용을 들여야 했다. 차이는 "윤리적 기준을 얼마나 일관되게 지켰는가"였다. 투명성은 신뢰로, 신뢰는 성과와 브랜드 가치로 이어지는 순환 구조를 만든다.

연구와 데이터는 정보 공개 수준이 높은 기업일수록 소비자의 구매 전환율과 채널 체류 시간이 증가한다는 점을 보여준다. 소비자는 투명하게 설명하는 브랜드를 더 신뢰하고, 그 신뢰가 행동으로 이어진다. 또 윤리적 홍보를 실천하는 기업은 규제 리스크와 법적 분쟁 가능성이 줄어들고, 예측 가능한 비용 구조를 가질 수 있다. 이는 장기 전략을 세우는 데 유리한 기반이 된다.

정성적 측면에서도 효과는 크다. AI 활용을 투명하게 밝히고 정보 출처와 기준을 설명하는 기업에 대해 소비자는 "존중받고 있다"라는 느낌을 받는다. 이는 단순 만족을 넘어 관계적 신뢰와 브랜드 충성도로 연결된다. 구성원 입장에서도 윤리적 홍보를 실천하는 조직은 자긍심을 높여주며, 내부 문화의 질을 끌어올린다. 홍보 방식 하나가 안팎의 정서에 동시에 영향을 미치며, 기업이 건강하게 성장하는 토대를 제공하는 것이다.

다만 윤리적 홍보는 언제나 쉬운 선택은 아니다. 단기 성과를 위해 과장·왜곡을 유혹처럼 느끼는 순간도 존재한다. AI의 편리함 역시 이런 유혹을 키운다.

자동 생성 문구는 생산성을 높여주지만, 검증되지 않은 정보를 담을 위험도 함께 안고 있다. 소비자가 점점 더 정교하고 비판적인 시각을 갖는 상황에서 윤리 기준을 희생하는 선택은 장기적으로 더 큰 손실을 초래한다.

윤리적 홍보 체계를 갖추는 데는 시간과 비용이 든다. AI 콘텐츠 검증, 출처 확인, 고지 절차 마련이 번거롭게 느껴질 수 있다. 그러나 이를 생략하면 정보 편향, 데이터 윤리 위반, 사실 왜곡 등이 누적되어 훨씬 큰 위기로 돌아온다. 초기에 투자하더라도 윤리 기준을 체계화하는 편이 기업을 보호하는 비용 절감 전략에 가깝다.

윤리적 홍보는 기업의 무형 자산을 키우는 핵심 전략이다. 매출 같은 수치로만 평가하기 어려운 사회적 신뢰를 축적하는 과정이며, 위기 상황에서도 버틸 수 있는 기반을 만드는 일이다. 사람들은 기준을 지키는 브랜드를 기억하고, 어려운 순간에도 더 오래 신뢰한다.

따라서 윤리적 홍보는 기업의 현재를 넘어 미래를 위한 필수 조건이다. 기술이 중심이 되는 시대일수록 기업은 기술만큼이나 윤리를 전면에 세워야 한다. 투명성과 진정성을 기반으로 한 메시지는 기업을 단순한 상표가 아니라 책임 있는 사회적 주체로 만든다.

소비자가 신뢰하는 기업, 사회가 인정하는 기업, 미래가 선택하는 기업은 결국 윤리적 기준 위에 세워질 수밖에 없다.

투명성 거버넌스가 필요한 이유

알고리즘 편향과 사실 왜곡

AI가 일상 도구로 자리 잡으면서 콘텐츠 생산 방식은 과거와 비교할 수 없을 만큼 빨라지고 복잡해졌다. 자동 생성된 문장·이미지·영상은 기업 홍보와 마케팅 영역에서 대량으로 사용되고, 소비자의 판단과 감정에 직접적 영향을 미친다. 이 과정에서 "AI가 만든 정보가 실제와 다르거나 편향을 내포할 때 책임은 누구에게 있는가?", "기업은 어떤 기준으로 이를 검증하고 설명해야 하는가?"라는 질문이 제기된다. 이는 기술 활용을 넘어 새로운 윤리 규범과 지배구조를 요구하는 거버넌스의 문제다.

AI 콘텐츠의 위험은 오류를 넘어 사회적 신뢰 구조를 흔들 수 있다. 생성 과정이 불투명할수록 소비자는 기업 메시지의 진정성을 의심하고, 알고리즘 편향은 특정 집단에 대한 부정적 고정관념을 강화한다. 데이터 출처가 명확하지 않은 AI 콘텐츠는 법적·윤리적 문제로 이어져 기업 평판에 큰 타격을 줄 수 있다. 그래서 투명성 거버넌스는 선택이 아닌 필수 전략이 되었고, 기업은 더 이상 기술의 편리함만을 내세울 수 없는 상황에 놓여 있다.

<국내외 기업 AI 활용 사례 비교>

AI 활용 '투명성' 강조 우수 사례	AI 홍보 부작용 사례
• 유니레버: AI 콘텐츠 사용 시 데이터 출처 및 편집 여부 투명하게 공개, 신뢰도 상승 • KB국민은행: 데이터 활용 동의 절차 세분화·윤리위원회 운영, 서비스 만족도·신뢰도 향상 • 마이크로소프트: CEO 리더십으로 Responsible AI 원칙 강화, AI 활용 가이드라인 전사 도입	• 글로벌 패션 기업: AI 이미지 생성 광고 이후 '비현실적 미적 기준' 비난, 브랜드 진정성에 타격 • 국내 IT 기업: 소비자 리뷰 조작 사실 드러나 브랜드 신뢰도 및 주가 급락

AI를 활용한 홍보에서 알고리즘이 항상 중립적이고 정확할 것이라는 기대는 더 이상 유효하지 않다. 알고리즘은 방대한 데이터를 학습하지만 그 안의 편향과 불균형을 그대로 반영할 수 있다. 문제는 이렇게 생성된 편향적·왜곡된 결과가 매우 자연스럽고 빠르게 확산한다는 점이다. 사람들은 "기계가 만들었으니 객관적일 것"이라는 인식을 가지기도 하지만, 바로 그 지점에서 보이지 않는 위험이 발생한다.

한 글로벌 식품 기업은 AI 이미지 생성 도구로 홍보 이미지를 제작했는데, 특정 국가 소비자를 연상시키는 고정관념적 요소가 반복 노출되어 비판을 받았다. 기업은 알고리즘 편향을 충분히 인지하지 못한 채 활용했고, 문화적 감수성이 부족한 기업이라는 비난을 감수해야 했다. 반면 한

IT 기업은 AI 콘텐츠 활용 전 '편향 검증 프로토콜'을 도입해 이미지와 문구를 다층적으로 검토했다. 이 기업은 AI 활용 모범 사례로 평가받으며 신뢰를 높였다.

알고리즘 편향은 성별·직업·인종 등에 대한 고정관념, 특정 집단에 대한 배제 등 다양한 방식으로 홍보 콘텐츠에 스며든다. 제품 추천 알고리즘은 기존 구매 데이터에 기반해 특정 계층에 불리한 결과를 반복할 수 있다. 이 편향은 소비자가 즉각 알아차리기 어려울 정도로 자연스럽게 내재되기 때문에 문제의 깊이가 크다.

왜곡 또한 중요한 리스크다. AI는 기존 데이터 패턴을 학습해 새로운 콘텐츠를 생성하기 때문에 학습 데이터에 오류가 있으면 왜곡된 메시지를 반복 생산한다. 홍보 문구에서 제품 성능이 과장되거나 오해를 부르는 통계 해석이 등장할 수 있다. 자동 생성 콘텐츠는 문장 구조가 자연스러워 기업조차 오류를 인지하지 못하는 경우가 많고, 소비자는 이를 사실로 받아들일 가능성이 크다. '자연스러운 비사실성'은 AI 기반 홍보의 가장 큰 위험이다.

그럼에도 많은 기업은 이를 통제할 체계를 갖추지 못했다. 기술 도입은 빠르게 진행되었지만 이에 맞는 검증 시스템과 윤리 기준은 미처 준비되지 않았다. 일부는 홍보 부서 역량만으로 알고리즘 편향 여부를 판단해야 하는 상황에 놓이며, 기술팀과 홍보팀 사이에 인식·소통의 간극도 크다. 규모가 작은 기업일수록 AI 작동 원리에 대한 이해 부족으로 위험을 과소평가하거나 무방비 상태로 활용하는 경우가 많다.

이 문제를 극복하려면 투명성 거버넌스가 필요하다. 기업은 AI 생성 콘텐츠의 출처와 데이터 기반 검증 과정을 기록하고, 필요시 공개해야 한다. 특히 홍보 콘텐츠는 인간의 최종 검증을 필수 절차로 포함해야 하며, 알고리즘 편향을 정기적으로 점검할 구조가 마련되어야 한다. 소비자에게는 AI 활용 여부를 명확히 알려 정보 비대칭을 줄이고, 내부적으로는 윤리 기준을 공유해 구성원 모두가 동일한 관점에서 기술을 다루도록 해야 한다.

알고리즘 편향과 사실 왜곡은 디지털 시대 기업이 마주한 새로운 홍보 리스크다. 기술이 발전할수록 그 영향력은 커지고, 책임 있는 활용 기준의 중요성도 함께 높아진다. AI 결과를 무비판적으로 수용하는 기업은 잠재적 위기를 키우지만, 이를 적극적으로 검증·설명하는 기업은 신뢰와 경쟁 우위를 얻을 수 있다.

개인정보·고객 데이터 활용의 윤리 기준 설정

디지털 시대 기업은 고객 데이터를 기반으로 정교한 홍보 전략을 수립할 수 있지만, 데이터 활용이 곧 신뢰를 의미하는 것은 아니다. 고객이 정보를 제공한다는 것은 단순한 입력 행위가 아니라 "이 기업이 내 정보를 책임 있게 다룰 것"이라는 기대에 대한 동의다. 그러나 기술이 고도화될수록 데이터 활용 구조는 복잡해지고, 소비자는 자신이 어떻게 타깃팅되는지 알기 어려워졌다.

한 전자상거래 기업은 고객 행동 데이터를 분석해 맞춤형 추천을 제공했지만, 과거 검색·구매 이력을 과도하게 활용해 사적인 관심사까지 추론하는 방식이 알려지며 논란을 겪었다. 고객은 원치 않는 수준의 분석이 이뤄졌다는 사실을 뒤늦게 알고 불신을 드러냈다.

반대로 한 금융 기업은 데이터 활용 동의 절차를 세분화하고, 수집 목적·사용 범위·보관 기간을 상세히 안내했다. 투명한 설명 덕분에 신뢰도와 서비스 만족도가 함께 향상됐다.

AI 기반 타깃 마케팅은 관심사·위치·구매 이력 등을 분석해 최적의 메시지를 전달하지만, 소비자에게 "모르는 사이에 계속 추적당한다"라는 불편함을 줄 수 있다. 특히 데이터 주권에 대한 인식이 높은 디지털 세대는 개인정보를 투명하게 다루지 않는 기업에 민감하게 반응한다.

문제는 데이터가 종종 '사업 자원'으로만 취급된다는 점이다. 고객 동의 범위나 권리 보호 기준이 모호해지기 쉽고, AI 시스템의 가공 기준을 내부자조차 완전히 이해하지 못하는 경우도 많다. 인프라와 인력이 부족한 중소기업은 보안 사고에 더 취약하다. 작은 관리 미흡이 큰 위기로 번질 수 있는 환경이다.

불투명한 데이터 활용은 소비자 권리 침해를 넘어 법적 분쟁과 평판 손상을 가져온다. 일단 '불투명한 기업'이라는 인식이 생기면 소비자는 가장 먼저 데이터 제공을 중단하고, 이는 곧 마케팅 효율성 저하로 이어진다. 데이터 기반 광고는 신뢰 위에서만 작동한다.

이를 해결하려면 기업이 먼저 데이터 활용 윤리 기준을 재정립해야 한다. 수집 목적·활용 범위를 명확히 밝히고 문서화하고, 고객이 자신의 정보를 쉽게 열람·수정·철회할 수 있는 절차를 제공해야 한다. 보관 기간과 폐기 기준을 명시해 불필요한 정보 축적을 막고, '최소 수집 원칙'을 통해 필요한 만큼만 수집하는 것이 중요하다.

내부 감수성 제고도 필수적이다. 구성원이 데이터의 가치와 위험을 함께 이해할 수 있도록 교육하고, 기술 부서와 홍보 부서가 협업해 AI 분석 결과의 의미를 함께 해석해야 한다. 일부 기업은 데이터 윤리위원회를 구성해 신규 캠페인에서 데이터 활용의 적절성을 검토한다. 이런 구조는 윤리 기준을 일관되게 적용하는 기반이 된다.

궁극적으로 개인정보·고객 데이터 활용의 윤리 기준은 기업 신뢰의 핵심 축이다. 소비자는 신뢰하기 때문에 데이터를 제공하며, 신뢰가 무너지면 데이터를 더 이상 제공하지 않는다. 투명하고 책임 있는 활용은 윤리적 선택뿐만 아니라 디지털 시대 기업 지속가능성을 떠받치는 전략적 요소다.

AI 홍보 도구 활용 시 '책임의 주체'는 누구인가?

AI 기반 홍보가 확산하면서 중요한 질문 중 하나는 "이 콘텐츠의 책임은 누구에게 있는가?"이다. 자동 생성 도구는 기업이 빠르고 효율적으로 메시지를 만들도록 돕지만, 콘텐츠의 출처와 의도를 흐릿하게 만들기도 한다. 알고리즘 작동을 완전히 이해하기 어려운 상황에서 AI가 만든 문구·이미지에 오류나 편향이 있더라도 기업은 책임을 피할 수 없다. 기술이 개입했다고 해서 책임이 줄어들지는 않는다. 오히려 기업은 더 높은 수준의 설명 의무를 요구받는다.

한 해외 의류 브랜드는 AI 이미지 생성기를 활용해 광고를 만들었다가 특정 인종을 왜곡된 방식으로 묘사했다는 비판을 받았다. 기업은 "AI가 만든 것이며 의도한 바가 아니다"라고 해명했지만, 소비자는 이를 책임 회피로 받아들였다. 검수 과정이 부실했다는 점이 핵심 문제였다.

반면 또 다른 콘텐츠 기업은 AI 자동 생성 문구의 출처, 검수자, 최종 승인자를 기록하는 '책임 추적 시스템'을 도입했다. 문제가 발생했을 때 책임 구조가 명확해 신뢰를 잃지 않았다.

AI 홍보 도구는 이메일, 웹 문구, SNS, 고객 응대 메시지 등 다양한 영역을 자동화한다. 여러 부서가 동시에 도구를 사용할수록 콘텐츠 '생성-검수-배포' 단계가 섞이기 쉽고, '누가 무엇을 승인했는지' 알기 어려운 상황이 발생한다. 이때 문제가 생기면 대응도 늦어지고 책임 공백이 발생한다.

책임 주체 모호성은 기술의 문제가 아니라 기업 구조의 문제다. 많은 기업이 AI 도입은 독려하면서도 그에 상응하는 책임 체계를 설계하지 않는다. 홍보팀은 편의성에 의존하고, IT팀은 안정성만 강조하며, 경영진은 효율성 지표에 주목하기 쉽다. 이런 상황에서는 문제가 발생했을 때 서로 책임을 미루거나 원인을 제대로 파악하지 못한다.

AI는 과거 데이터를 학습하기 때문에 기존의 사회 편향과 오류를 재현할 수 있다. 그럼에도 일부 기업은 AI 결과를 '기계 산출물'로 취급하며 검증을 소홀히 한다. "기계가 그렇게 말했다"라는 이유로 결과를 그대로 쓴다면 윤리 리스크를 떠안는 것은 결국 기업이다. 디지털 소비자는 AI 개입과 절차를 알고 싶어 하며, 불투명한 운영은 곧바로 불신으로 이어진다.

따라서 '책임의 주체'를 명확히 하는 투명성 기반 거버넌스가 필요하다. 기업은 AI 활용 콘텐츠에 대해 생성자·검수자·최종 승인자를 명시하는 시스템을 갖추고, "최종 책임은 사람에게 있다"라는 원칙을 분명히 해야 한다. AI 결과물은 반드시 사람 검토와 승인을 거치도록 하는 절차가 필요하다. 일부 기업은 AI 활용 가이드라인과 윤리 규범을 만들고 전담 조직을 운영해 관리 수준을 높이고 있다.

AI 활용 책임 기준은 조직 문화와도 연결된다. 구성원이 AI 도구의 목적과 한계를 이해하고, 기술보다 윤리 판단을 우선하는 문화가 형성되어야 한다. 효율성만 강조하면 책임은 항상 주변으로 밀려난다. 반대로 경계와 기준을 명확히 인식하는 조직은 AI 결과를 기업 책임으로 받아들이고 일관된 윤리 기준을 유지할 수 있다.

결국 AI 홍보 도구를 사용하는 시대에는 '책임의 주체'를 어떻게 정의하느냐가 신뢰를 결정한다. "AI가 자동으로 만들었다"라는 설명만으로는 책임을 면제해주지 않는다. 기업이 책임 구조를 분명히 할 때만 소비자는 AI 기반 콘텐츠를 신뢰하고, 기업은 기술의 이점을 온전히 활용할 수 있다. 효율성보다 신뢰를, 속도보다 책임을 앞에 두는 원칙이 필요하다.

기업의 지속 가능한 홍보 체계 만들기

AI 콘텐츠 제작·표기·검증의 3단계 투명성 프로토콜 구축

디지털 기술이 기업 홍보의 핵심 인프라가 된 지금, 투명성은 조직의 지속 가능성을 좌우하는 필수 규범이다. AI 콘텐츠 생산, 데이터 활용, 맞춤형 타깃팅이 일상화되면서 무엇을 말하는지보다 '어떤 기준과 절차로 말하는지'가 신뢰의 기준이 되었다. 정보가 빠르게 순환하는 환경에서 투명성이 결여된 홍보는 곧바로 불신과 평판 리스크로 이어진다. 기술 도입 자체보다 이를 관리·설명하는 거버넌스가 더 중요해지는 이유다.

투명성 거버넌스 구축은 규정을 한 번 정비하는 수준을 넘어선다. AI 콘텐츠 출처 표기, 데이터 사용 기준 공개, 검증·승인 절차의 명문화 등 구체적인 운영 체계를 마련해야 한다. 동시에 구성원 모두가 기술의 한계와 윤리 기준을 공유할 수 있는 조직 문화를 조성해야 한다. 그래야만 투명성이 실제 힘을 발휘할 수 있다.

AI가 홍보의 핵심 도구가 되면서 콘텐츠 제작 과정은 복잡해졌다. 자동 생성 문장과 이미지가 사람 손을 거치지 않고 생산되고, 대규모 데이터 분석이 메시지 설계에 영향을 준다. 이 상황에서 기업이 신뢰를 지키기 위해 가장 먼저 확보해야 할 것은 '제작-표기-검증'에 이르는 3단계 투명성 프로토콜이다.

첫째, 제작 단계에서 AI가 어떤 데이터로 학습했고, 어떤 알고리즘을 기반으로 콘텐츠를 생성하는지 기본 정보를 파악하고 기록해야 한다. 콘텐츠 생성 시 AI 개입 정도와 데이터 출처를 남기면 문제 발생 시 원인을 추적하고 책임을 명확히 할 수 있다. 여러 부서가 AI를 동시에 활용하는 환경일수록 제작 기록의 중요성은 커진다.

둘째, 표기 단계에서는 소비자가 AI 기반 콘텐츠를 접할 때 이를 명확히 알 수 있어야 한다. 'AI Generated', 'AI Assisted' 등 간단한 문구 표기는 기술 공개를 넘어 기업이 콘텐츠를 책임 있게 관리하고 있다는 신호가 된다. 생성 방식과 검수자의 정보를 함께 제공하면 정보 비대칭을 줄이고 신뢰를 높일 수 있다.

셋째, 검증 단계에서는 사람의 비판적 검토가 필수다. 기업은 배포 전 콘텐츠의 사실성·편향 여부 그리고 법적·윤리적 기준 충족 여부를 검토하는 절차를 마련해야 한다. 일부 선도 기업은 전담 검수팀을 두거나 윤리위원회를 통해 고위험 콘텐츠를 사전 심사한다. 검증은 비용과 시간이 들지만 리스크 관리 차원에서 가장 값비싼 보험과 같다.

많은 기업이 이 3단계 구축을 번거롭게 느낀다. AI 도구가 빠르게 콘텐츠를 생산해주기 때문에 제작 기록·표기·검증 단계를 생략하고 싶은 유

<AI Process Steps>

제작	표기	검증
데이터 출처와 알고리즘 기록이 필요합니다.	AI 생성명과 검수자를 명시해야 합니다.	사실 확인과 윤리 심사가 이루어집니다.

혹이 크다. 그러나 단기 효율성을 위해 투명성을 희생하면 장기적으로 신뢰·법적 안정성을 위협하게 된다.

특히 중소기업은 인력과 자원이 부족해 체계 구축이 어렵다고 느끼지만, 그렇다고 투명성을 포기할 이유는 되지 않는다. 자동 로그 기록 기능, 간단한 표기 태그, 최소한의 사람 검토만으로도 기본적인 프로토콜을 갖출 수 있다. 중요한 것은 완벽한 시스템이 아니라 '일관된 책임 기준'이다.

결국 3단계 투명성 프로토콜은 기술의 한계를 보완하며 기업 신뢰를 지키는 핵심 도구다. 최소한의 절차만 갖추어도 기업은 AI 기반 홍보를 더 안전하고 책임 있게 운영할 수 있다. 소비자는 표기와 설명이 있는 콘텐츠를 더 신뢰하고, 기업은 신뢰 위에서 장기적인 관계를 구축할 수 있다.

윤리적 기업 홍보를 위한 CEO 리더십과 조직 문화 설계

AI 기반 홍보가 보편화된 시대에 기업이 신뢰를 유지하려면 도구보다 이를 이끄는 리더십의 방향성이 더 중요하다. 윤리적 홍보는 홍보팀 역량만으로 구현되지 않으며, 회사 전체가 공유하는 가치이자 의사결정 기준이 되어야 한다. 이 과정에서 CEO의 역할은 결정적이다. CEO가 무엇을 우선순위로 두고 어떤 원칙으로 판단하는지가 조직 행동을 규정한다.

한 유명 글로벌 기술 기업은 AI 기반 홍보를 도입하면서 CEO가 "모든 AI 활용 콘텐츠는 사람 검증을 필수로 거친다"라는 원칙을 선언했다. 그는 효율성보다 '우리가 무엇을 만들었는지 설명할 수 있는지'를 더 중요하게 강조했다. 그 결과 AI 활용 방식은 투명하게 공개됐고, 모든 홍보 자료에 출처 표기가 적용되었다. 소비자 신뢰는 상승했고, 내부 구성원 또한 기술 남용에 대한 경각심을 가지게 되었다.

윤리적 홍보를 조직 문화로 정착시키려면 구성원이 '왜 이것이 중요한가'를 이해하고 내면화해야 한다. 선언만으로는 충분하지 않으며, 실제 현장에서 반복 교육·사례 토론 등을 통해 판단 기준을 체득하게 해야 한다. 윤리적으로 모호한 상황에 대해 자유롭게 질문하고 논의할 수 있는 심리적 안전감도 중요하다. 그래야 문제가 생겼을 때 책임을 회피하기보다 윤리 관점에서 해결하려는 태도가 형성된다.

그러나 현실에서는 어려움도 많다. 홍보 성과를 정량 지표로 평가하면서 속도·효율성이 과도하게 강조되면 윤리 기준은 뒷전으로 밀리기 쉽다. AI를 사용하는 직원은 기술과 윤리 두 가지 판단 부담을 동시에 느낄 수 있다. 경영진이 겉으로는 윤리를 말하면서 실제 의사결정에서는 단기 성과를 우선한다면 조직은 방향성을 잃는다.

CEO 리더십은 윤리적 홍보의 방향뿐 아니라 구체적인 기준을 제시해야 한다. 투명성 원칙을 강조했다면 그에 맞는 기록 의무·검수 강화·데이터 활용 기준 공개 등 정책이 뒤따라야 한다. 윤리 위반이 발견됐을 때 신속하고 정직하게 대응하는 태도는 구성원에게 강력한 메시지를 준다.

윤리적 홍보 문화는 외부 신뢰뿐 아니라 내부 신뢰를 강화한다. 구성원은 리더의 말과 행동이 일치하는지를 가장 잘 본다. 말한 가치가 실제 정책과 일치하면 방향성을 신뢰하고 더 책임 있게 업무에 참여하지만, 모순이 반복되면 윤리 기준은 현장에서 힘을 잃고 홍보 콘텐츠에서도 진정성이 사라진다.

결국 윤리적 홍보를 위한 CEO 리더십은 단순히 리스크를 줄이는 전략이 아니라 장기 성장 기반을 구축하는 과정이다. 소비자는 기업의 말보다 태도를 먼저 보고, 그 태도는 조직 문화로 구현된다.

CEO가 투명성과 책임을 핵심 가치로 채택하고, 이를 실행 가능한 기준으로 구체화하며, 구성원이 실천할 수 있는 환경을 만들 때 기업은 진정한 신뢰를 얻는다. 윤리적 홍보는 기술이 아니라 사람과 문화에서 시작되며, 그 중심에는 리더십이 있다.

지속 가능한 '윤리적 콘텐츠 소비·제작 생태계' 구축

디지털 시대 정보 소비는 개인 선택을 넘어 사회 전체의 신뢰 구조와 연결된다. AI가 생성한 문장·이미지·영상이 일상 콘텐츠의 상당 부분을 차지하는 지금, 콘텐츠를 어떻게 소비·제작하느냐는 환경·사회·거버넌스를 포괄하는 지속가능성의 핵심 요소다.

윤리적 기업 홍보는 기업 내부 문제를 넘어 소비자와 사회 전체가 함께 참여해야 하는 공동 과제가 되었다. 콘텐츠 순환 방식이 곧 신뢰의 흐름을 결정하기 때문이다.

윤리적 콘텐츠 생태계는 기업만으로 구축되지 않는다. 기업은 출처 공개·검증 체계·AI 활용 기준을 명시해 제작 문화를 형성하고, 소비자는 출처를 확인하고 신뢰할 수 있는 콘텐츠를 선택하는 방식으로 소비 문화를 만들어야 한다. 이러한 개별 실천이 모이면 시장 전체 콘텐츠 품질과 투명성이 향상되는 긍정적 순환 구조가 형성된다.

현실적 난관도 있다. AI가 자동 생성하는 콘텐츠 양이 폭증하면서 소비자가 일일이 출처를 확인하기 어렵다. 기업과 제작자 역시 도구의 내부 작동 방식을 충분히 이해하지 못한 채 결과물을 사용할 수 있다. 잘못된 정보나 조작된 콘텐츠는 정정보다 훨씬 빠르게 확산되며, 윤리적 기준이 약한 환경에서는 위험이 기하급수적으로 커진다.

따라서 '일상 실천' 관점이 필요하다. 개인은 콘텐츠를 공유하기 전 출처를 확인하고, AI 표시가 있는 콘텐츠를 우선하거나 왜곡 가능성이 있는 정보에 대해 비판적 시각을 유지하는 방식으로 실천할 수 있다. 이런 작은 행동이 시장 신뢰도를 높인다. 동시에 기업은 이런 소비자의 실천을 뒷받침할 수 있는 투명한 정보 구조를 제공해야 한다.

콘텐츠 제작자 역시 윤리적 책임을 져야 한다. 개인 창작자든 기업 홍보팀이든 AI 도구를 사용할 때는 그 결과물이 특정 집단에 미칠 영향과 사실성 여부를 고려해야 한다. 조회수·노출량만을 기준으로 콘텐츠 가치를 판단하지 말고, 사회적 책임이라는 기준을 함께 적용해야 한다.

여기에 제도적 뒷받침도 필요하다. 국가·규제기관은 AI 활용 콘텐츠 표기 의무, 데이터 출처 공개 기준, 허위 정보 제재 등 구조적 장치를 마련해 생태계 신뢰 기반을 강화해야 한다. 거버넌스, 기업 실천, 개인 실천, 제도 지원이 유기적으로 맞물려야 지속 가능한 콘텐츠 생태계가 만들어진다.

윤리적 콘텐츠 소비·제작 생태계는 단순한 홍보 전략이나 개인 취향 문제가 아니다. 신뢰 기반 사회 관계망을 유지하기 위한 공동의 실천이며, 디지털 시대 지속가능성을 구성하는 핵심 요소다.

AI 발전으로 누구나 쉽게 콘텐츠를 생산할 수 있는 시대일수록 책임은 더 넓게 공유되어야 한다. 기업은 투명성으로, 개인은 비판적 소비로, 사회는 제도로 이 생태계를 떠받쳐야 한다.

일상 속 작은 실천이 쌓일 때 비로소 지속 가능한 신뢰 구조가 형성된다. AI 시대의 홍보와 정보 소비는 결국 윤리적 선택 위에서만 건강하게 성장할 수 있다.

CHAPTER **10**

디지털 전환의 시대, 거버넌스의 혁신과 미래 행정의 길

이은학

대전정보문화산업진흥원 원장 / 지역SW산업발전협의회 이사

현재 대전정보문화산업진흥원 원장으로 재직 중이며, 대전의 IT·SW·AI·데이터 등 디지털 산업과 게임, 영화, 음악, 웹툰, e스포츠 등 콘텐츠 산업에 대한 지원 육성 및 인력 양성 사업을 주관하고 있다. 원장 재직 전, 34년간 공직자로서 중앙부처와 대전시 및 동구 등에서 정책기획관, 부구청장 등 다양한 직책을 거쳤으며, 정책 기획 및 조직·인사, 문화 관광 등 많은 경험을 바탕으로 시정 발전과 시민의 복지증진을 위해 매진해 왔고, 대학과 기업 등을 대상으로 디지털과 문화, 행정과 산업의 융합 및 대응 전략을 주제로 강의 및 컨설팅을 수행하고 있다.

충남대학교에서 행정학 석사 학위를 취득하였고 현재 대전대학교 박사 과정 중이다. 디지털과 문화가 연결되는 시대, 지역이 중심이 되는 혁신 생태계 구축을 통해 미래 산업의 지속 가능한 성장을 견인하는 것을 비전으로 삼고 있으며, 변화는 현장에서 시작된다는 믿음으로 실용 중심의 전략을 추구하고 있다.

디지털 시대, 거버넌스의 새로운 철학

21세기의 행정은 더 이상 정부가 명령하고 시민이 따르는 통치(Government)의 기술로 설명될 수 없다. 기후위기, 초연결 사회에서의 디지털 격차, 급속히 심화되는 사회적 불평등, 인공지능 윤리 문제와 같은 복합 난제는 단일 조직으로서의 정부 능력을 넘어서는 문제들이다. 이러한 변화는 "정부가 모든 것을 한다"라는 전통 행정의 한계를 더 분명히 드러냈고, 행정의 언어를 통치에서 '거버넌스(Governance)'로 이동시키는 배경이 되었다.

거버넌스는 다양한 주체가 수평적으로 협력하며 공공 문제를 공동으로 해결하는 신뢰 기반의 사회적 약속이다. 디지털 기술의 발전은 협력의 속도와 범위를 획기적으로 확장시키는 촉매가 되었으나 그 근본을 지탱하는 힘은 여전히 '신뢰(Social Capital)'이다.

이 장에서는 거버넌스 개념의 철학적 기원부터 디지털·ESG 시대의 가치 변화, 기술 기반 협치 구조 그리고 궁극적으로 사람 중심의 신뢰 민주주의에 이르는 흐름을 통합적으로 살펴보고자 한다.

"행정은 정부의 통치에서 시민이 함께 만드는 신뢰 기반 거버넌스로 전환되고 있다."

거버넌스의 개념과 진화

거버넌스는 단순히 협치 혹은 행정 간 조정의 다른 표현이 아니다. 그것은 권력의 수직적 구조가 수평적 네트워크로 변화하는 철학적 전환을 의미한다. 로즈(R.A.W. Rhodes)는 이를 "정부 단독 통치에서 상호의존적 네트워크에 기반한 사회적 조정"으로 규정하고, 국가 중심 행정의 구조적 한계를 이야기했다.

한국 행정 발전 역시 정부 주도에서 시민·기업·지역사회 등 다양한 행위자들이 참여하는 방식으로 점차 확장되어 왔다. 2000년대 전자정부(e-Government)가 행정의 효율성을 극대화한 중요한 성과였다면, 오늘날의 디지털 거버넌스는 효율을 넘어 시민이 의사결정 과정에 참여하는 구조적인 전환을 보여준다.

대표적 사례인 인천광역시 '인천은소통e가득'은 시민이 일상 속 생활 불편이나 공공정책 제안을 직접 입력하고, 행정은 이를 데이터 기반으로 분석하여 정책의 우선순위나 방향을 조정한다. 이는 단순히 기술로 행정 속도를 높이는 것이 아니라 참여를 제도화하여 신뢰를 쌓아가는 구조적 설계이다. 시민의 목소리가 정책의 전 과정에 연결된다는 경험은 행정의 정당성을 강화하는 실질적인 자산이 된다.

"거버넌스의 본질은 책임을 함께 지는 신뢰의 네트워크다."

ESG는 이제 기업을 넘어 국가 행정과 공공기관 운영의 기본 가치 체계로 자리 잡고 있다. 특히 G(Governance)는 E(Environmental)와 S(Social)를 떠받치는 구조적 기둥이다.

환경보호나 사회 통합이라는 목표는 신뢰할 수 있는 거버넌스 체계가 없으면 지속될 수 없다. OECD가 공공 거버넌스를 국가 경쟁력의 핵심으로 규정한 것도 이와 같은 맥락이다.

거버넌스는 무엇보다 '절차적 정당성(Procedural Justice)'을 강조한다. 결과가 아무리 훌륭해도 그 과정이 불투명하고 공정하지 않으면 시민의 신뢰를 얻을 수 없다.

반대로 공정한 절차와 투명한 정보 공개, 이해관계자 참여, 정기적 피드백 등 과정이 정직하면 정책 실패조차 신뢰 손상 없이 사회적 학습의 기회가 된다.

경기도 광명시의 '광명시민e참여'는 정책의 설계·예산·평가 등 전 과정을 시민에게 공개하며 정보 비대칭을 해소한다. 아울러 대부분의 지자체에서 운영하는 시민참여예산제는 예산 편성 과정에 시민이 직접 참여하는 구조를 통해 정책의 수용도를 크게 끌어올렸다.

이 두 사례는 결과 중심 행정에서 과정 중심 행정으로의 ESG 전환을 잘 보여주고 있다.

"행정의 신뢰는 뛰어난 성과에서 생기지 않는다. 정당한 과정을 제도화할 때 비로소 구축된다."

디지털 시대의 거버넌스

디지털 기술은 행정의 처리 속도, 정확성, 효율성을 혁신적으로 개선했지만, 동시에 새로운 위험 요인도 야기시켰다. AI 알고리즘의 편향, 데이터 독점 구조, 개인정보 침해 위험은 기술이 오히려 행정 신뢰를 약화시킬 수 있음을 보여준다. 결국 기술은 목적이 아니라 신뢰를 강화하기 위한 수단이 되어야 한다.

디지털 거버넌스의 핵심은 기술적 성능이 아니라 설명가능성(Explainability), 투명성(Transparency), 데이터 접근성 등 시민이 이해하고 참여할 수 있는 구조를 만드는 것이다.

예를 들어 복지 대상자 선별 알고리즘이 특정 집단을 불리하게 평가한다면 아무리 효율적이라도 신뢰를 잃는다. 따라서 디지털 시대의 윤리 기준은 얼마나 정교한가가 아니라 어떻게 설계되었고, 시민이 그 과정을 신뢰할 수 있는가이다.

핀란드 오울루(Oulu)의 스마트시티 모델은 시민 데이터 허브를 통해 도시 운영 정보를 누구나 확인할 수 있게 하여 데이터 민주주의를 실현하고 있다. 우리나라에서도 국민권익위원회의 '국민생각함'처럼 시민 의견을 AI로 분석하고 정책으로 연결하는 시도가 점차 확산되고 있다.

또한 블록체인 기반 기록 시스템은 의사결정의 위·변조를 방지하고 누구나 검증 가능한 투명성을 제공하여 디지털 신뢰 인프라로 기능하고 있다.

"디지털 행정의 본질은 효율이 아니라 기술을 통해 신뢰를 구조화하고 기록하는 데 있다."

디지털 기술이 아무리 발전해도 행정의 핵심은 사람이며, 정책의 사회적 수용을 결정하는 것도 결국은 인간의 공감이다. AI는 계산을 할 뿐, 공동체의 윤리적 판단을 대신할 수 없다. 따라서 사람 중심 거버넌스의 첫걸음은 '디지털 포용(Digital Inclusion)'이다.

서울특별시의 '서울디지털동행프라자'는 고령자나 장애인이 기술에서 소외되지 않도록 돕는 시민 참여형 프로그램이다. 단순 지원을 넘어 시민 간 상호 도움 관계가 데이터 기반 복지로 연결되는 사람 중심 디지털 행정의 모범 사례다.

또한 '생활정책실험실(Living Lab)'은 시민이 직접 정책을 실험하고 문제 해결 방식도 함께 설계하는 플랫폼으로, 행정과 시민 사이에 쌍방향 신뢰 관계를 형성한다. 실패한 실험이라도 숨기지 않고 공유함으로써 행정은 투명성을, 시민은 정책 학습 경험을 얻게 된다. 이는 정책의 지속가능성을 높이는 중요한 학습 구조이다.

결국 거버넌스의 목적은 기술 고도화가 아니라 신뢰의 민주화이다. 신뢰가 제도와 조직 문화로 정착될 때 시민의 참여는 일회적 동원이 아니라 지속 가능한 협력으로 발전하며, 행정은 공동체의 지혜를 담아내는 그릇으로 진화한다.

"사람 중심 거버넌스는 디지털 포용과 시민 참여로 신뢰 기반의 협력을 구축하는 것이다."

21세기 행정은 정부 단독 통치에서 벗어나 다양한 주체가 협력하는 신뢰 기반 거버넌스로 전환되고 있다. ESG 시대의 거버넌스는 결과보다 과정의 투명성과 참여를 중시하고, 디지털 기술은 효율성을 높이지만 동시에 새로운 위험을 만들기 때문에 기술 자체가 아니라 신뢰를 구조화하는 수단이 되어야 한다.

시민참여 플랫폼과 디지털 포용 사례는 사람 중심의 협력 모델을 보여주듯, 결국 디지털 시대의 거버넌스는 기술이 아닌 사람과 신뢰를 중심에 둔 민주주의를 실현하는 행정 철학이다.

"거버넌스는 행정을 대체하는 말이 아니라 함께 살아가는 지성을 제도화하는 철학이다."

구분	핵심 메시지
거버넌스	정부 중심 통치에서 사회 중심 협치로 이동하는 패러다임 전환이며, 신뢰 기반 네트워크가 핵심이다.
ESG의 재해석	G는 결과보다 과정의 정당성과 참여를 강조하는 공공 윤리의 근간이다.
디지털 기술	단순 효율화가 아니라 신뢰를 보증하고 투명성을 제도화하는 언어로 기능해야 한다.
행정 혁신	궁극적으로 사람 중심의 공감과 참여를 통해 신뢰를 민주화하는 과정이다.

디지털 전환과 행정의 혁신

한국의 행정은 지난 10여 년 동안 세계적으로 유례없는 속도로 디지털을 통해 변모해 왔다. 두꺼운 서류철과 결재판이 권력과 효율의 상징이던 시대는 저물고, 이제는 모바일 행정, 전자결재, AI 민원 서비스, 클라우드 기반 협업 시스템 등으로 공공업무가 디지털 플랫폼 위에서 운영되는 시대가 되었다. 이러한 기술적 기반은 행정의 근본적인 철학을 바꾸고 있다.

2025년 기준 서울을 비롯한 대다수 대도시는 종이 없는 시정(Paperless Administration)을 추구하고 있으며, 모바일 신분증의 확산, 구비서류 제로화(행정 정보 공동 이용), AI 기반 민원 안내 서비스를 전면 도입하는 단계에 이르렀다.

이러한 혁신은 행정의 속도와 접근성을 획기적으로 높였을 뿐만 아니라 일하는 방식을 투명성과 공유, 협력으로 전환시키고 있다. 전통적인 보고와 통제 중심의 수직적 행정에서 벗어나 데이터 기반의 객관적인 의사결정과 시민 참여 중심의 수평적 거버넌스로 이동하고 있다.

공공 서비스의 디지털화는 행정 절차를 효율화하는 차원을 넘어선다. 이는 국민의 삶, 공공 조직 문화 그리고 사회 구조 전체를 아우르는 전방위적 혁신의 과정이다. 이제 행정은 문서가 아닌 데이터로 소통하며 객관성과 책임성을 확보하고, 절차가 아닌 협력으로 작동하면서 유연성을 높이며, 명령이 아닌 신뢰로 이어지는 관계 구조를 지향한다.

디지털 전환의 성공 여부는 궁극적으로 기술 도입이 아닌 새로운 거버넌스 구조 속에 신뢰가 얼마나 안정적으로 제도화되었는지에 달려 있다.

"행정의 언어가 보고서에서 데이터로 바뀔 때 행정 철학도 통제에서 협력으로 전환된다. 데이터 기반의 투명성이 신뢰를 완성한다."

데이터가 권력을 바꾸다

데이터는 21세기 행정의 새로운 권력이자 생산 자본이며, 행정의 언어가 보고서에서 데이터로 바뀔 때 행정 철학도 통제에서 협력으로 전환된다.

과거 정부가 정보를 독점하던 시대에는 정책 결정 과정에서 정보 비대칭성이 발생하며 시민과의 신뢰 격차가 커지기 쉬웠다. 그러나 데이터를 공유하고 개방하면 행정의 신뢰는 커지고 사회적 자본은 확장되며, 권력은 중앙에서 지방과 시민 그리고 민간으로 이양되고 분산된다.

서울시의 '열린데이터광장'은 이러한 데이터 민주주의의 대표적 성공 사례이다. 서울시는 수천 종의 행정 데이터를 시민, 기업, 연구자에게 개방하여 스마트 교통 예측, 복지 사각지대 발굴, 에너지 절감 등 수많은 혁신 서비스를 낳는 협력형 거버넌스로 전환했다. 행정은 더 이상 모든 문제를 직접 해결하려 하지 않고, 데이터를 매개로 시민과 민간이 함께 해법을 만들어내는 플랫폼 제공자의 역할을 수행한다.

현재 정부와 지자체는 데이터 기반 행정 활성화 법규에 따라 데이터 품질관리 등급, 개방률, 개인정보 보호 수준을 공개하며 신뢰 가능한 데이터 생태계를 제도화하고 있다. 이는 데이터의 기술적 활용 이전에 윤리적 활용을 명확히 하려는 노력이다.

하지만 데이터 공개는 투명성의 문제를 넘어선다. 데이터 자체에 내재된 편향(Bias)은 AI 시스템의 공정성을 훼손할 수 있으며, 허위정보(Misinformation)의 확산은 사회적 신뢰를 빠르게 저하시킨다. 또한 시민의 데이터 리터러시(Data Literacy)가 부족할 경우 개방된 데이터를 올바르게 해석하거나 윤리적으로 활용하는 데 어려움을 겪을 수 있다.

따라서 데이터 거버넌스는 이러한 위험을 관리하고 시민의 역량을 강화해야 하는 새로운 과제를 안고 있다. 결국 데이터는 행정의 가장 큰 자산인 동시에 행정이 얼마나 공정하고 윤리적인지에 대한 신뢰의 시험대이다.

"데이터를 공개하는 순간 행정의 눈이 열리고 신뢰가 자란다. 데이터는 정보 비대칭성을 해소하고 권력의 분산을 가져오는 핵심 매개체이다."

디지털 플랫폼 정부

디지털 시대의 복잡하고 상호 연결된 사회 문제를 해결하기 위해 행정은 더 이상 부처나 기관별로 고립되어 움직일 수 없다. 디지털 플랫폼 정부

(DPG)의 핵심은 바로 이 지점에 있다. 이는 부처, 기관 그리고 민간이 단일한 플랫폼에서 데이터와 기술을 공유하고 협력하는 하나의 거대한 행정 생태계를 만드는 것이다. 이제 행정은 보고와 통제 중심의 수직적 지시 체계가 아니라 다양한 주체들이 네트워크로 연결된 수평적 협력형 구조로 재편되고 있다.

현재 대한민국 행정은 이러한 수평적 연대를 가속화하고 있다. 각 부처와 지자체는 데이터 표준화를 정립하고, API(Application Programming Interface) 연계를 통해 행정 서비스를 마치 레고 블록처럼 쉽게 결합하고 제공한다. 이러한 기술적 기반 위에서 민관 공동 앱 개발이 활발해지고, 국민이 신청하기도 전에 필요한 혜택을 알려주는 개인 맞춤형 서비스(혜택 알리미 등) 등으로 통합 혁신을 진행 중이다. 이는 선제적(Proactive) 행정 서비스의 실현이며, 행정의 투명성과 접근성을 높여 신뢰를 구축한다.

제주 스마트시티 통합 플랫폼인 'e-3DA'는 이러한 협력 구조의 실험적인 현장 사례이다. 이 플랫폼은 교통, 재난, 에너지, 환경 데이터를 실시간으로 통합 관리하며, 공공기관뿐만 아니라 민간기업과 시민이 함께 데이터를 공유하고 공동 대응할 수 있는 시스템을 구축했다.

이처럼 DPG는 단순한 기술 혁신의 산물이 아니라 모든 행정 절차가 데이터로 연결되어 국민이 직접 참여하고 검증할 수 있는 신뢰와 협력의 제도화된 형태라 할 수 있다. 플랫폼이 행정 내부의 칸막이를 허물고, 국민을 단순한 서비스 이용자에서 정책의 방향을 함께 결정하는 공동 설계자로 변신시키는 것이다.

"디지털 플랫폼 정부는 기술적 통합을 넘어 신뢰를 기반으로 한 수평적 협력 시스템이자 행정의 새로운 연대 기술이다."

인공지능과 윤리 거버넌스

인공지능(AI)은 민원 예측, 복지 대상 선정, 교통 최적화 등에서 혁명적인 효율성을 가져오면서 정책의 기획부터 집행까지 깊이 관여하고 있다. 그러나 기술의 발전은 언제나 윤리와 책임의 문제를 동반한다. AI가 데이터 편향을 학습하여 불공정한 결정을 내리거나 의사결정 과정을 알 수 없는 블랙박스 문제를 야기할 위험은 디지털 거버넌스의 가장 큰 숙제이다.

AI 행정은 효율성 증대와 함께 공정성과 책임성을 확보하는 것을 목표로 한다. 행정안전부는 '공공부문 AI 대전환 종합대책'을 수립하고 AI 윤리위원회 및 AI 안전 기준을 마련하며 제도적 기반을 다졌다. 서울시, 경기도 등 지자체 역시 AI 정책 실패 공개, AI 오류 사전예고제 등 책임 행정을 강화하고 디지털 약자 보호 설계에 주력하고 있다.

유럽연합의 AI 관련 법과 대한민국의 AI 기본법은 효율보다 안전, 속도보다 설명 가능성(Explainability)을 우선한다. AI가 행정의 조력자일지라도 모든 정책 결정의 최종 책임 주체는 사람이어야 한다는 원칙이 신뢰 거버넌스의 핵심이다.

"AI 윤리 거버넌스는 효율보다 안전, 속도보다 설명을 우선하여 인간의 책임을 제도화한다."

사람 중심의 행정

디지털 전환의 성공은 첨단 기술 도입이 아닌 사람의 인식 변화와 문화적 수용성에 달려 있다. 공무원의 혁신 마인드, 시민의 디지털 역량 그리고 조직 문화의 개방성이 스마트 거버넌스의 지속가능성을 결정한다.

정부는 공무원의 디지털 리더십 강화를 위해 공공 부문 AI 교육 의무화 및 데이터 리터러시 확산 정책을 추진 중이다.

또한 적극 행정·팀제 도입과 혁신 실패 공개 등의 제도는 신뢰 기반의 학습 조직을 구축하며, 시스템 이전에 사람의 마음을 여는 조직 문화가 혁신의 전제임을 보여준다.

나아가 디지털 포용(Digital Inclusion)은 기술의 따뜻함을 완성하는 사회적 책임이다. 정부는 디지털 시민 도우미 확대, 장애인 접근성 강화, AI 약자 지원 서비스를 확대하고, 기술의 혜택이 모든 국민에게 평등하게 닿도록 노력하고 있다.

OECD와 UN이 제시하는 국제 기준 또한 기술의 포용성과 사회적 책임을 핵심 가치로 삼는다. 결국 디지털 행정의 진정한 완성은 모든 국민이 기술의 혜택을 평등하게 누리고, 신뢰가 사회 전체로 확산되는 포용적 거버넌스의 실현이다.

"기술보다 더 어려운 일은 사람의 마음을 여는 일이다."

디지털 전환의 목적은 단순한 기술 진보가 아니라 신뢰를 재구성하는 것이다. 데이터는 행정의 눈을, AI는 행정의 손을, 그리고 시민의 참여는 행정의 심장을 이룬다. 행정이 데이터를 투명하게 공개하고, 시민이 협력과 감시의 주체로 참여할 때 디지털 정부는 진정한 의미의 스마트 거버넌스로 완성된다.

OECD와 UN의 국가경쟁력 기준 또한 신뢰 기반의 디지털 행정과 시민 협력의 제도화를 강조하고 있다. 기술이 사람을 향하고, 행정이 시민을 향할 때 디지털 행정은 혁신을 넘어 신뢰의 진화가 된다.

"디지털 전환은 기술의 혁신이 아니라 신뢰의 진화이다."

구분	핵심 메시지
데이터 혁신	데이터는 행정의 눈이며, 투명성은 신뢰의 출발점이자 권력 분산의 매개체다.
플랫폼 정부	기술이 아닌 협력으로 작동하는 수평적 신뢰 생태계이다.
AI 윤리 거버넌스	효율보다 안전, 편의보다 책임이 우선하며, 인간의 설명 가능성을 제도화한다.
사람 중심 혁신	기술보다 인식 변화와 디지털 포용이 행정 혁신의 핵심이다.
결론	디지털 전환의 목적은 신뢰의 진화와 시민 협력의 제도화이다.

스마트 거버넌스의 핵심 원리와 사례

스마트 거버넌스는 기술로 행정 효율을 높이는 차원을 넘어 사람과 제도가 신뢰를 매개로 유기적으로 연결되는 행정 생태계를 구축하는 것이다. 이 생태계는 투명성, 참여, 데이터, 협력이라는 네 가지 핵심 원리를 축으로 행정이 시민과 함께 문제 해결하고 성장하는 구조를 만든다.

행정은 더 이상 정보를 독점하고 명령을 내리는 통제 기제가 아니다. 행정이 숨기지 않고 보여주고(투명성), 명령하지 않고 함께 설계하며(참여), 데이터로 책임을 입증하고(책임성), 분권과 협력으로 복잡한 사회 문제를 해결할 때 행정은 비로소 스마트(Smart)라는 이름에 걸맞은 지혜롭고 신뢰받는 조직으로 진화한다.

신뢰는 이 모든 원리가 작동하게 하는 가장 중요한 인프라이다.

"스마트 거버넌스는 기술적 효율이 아닌 투명성과 협력을 통해 신뢰를 제도화하는 지혜이다."

투명성과 신뢰

행정의 신뢰는 투명성에서 출발하며, 시민과 행정의 거리감은 정책 정보의 비대칭성에서 비롯된다. 정책 결정, 예산 집행, 사업 추진의 전 과정을 시민에게 공개할 때 시민의 감시 시선은 곧 공동의 신뢰 관리와 협력으로 전환된다.

서울특별시의 '열린시정' 관련 모니터링 시스템은 예산 집행, 조달, 공사 발주 내역을 실시간 공개하여 시민이 직접 행정을 검증하고 절차적 정당성을 확인할 수 있게 한 대표적인 사례이다. 또한 대전정보문화산업진흥원(DICIA)과 같은 공공기관은 ESG 거버넌스 체계를 통해 에너지 사용량, 사업 추진 현황, 예산 집행 내역을 시민에게 투명하게 공개하며 공시 의무를 실천하고 있다.

이러한 투명성은 단순한 데이터 공개를 넘어선다. 행정이 숨길 것이 없을 때 설명의 부담은 줄고 신뢰의 효율은 높아진다. 의사결정 과정 전체를 공유하는 행정의 태도 자체가 신뢰를 만든다.

유럽의 선진 사례를 보여주는 에스토니아는 블록체인 기반 '분산형 데이터 교환 플랫폼(X-Road)'을 통해 모든 데이터의 처리 이력을 추적·공개함으로써 보안과 데이터 무결성을 확보하며 투명성과 편의성을 기술적으로 보장했다. 이처럼 보여주는 행정은 감시받는 행정이 아니라 시민과 함께 신뢰를 구축하는 책임 행정이다.

"투명성은 신뢰의 출발점이다. 행정이 정보 비대칭성을 해소하고 보여주는 순간 시민은 믿기 시작한다."

시민 참여와 협치

스마트 거버넌스의 중심은 언제나 시민이다. 참여 없는 행정은 효율만 남고, 공감 없는 정책은 생명력을 잃는다.

부산광역시의 '시민참여예산제'는 시민이 직접 예산 사업을 제안하고 심사위원으로 참여하여 우선순위를 정하는 대표적인 협치 모델이다. 이러한 제도는 정책 결정의 절차적 정당성을 높여 정책 수용도를 극대화한다. 이 과정에서 행정은 시민의 언어를 배우고, 시민은 행정의 논리를 이해하며 공감의 민주주의가 실현된다.

핀란드 오울루(Oulu)는 도시계획, 복지, 교통 등 주요 의사결정 과정을 디지털 플랫폼으로 공개하여 시민이 실시간으로 참여하고 투표할 수 있게 했다. 이 모델은 데이터 민주주의의 표준으로 주목받고 있다.

또한 경기도 수원시의 '시민 리빙 랩(Living Lab)'은 주민이 직접 자치단체의 정책을 실험하고 실패 경험까지 공유함으로써 신뢰 기반의 학습을 이루어내고 있다.

이러한 협력 구조를 통해 행정은 명령하는 지시자가 아니라 혁신을 돕는 촉진자로, 시민은 단순한 수혜자가 아니라 정책의 공동 설계자로 거듭난다.

"시민이 객석에서 무대로 올라올 때 민주주의는 살아나는 드라마가 된다."

데이터와 분권

디지털 시대의 행정은 감(感)이 아니라 데이터로 말하는 행정이다. 정책의 설계, 집행, 평가 전 과정에서 데이터는 객관적인 근거이자 책임의 증거가 된다.

부산시 '에코델타 스마트시티'는 교통량, 대기질, 에너지 사용 데이터를 실시간 분석해 AI가 미세먼지 급등 시 청소차를 자동 투입하는 등 자율적인 대응 체계를 구축했다. 또한 세종시는 스마트 포털 '세종N'을 통해 76종의 각종 도시 데이터를 시민에게 공개함으로써 객관성과 투명성을 높이고 있다. 이처럼 데이터 기반 행정은 정책 신뢰를 수치로 증명하는 시대를 연다.

한편 스마트 거버넌스의 지속가능성은 분권과 자율성에 달려 있다. 중앙의 통제보다 지역 맞춤형 자율 행정이 신뢰를 높인다.

전남 곡성군의 '스마트 마을공동체'는 주민이 태양광 발전소를 운영하고 수익을 지역 복지에 환원하는 주민 주도의 로컬 거버넌스를 실현했다. 이는 행정이 지원자로 한발 물러서고 주민이 주체가 될 때 현장 중심의 혁신이 가능하다는 것을 보여준다. 유럽의 덴마크, 핀란드 등 지방 거버넌스 선진국들처럼 한국 역시 분권을 통해 지역의 자율성을 강화하고 신뢰를 확보하는 방향으로 나아가고 있다.

"행정이 한발 물러서야 시민이 자란다. 분권은 포기가 아니라 현장에 대한 신뢰의 또 다른 이름이다."

협력과 신뢰의 생태계

스마트 거버넌스의 완성은 협력의 기술이다. 명령과 보고의 위계 구조 대신 연대와 조율의 네트워크가 행정을 움직이는 핵심 기제가 된다.

대전정보문화산업진흥원(DICIA)은 대학, 기업, 시민단체와 함께 ESG 위원회와 실무협의체를 구성하여 기관 주도가 아닌 협력형 플랫폼 거버넌스를 실현하고 있다. 행정은 더 이상 모든 것을 주도하지 않고, 각 주체의 역량을 연결하는 조정자이자 촉진자로서의 역할을 수행한다.

핀란드의 헬싱키는 공공·민간·시민 파트너십(PPPP) 제도를 공식화하여 도시 문제를 공동 해결하고 그 과정과 결과를 투명하게 공유한다. 이는 효율보다 신뢰, 결과보다 과정을 중시하면서 위험과 성과를 함께 공유하는 새로운 협력 문화다. 에스토니아의 X-Road, 핀란드의 시민 참여 플랫폼 등 세계 각국의 성공 사례들은 기술적 탁월함보다 투명성·참여·윤리를 제도화한 신뢰 행정의 본보기이다.

거버넌스는 한 번 구축하고 끝나는 완성된 구조가 아니라 진화하는 유기체다. 정책 시행 후 데이터를 수집·분석하고 시민 피드백을 반영하는 순환형 학습 구조를 구축해야만 지속 가능한 행정이 가능하다.

기술은 바뀌어도 협력과 신뢰는 행정의 영속적 자본으로서 살아 있는 생태계를 지탱한다.

"거버넌스는 권한의 조정이 아니라 마음의 연대이며, 기술의 문제가 아니라 사람의 온기를 잇는 예술이다."

스마트 거버넌스는 효율의 시스템이 아니라 신뢰의 구조다. 투명성은 신뢰의 출발점, 참여는 민주주의의 엔진, 데이터와 분권은 책임의 기반 그리고 협력은 지속가능성의 핵심이다.

행정이 기술을 넘어 사람의 언어로 소통하고 공감의 철학을 내재화할 때 스마트 거버넌스는 단순한 정책 모델이 아닌 공동체의 지혜이자 미래 행정의 표준이 된다. 기술은 도구일 뿐이며, 신뢰가 이 모든 것을 작동하게 하는 가장 중요한 인프라이다.

"스마트 거버넌스는 기술의 혁신이 아니라 신뢰의 재구성이다."

구분	핵심 메시지
투명성	정보 공개는 신뢰의 출발점이며, 정보 비대칭성 해소가 신뢰를 만든다.
시민 참여	시민이 정책 설계에 참여할 때 행정은 민주주의의 엔진이자 정책 수용성의 근거가 된다.
데이터·분권	데이터 기반 객관성과 지역 자율은 지속 가능한 혁신의 토대다.
협력 생태계	거버넌스는 제도가 아니라 관계이며, 신뢰의 순환으로 이어지는 유기체다.
결론	스마트 거버넌스의 본질은 효율이 아닌 신뢰의 순환과 공감의 철학이다.

한국형 ESG 거버넌스의 미래 전략

21세기 행정은 기술적 속도의 경쟁을 넘어 신뢰의 경쟁으로 이동하고 있다. ESG 거버넌스는 더 이상 기업의 담론이 아니라 국가와 지역 행정이 지속가능성을 구현하는 새로운 언어다.

북유럽 복지국가들이 신뢰를 바탕으로 사회적 합의를 제도화했듯이 한국 역시 기술의 빠른 속도와 시민의 깊은 신뢰를 연결하는 것이 핵심 과제다. 한국은 세계 최고 수준의 디지털 인프라를 구축했지만 사회적 신뢰의 기반은 아직 완전하지 않기 때문이다. 디지털의 진정한 목적은 효율이 아닌 신뢰이며, 데이터의 가치는 속도가 아닌 공감 속에서 완성된다.

한국형 ESG 거버넌스는 이러한 기술과 신뢰 격차를 해소하고 지속가능성을 확보하기 위해 다음 네 축을 중심으로 설계되어야 한다.

- **기술 기반의 투명한 디지털 행정**(G-Tech)
- **시민 중심의 참여 강화**(G-Participation)

• **공공기관의 윤리적 책임성과 사회적 가치 확산**(G-Responsibility)
• **지속 가능한 공공 리더십의 제도화**(G-Leadership)

"한국형 거버넌스는 속도의 사회와 신뢰의 사회를 잇는 다리다."

기술과 제도 그리고 사람

한국형 ESG 거버넌스의 근간은 기술(G-Tech), 제도(G-System), 사람(G-Human)의 조화에 있다. 이 세 요소가 유기적으로 작동할 때 거버넌스는 단순한 규범이 아닌 살아 있는 혁신 문화로 발전한다.

기술: 효율을 넘어 윤리로(G-Tech)

AI, 빅데이터, 블록체인 등 첨단기술은 행정의 효율을 높이는 동시에 투명성을 강화하는 가장 강력한 도구다. 그러나 기술은 가치 중립적이지 않으므로 기술의 윤리적 설계가 필수다. 현재 정부는 AI 윤리 기준, 데이터 보호, 투명성 강화를 공공기술의 핵심 원칙으로 제시하며, 기술을 신뢰 구축의 도구이자 윤리적 시험대로 정의하고 있다.

제도: 기술을 담는 안전한 그릇(G-System)

기술은 제도의 울타리 안에서만 지속 가능하다. 공공데이터 개방 정책, 개인정보보호법, AI 기본법 등은 기술 활용의 안전망이자 책임성을 법제화하는 핵심 장치들이다. 특히 2025년부터 단계적으로 시행되고 있는 공공기관 ESG 공시제는 행정 의사결정 전 과정에 환경·사회·윤리의 기준을 내재화시켜 책임성을 강화하는 제도적 기반이 된다.

사람: 거버넌스의 영혼(G-Human)

기술과 제도가 아무리 완벽해도 그것을 운용하는 사람의 인식과 문화가 변하지 않으면 혁신은 불가능하다. 공무원의 데이터 리터러시, 공공윤리 강화, 협력 리더십 및 감성 소통 역량은 현장 행정을 바꾸는 가장 실질적 요소다. AI가 빠른 계산을 담당할 때 공감과 최종 책임은 인간의 몫으로 남는다.

"거버넌스의 뿌리는 기술뿐만 아니라 제도와 사람의 마음과 문화다. 세 기둥의 선순환 구조가 한국형 거버넌스를 지탱한다."

공공기관의 혁신

한국의 공공기관은 단순한 행정 집행기관이 아니라 ESG 거버넌스 혁신의 실험실이 되어야 한다. 지속 가능 경영, 투명한 의사결정, 윤리적 책임은 이제 기관 평가의 핵심 지표이다. 공공기관이 먼저 혁신을 선도해야 사회 전체의 신뢰가 뒤따른다.

대전정보문화산업진흥원(DICIA)은 2023년, 대전시 산하 출자·출연기관 중 최초로 ESG 거버넌스 체계를 공식 선포하며 혁신을 이끌었다.

먼저 지배구조(G) 강화를 위해 이사회 내 ESG위원회를 신설하여 예산·인사·사업 판단에 윤리적 기준을 내재화했다. 또한 내부 탄소배출량 공개 및 지역 기업과의 친환경 콘텐츠 제작 협력을 통해 환경(E)적 책임을 다하고 있다. 아울러 사회(S) 기여를 위해 직원 ESG 제안 제도 운영과 데이터 기반 사회공헌 사업을 통해 지역사회와의 연대를 강화했다.

이러한 시도는 단순히 제도를 보완하는 차원을 넘어 공공 리더십의 전환을 의미한다. 공공기관이 솔선수범하여 투명성과 책임성을 입증할 때 시민 사회와의 신뢰 격차는 해소되고 새로운 협력 문화가 창출된다.

"행정이 먼저 변해야 사회가 함께 변한다. 공공기관의 혁신은 시민 신뢰를 선도하는 가장 빠른 길이다."

시민과 지역 중심의 디지털 거버넌스

시민 참여: 데이터 민주주의의 진화

디지털 시대의 민주주의는 더 이상 일회적인 투표 행위에 머물지 않는다. 정책 기획, 예산 집행, 행정 평가 전 과정에 시민이 참여할 때 비로소 정책의 신뢰 구조가 완성된다.

경기도 성남시의 '시민참여예산' 플랫폼은 정책 제안에서 심사, 집행, 평가까지 모든 과정을 데이터로 기록한다. 이 시스템은 AI를 활용해 중복 제안을 통합하고, 부서의 즉각적인 대응을 유도하며, 모든 결과는 시민에게 투명하게 다시 공개된다. 이는 민주주의의 형식을 넘어 데이터 기반의 실질적 참여를 구현하여 지속 가능한 신뢰를 쌓아간다.

"디지털 민주주의는 클릭 정치가 아니라 데이터로 쌓아가는 신뢰다."

지역 분권: 현장에서 자라는 신뢰

한국형 거버넌스의 힘은 현장 중심의 분권형 행정에서 나온다. 대전의 ESG 행정 실험, 전남 곡성의 주민 주도 태양광 마을, 제주의 스마트시티 플랫폼 등은 지역 특성을 살린 대표적인 로컬 거버넌스 모델이다.

행정이 중앙에서 일방적으로 지시하는 구조를 벗어나 주민이 직접 정책을 설계하고 실행하는 자율형 거버넌스로 나아갈 때 정책의 지속가능성과 시민의 신뢰는 함께 성장한다. 지역의 자기 주도성이야말로 신뢰가 자라나는 가장 확실한 현장이다.

"지역이 바뀌면 행정이, 행정이 바뀌면 사회가 변한다. 현장 중심의 자율 거버넌스는 신뢰의 토대다."

K-거버넌스와 지속 가능 행정 철학

ESG는 이미 세계 공공행정의 공통 언어가 되었다. UN 지속가능발전목표(SDGs) 제16목표(강력한 제도)와 OECD의 투명성·참여 기준은 거버넌스의 핵심 가치를 제시한다.

한국은 세계 최고 수준의 디지털 기술력을 바탕으로 이제 기술 선도국가에서 신뢰 선도국가로 도약해야 한다. 이를 위해 한국형 ESG 거버넌스는 다음 세 가지 국제 전략을 병행해야 한다.

첫째, 국제 협력 네트워크를 확대한다. 이를 위해 UN, OECD 등과 협력하여 공공 부문 ESG 평가 및 공시의 국제 표준화에 선제적으로 참여한다.

둘째, 지속 가능 행정 ODA 모델 수출이다. 이를 위해 한국의 전자정부, 데이터 플랫폼, AI 행정기술을 ODA 모델로 개발해 개도국에 전수하고, 신뢰 기반 행정을 글로벌 공공재로 확산한다.

셋째, ESG 평가 체계를 국제 표준화한다. 이를 위해 ISO 37000(조직 거버넌스 표준)과 SDG 16을 연계한 한국형 공공기관 ESG 평가 지표를 개발하여 국제적 리더십을 확보한다.

이 세 가지 전략은 한국이 기술력에 더해 신뢰와 윤리를 국가 브랜드화하는 과정이며, 궁극적으로 사람 중심의 세계 시민 거버넌스로 이어질 것이다.

"한국의 기술이 세계의 신뢰와 만날 때 K-거버넌스가 완성된다."

거버넌스의 본질은 법이나 제도가 아니라 신뢰의 제도화이다. 법은 강제력을 통해 질서를 유지하지만, 신뢰는 공감과 설득으로 지속가능성을 확보한다. 지속 가능한 행정은 오래가는 행정을 넘어 사람의 존엄과 관계의 따뜻함을 지키는 행정이다. AI와 데이터가 아무리 정교해도 행정이 인간의 온기(Human Touch)를 잃으면 그 사회는 차가워진다.

행정의 신뢰는 수치로 측정되지 않는 무형의 자산이다. 그것은 진심의 기록과 시민의 공감 속에 쌓인다. 진정한 스마트 거버넌스는 효율의 시스템이 아니라 공감의 철학이며, 제도의 틀이 아니라 사람을 잇는 문화다.

"기술은 행정을 돕는 도구이고, 신뢰는 행정을 지탱하는 영혼이다."

구분	핵심 메시지
한국형 방향	한국형 거버넌스는 속도와 신뢰를 잇는 사회의 다리이자 기술과 신뢰 격차 해소의 모델이다.
공공기관 혁신	공공기관은 ESG 거버넌스 혁신의 실험실이자 시민 신뢰의 선도 주체다.
시민·지역 중심	데이터 민주주의와 분권형 행정이 신뢰를 현장에서 확장한다.
글로벌 연계	K-거버넌스는 기술과 가치(신뢰와 윤리)가 결합한 국가 경쟁력이다.
결론	진정한 스마트 거버넌스는 사람의 신뢰와 따뜻한 기술의 결합이다.